여성과 마르크스주의

여성과 마르크스주의

린지 저먼 지음 | 이나라 옮김

책갈피

여성과 마르크스주의

지은이 린지 저먼
옮긴이 이나라
펴낸곳 도서출판 책갈피
주소 서울특별시 중구 필동 2가 106-6 2층(100-272)
등록 1992년 2월 14일(제18-29호)
전화 (02) 2265-6354
팩스 (02) 2265-6395
이메일 bookmarx@naver.com

첫 번째 찍은 날 2007년 7월 23일

값 12,000 원

ISBN 978-89-7966-050-0 03300
잘못된 책은 바꿔 드립니다.

:: **차례**

한국의 독자들에게 … 7
감사의 말 … 11
머리말 … 13

PART 1 변화하는 가족

01 자본주의와 가족 … 37
02 오늘날의 가족 … 76
03 가족 이론 … 101

PART 2 여성과 노동

04 성별 분업 … 131
05 여성과 산업예비군 … 157
06 여성과 노동조합 … 175

PART 3 해방을 위한 투쟁

07 여성, 노동당, 선거권 … 219
08 1960년대 후반의 여성운동 … 241
09 여성운동의 쇠퇴 … 271
10 좌파와 여성운동 … 316
11 여성해방을 위한 계급투쟁 … 332

후주 … 341
찾아보기 … 369
단체·기구 약어 … 376

일러두기

1. 인명과 지명 등의 외래어는 최대한 외래어 표기법에 맞춰 표기했다.
2. 본문에서 [ ]는 옮긴이가 우리말로 옮기는 과정에서 독자들의 이해를 돕고 문맥을 매끄럽게 하기 위해 덧붙인 것이다. 단, 인용문에서 옮긴이 첨가와 저자 첨가를 구분하기 위해 [─린지 저먼]이라는 표기를 두었다. 그리고 더 자세한 설명이 필요한 것은 해당 쪽 맨 아래에 설명해 놓았다.
3. 원서에서 이탤릭체로 표시된 부분은 고딕체로 표시했다.
4. 책과 잡지는 ≪ ≫로, 신문과 주간지는 < >로, 논문과 신문 기사 제목은 " "로 표시했다.
5. 본문에서는 사람·신문·책·단체 이름의 영문은 거의 표기하지 않았다. '찾아보기'와 '후주'를 참조하기 바란다.
6. 단체나 기구의 전체 이름은 그것이 처음 나올 때만 언급하고 그 뒤로는 약어를 사용했다. 독자들의 편의를 위해 그 약어들을 ABC 순으로 이 책의 맨 뒤에 정리해 놓았다.

한국의 독자들에게

지난 몇 년 동안 일하는 여성들은 경제성장에 엄청나게 기여했다. 여성은 중국이나 인도의 성장보다 더 큰 부를 창출했다. 그러나 우리는 결코 "여성의 경제 기적"이란 말은 들어 보지 못했다. 가정에서 여성의 부불노동은 여전히 은폐돼 있고, 전 세계의 공장·상점·사무실에서 점점 더 많은 여성들이 유급 노동자로서 일하지만 낮은 임금을 받고 있다.

여성 노동자들은 최저임금 직종에 집중돼 있고, 남성보다 상당히 적은 임금을 받을 뿐 아니라, 여전히 가정에서 대부분의 육아와 가사를 떠맡아야 한다. 여성이 전례 없는 규모로 노동에 진출하면서, 그들 삶의 모든 중요한 측면들이 달라졌다. 그러나 그것은 여성 억압이라는 중대한 문제를 해결하지는 못했다.

거의 20년 전에 나는 여성 억압을 설명하기 위해 이 책을 썼다. 1960년대 말부터 여성해방운동이 폭발했고, 한 세대의 여성들은 자신들의 어머니나 할머니에게는 주어지지 않았던 기회를 발견하기 시작했다. 그 운동은 서구 자본주의에서 광범하게 벌어진 좌파의 부활의 일부였다. 그러나 1980년대 후반에 이르자 좌파와 여성운동은 위기에 빠졌다.

위기의 근원에는 두 가지 요인이 있었다. 특히 여성해방운동이 억압의 원인에 대해 이론적으로 불명확했고, 그 운동이 여성 대중에게 뿌리내리지 못하고 사실상 상황을 변화시키지 못하면서 "전투성의 위기"가 생겨났기 때문이었다. 대다수 페미니스트들은 여성 억압이 가부장제에서 비롯한다고 생각했고, 가부장제는 계급사회와는 별개로 생겨났으며 계급 관계와는 독립적으로 존재한다고 봤다.

나는 이런 견해가 계급이 어떻게 서로 다른 사회들을 관통하는 억압을 야기했고, 특히 자본주의가 어떻게 여성 억압과 가족의 형태를 결정지었는지를 이해하지 못한다고 생각한다. 당대의 많은 관찰자들은 노동계급 가족이 산업화의 충격으로 사라질 것이라고 생각했지만, 가족은 사라지지 않았다. 그 대신 가족과 가족 안에서 억압적인 여성의 역할은 19세기를 지나면서 다시 형성됐다.

노동계급과 노동계급 가족의 역사는 페미니스트들과 사회주의자들 사이에서 벌어진 토론과 논쟁의 주된 원천이었다. 이 책에서 나는 노동계급 가족이 남성 노동자들과 자본가들의 가부장적 공모에서 생겨난 것이 아니라, 공장과 작업장에서 아동 노동과 장시간 노동이라는 참사에 시달린 노동계급에게 선택할 수 있는 최선의 것처럼 보였다는 것을 증명하려 했다.

우리는 여성 억압을 노동계급 가족의 존속과, 자본가계급이 거의 비용을 들이지 않고 노동력 – 다음 세대의 노동자들 – 을 재생산하는 데서 노동계급 가족이 하는 핵심적 구실을 통해 설명할 수 있다. 가정 밖에서 여성의 노동은 사회적인 반면, 가족과 재생산은 개별적이다. 여성 억압은 바로 이러한 모순에 기초를 둔다.

이 책에서 주장한 이론적 견해는 시간의 검증을 견뎌 냈다. 여성이 밖에 나가 일을 하는데도 억압은 줄어들지 않았다. 그 대신 여성은 오늘날에도 착취당하고 억압받는다. 우리는 더 오랜 시간 일해야 하고, 매력적으로 보여야 하며, 훌륭한 아내이자 어머니가 돼야 할 뿐 아니라, 교육에서도 성공을 거둬야 한다. 그러면서도 남성보다 더 낮은 지위와 임금을 받아들여야 한다.

많은 면에서 여성의 지위는 20~30년 전보다 악화하고 있다. 세계화 때문에 불평등이 더 심해지는 바로 그 순간에 여성은 기록적인 규모로 노동에 진출하고 있다.

여성운동 초기에 여성들은 일할 권리와 자신의 성과 신체를 통제할 권리를 요구했다. 오늘날 일할 권리란 남성들과 나란히 더 많이 착취당한다는 것을 뜻하고, 성적 자유는 전례 없는 규모로 성적 착취를 당할 권리를 뜻한다. 여성들은 해방을 추구하는 과정에서 계급사회의 한계에 부딪혔다.

따라서 결론을 내리자면, 여성해방을 위해서는 평등권을 위한 투쟁뿐 아니라 — 물론 평등권도 중요하지만 — 이윤이 아닌 필요를 위해 생산하고 노동하는, 여성과 남성이 사회의 부를 어떻게 쓸지 결정하는 사회로 변화시키기 위한 투쟁이 필수적이다. 이것이 바로 사회주의와 여성해방이 밀접하게 관련이 있는 이유다. 이 책의 한국어판이 이런 요구를 위해 투쟁하고 마침내 승리할 새로운 세대의 여성들과 남성들에게 도움이 되기를 바란다.

감사의 말

이 책을 준비하는 데 많은 이들이 도움을 줬다. 초고를 읽고 조언해 준 크리스 뱀버리(Chris Bambery), 토니 클리프(Tony Cliff), 수 클레그(Sue Clegg), 제인 엘더튼(Jane Elderton), 일레인 헤퍼넌(Elane Heffernan), 크리스 하먼(Chris Harman), 찰리 호어(Charlie Hore), 쉴라 맥그리거(Sheila McGregor), 데이비드 맥널리(David McNally), 존 리즈(John Rees), 샤론 스미스(Sharon Smith), 모린 왓슨(Maureen Watson)에게 감사드린다. 본문을 다듬는 데 도움을 준 알렉스 캘리니코스(Alex Callinicos), 앤 로저스(Ann Rogers), 줄리 워터슨(Julie Waterson)에게 특별히 감사드린다. 마지막으로 책을 편집하고 출판을 준비한 피터 마스던(Peter Marsden)과 내가 책을 쓰는 동안 ≪소셜리스트 리뷰≫(Socialist Review)의 여러 가지 일을 맡아 준 리 험버(Lee Humber)와 패트 스택(Pat Stack)에게 감사를 전하고 싶다.

머리말

 이 책의 개정판 서문을 써달라는 부탁을 받았을 때 나는 새로운 서문이 필요하다는 확신이 들지 않았다.* 초판이 나온 뒤로 근본적으로 변한 것은 아무것도 없는 것 같았다. 가족이나 사회에서 여성의 조건이 별로 달라지지 않았다. 10~15년 전에는 낙태와 같은 쟁점을 둘러싼 눈에 띄는 운동이 훨씬 흔했지만, 지금은 그렇지도 않다. 그러나 여러 상황들 때문에 나는 마음을 고쳐먹었다.

 그 가운데 가장 중요한 것은 1993년 말과 1994년 초에 몇 가지 쟁점을 둘러싸고 드러난 우파적 편견이었다. 논란을 불러일으킨 많은 성폭행 소송들은 피해 여성의 성적(性的) 행실을 주로 문제 삼는 방식으로 진행됐다. 그러한 소송들에서 여성들은 익명을 요구했지만 받아들여지지 않았다. 이러한 움직임은 1970년대의 성과들에 타격을 입히는 것이었다. 여성의 성적 과거사를 여성에게 불리한 증거로 이용하는 일이 흔하게 벌어졌고 성폭행 재판은 사실상 여성에 대한 재판이 됐다. 1994년 남성 동성애자의 승낙 연령**을 바꾸는 의회 투표에서도 이러한 편견이 승리했

---

* 이 책의 영문 초판은 1989년에 출간됐다. 이 한국어판은 1994년 개정판을 번역한 것으로서, 이 머리말도 개정판에 실린 것이다.

**결혼과 성교가 법적으로 인정되는 연령을 말한다.

다. 의원들은 이성애자와 동등하게 16세로 하는 안에 투표하지 않았고, [21세에서] 겨우 18세로 낮추는 것도 근소한 차이로 통과됐다. 노동당 의원 35명은 반(反)동성애 편견에 기초를 둔 이러한 후퇴를 지지했다. 몇몇 의원들이 원했던 것처럼 18세나 심지어 21세로 승낙 연령을 유지하자는 주장은 편견과 무지, 노골적 동성애 혐오에 바탕을 둔 것이었다.

이 두 사건은 "정치적 올바름"*에 대한 전반적 공격을 반영한 것이었다. 동일기회 정책은 집중포화를 받았고 여성·동성애자·아시아인을 위한 편의 시설과 서비스가 삭감됐다. 직장에서 한 남성이 공격적인 여성들에게 성적으로 학대받는 상황을 묘사한 마이클 크라이튼의 소설 ≪폭로≫가 대중매체를 통해 대대적으로 홍보됐다. 게다가, 어려움을 겪던 보수당 정부는 "기본으로 돌아가기" 운동을 통해 인기를 회복하려고 노력했다. 미혼모들은 1990년대의 희생양이 됐다. 각료들이 모든 사회문제의 책임을 미혼모 탓으로 돌렸기 때문이다. 그러나 "기본으로 돌아가기" 운동은 성공하지 못했다. 그 대신 보수당 의원들과 각료들은 자신들이 다른 사람들에게 강요하려 한 높은 도덕 기준에 걸맞게 행동하지 못하면서 비난받았다.

전후 시기에 이룩한 성과 전체에 대한 반격이 이어졌지만, 상황은 우익들이 원하는 대로 돌아가지 않았다. 여성 억압의 현실 때문에 많은 사람들은 이러한 시각을 거부하고, 불평등한 세계에서 여성이 남성보다 더

---

* 'Spokesman'을 'Spokesperson'으로 바꿔 쓰는 것처럼, 원래는 특정 성(性)·인종 등을 차별하고 모욕할 수 있는 언어나 용어를 피해야 한다는 취지에서 시작된 정치·문화 운동이다. 그러나 우익들이 진보적 사회 변화를 비아냥댈 때 사용하는 표현이기도 하다.

많은 고통을 겪는다는 것을 이해한다. 반동이 정말로 득세하지 못하는 또 다른 이유는 보수당과 그 동맹들이 여성을 바라보는 가정 중심의 시각이 현실과 맞지 않는다는 것이다. 1950년대 광고에 나오는 행복한 가족의 세계로 돌아가는 것은 불가능하고, 대다수 사람들은 그러길 원하지도 않을 것이다.

오늘날 여성은 아이를 훨씬 적게 낳고, 결혼하거나 전통적 가족을 꾸릴 가능성이 훨씬 적으며, 인생의 대부분 기간에 가정 밖에서 노동한다. 그러나 모든 것이 더 나은 방향으로 변하지는 않았다. 여성은 가정 밖에서 노동하면서 동시에 아이 · 노인 · 병자를 돌보는 것과 같은 가족의 부담을 짊어지라는 압력을 점점 더 많이 받는다. 건강 · 복지 · 교육 지출의 지속적 삭감은 개별 가족을, 따라서 여성을 더 크게 압박한다. 20~30년 전 광고 이미지들이 행복한 가정주부를 표현했다면, 오늘날 광고는 직업여성이면서 동시에 훌륭한 요리사이자 사랑 넘치는 어머니이고 매력적인 섹스 파트너를 그린다. 여성의 삶은 그 어느 때보다도 더 심하게 압박받고 있다고 할 수 있다.

노동생활

이 책이 처음 출판된 것은 경기후퇴가 막 시작됐을 때였다. 1980년대 후반의 급속한 경기 팽창이 갑작스럽게 역전됐다. 공장들은 문을 닫았고, "[경영] 합리화"가 유행했으며, 은행과 금융 산업의 호황기 성공 신화는 산산조각 났다. 실업이 증가하고 일자리가 줄었다. 많은 경우 대출금보다 낮은 수준으로 집값이 폭락하면서 부동산 소유라는 꿈은 재앙으로 끝났다. 수만 가구가 빚더미에 올랐고 많은 가정이 집을 압류당했다. 호황기에도 형편없이 줄어들었던 공공서비스는 훨씬 더 심각하게 삭감됐다.

여성에게 미친 영향은 복합적이다. 1980년대 호황의 산물이었던 몇몇 특징들은 사라졌다. 직장 보육시설이 더는 늘지 않았다. 미들랜드 은행과 부츠(Boots) 같은 회사들은 더는 여성 노동력을 계속 고용해야 한다는 압력을 받지 않았고, 따라서 보육시설을 유지해야 한다는 의무감도 느끼지 않았다. 정부는 국립 보육시설 수용 인원을 확대하겠다고 말하지만 필요한 돈을 지원할 조짐은 거의 없다. 실제로 지방정부가 관리하는 주간 보육시설의 자리는 1990년 3만 3천 개에서 1992년 3만 개로 감소했다. 그러는 사이 등록된 민간 보육시설의 자리는 늘어났고, 베이비시터를 고용하는 것도 증가했다.[1]

경기후퇴 때문에 모든 경제 부문에서 많은 여성들이 일자리를 잃었다. 그러나 최근 몇 년 동안의 사건들은 내가 "산업예비군"에 대한 장[5장에서 설명한 경향을 약화시킨 것이 아니라 강화시켰다. 현대에는 경기후퇴 때마다 남성이 일자리를 잃는 것과 동시에 여성이 노동시장으로 흡수돼 왔다. 새로운 "여성 노동"이 전통적으로 남성들이 수행한 오랜 직업들 가운데 많은 것들을 대체했다. 1990년대의 경기후퇴 때도 이러한 경향은 계속됐다.

여성 노동의 양상은 여전히 남성 노동의 양상과는 꽤 다르다. 남성 실업률이 여성 실업률보다 높다는 점에서 이러한 사실이 드러난다. 1993년 16세 이상 남성의 12.4퍼센트가 실업 상태였던 반면, 여성은 7.5퍼센트만이 실업 상태였다.[2] 부분적으로 이러한 격차는 과거의 노동시장 내 분리를 반영하는데, 광업이나 조선 같은 오래된 산업들 가운데 많은 수는

"남성 직종"이었다. 이러한 산업들의 쇠퇴는 특히 남성 고용에 심각한 타격을 입힌다. 그러나 통계를 보면 최근 몇 년 동안 어디에서 일자리가 창출됐는지도 알 수 있다. 새로 생겨난 일자리는 대부분 "여성 직종"이었다. 최근 <이코노미스트>가 논평한 것처럼,

> 영국에서 최근 경기가 회복한 이래 늘어난 일자리는 전적으로 시간제 일자리였다. 반면에 전일제 고용은 여전히 줄어들고 있다. 영국에서 경기후퇴 이후 생긴 새로운 일자리는 모두 여성의 몫이었다.[3]

현재 영국의 전체 고용에서 4분의 1 이상이 시간제 일자리인데[4] 그 중 85퍼센트 정도를 여성이 차지한다.[5] 그러나 여성이 주로 시간제 노동자라고 여기는 시각은 5년 전과 마찬가지로 그릇됐다. 패트리샤 휴잇이 오늘날의 노동 양상을 연구한 저서 ≪시간에 관해≫에 따르면, 여성 노동자들 중 매우 높은 비율은 전일제 노동을 하고 때때로 아주 긴 시간 동안 일한다. 여성 노동자의 58퍼센트는 주당 31시간 이상 일한다. 또 다른 19퍼센트는 20~30시간 동안 노동한다.[6] 그리고 어린 자녀를 둔 엄마들이 전일제 노동을 하는 경향도 증가하고 있다.

여성이 첫아이를 낳고 6개월 이내에 직장으로 돌아가는 전체 비율은 6명당 1명 정도로, 1940년대 후반에서 1970년대 후반까지 거의 두 배 늘었지만 그 증가분은 주되게 시간제 노동의 증가로 설명할 수 있다. 그러나 1980년대 후반에 이르자, 임신했을 때 전일제 노동을 하던 여성이 시간제 일자리로 돌아올 가능성은 전일제 직장으로 돌아올 가능

성과 비슷했다. PSI 조사에 따르면, 1979년 이래로 산후 9개월 내에 직장으로 돌아가는 여성의 비율은 25퍼센트에서 45퍼센트로 증가했다. 훨씬 더 두드러지는 것은 그 기간 동안 **전일제 노동을 하는 어머니의 비율이 시간제 노동을 하는 비율보다 훨씬 빠르게 증가했다는 점이다.**[7]

이러한 사례들은 모두 어느 정도 여성이 노동인구의 영구적 일부가 됐음을 분명히 보여 준다. 많은 예측들이 심지어 앞으로 20~30년 뒤에는 많은 산업국가들에서 여성이 노동인구의 다수가 될 수도 있다고 얘기한다. 여성은 분명히 이전 세대 여성보다 훨씬 더 오래 노동하고 있다. 전체적으로 보면, 현재 남성은 일생 동안 노동하는 햇수가 줄어드는 반면에 여성은 그 햇수가 더 늘어난다. 영국에서는 여성의 은퇴 연령이 65세로 연장되면서 이러한 추세가 강화될 것이다. 패트리샤 휴잇은 이렇게 주장한다. "오늘날 젊은 여성들은 20세기 초에 태어난 여성들에 비해 일생에서 유급 고용 기간이 10년 정도 늘어날 것이라고 예상할 수 있다."[8]

그러나 여성 억압은 여성이 노동시장에 접근하는 방식에 계속해서 영향을 미친다. 여성은 노동인구의 일부가 되기는 했지만 여전히 가장 낮은 임금을 받고 시간제 일을 할 가능성이 가장 높으며, 아주 흔히 낮은 지위의 일자리에서 벗어나지 못한다. 고용주들과 보수당 정부는 여성을 낮은 임금과 열악한 노동조건에 묶어 놓기 위해 "유연성"이라는 핑계를 이용한다. 1992년에 시간제 여성 노동자의 소득은 같은 일을 하는 전일제 노동자 소득의 73퍼센트였다. 1977년에 이 비율은 83퍼센트였다.[9] 여성 노동자의 낮은 임금은 상점이나 미용실 같은 저임금 산업의 최저임금을 규정하는 임금위원회가 폐지되면서 더 악화했다.

어머니들이 일하는 것이 보편화됐지만 보육시설이나 다른 가족 관련 시설들이 부족해서 많은 여성들이 원하는 일을 하지 못한다. 이것은 특히 노동계급 여성들에게 진실이다. 그들은 할 수 있는 숙련노동을 계속하기보다는 집안일에 시간을 내기 위해 지역 상점 같은 일자리를 택할 가능성이 훨씬 더 높다. 최근의 한 연구에 따르면, 출산휴가 뒤 옛 직장으로 복귀한 여성은 아이가 없는 동료 노동자보다 상대적으로 나은 임금을 받지만, 아이가 태어난 뒤 직장을 바꾼 여성은 소득이 급격하게 줄어들었다.[10]

여성 노동시장의 확대로 상황이 개선되기는커녕 많은 사람들이 값싸고 유연한 노동으로 이용되고 있다. 여성들은 자신들의 삶에서 훨씬 더 긴 기간을 낮은 임금을 받으며 대개 더 열악한 조건에서 일하고 있다. 그러나 그들은 가정 밖에서 노동하는 동시에 여전히 육아와 가사를 맡아야만 한다. 여성의 삶에서 이러한 측면이 근본적으로 나아지고 있다는 징후는 전혀 없다.

가족의 운명

개별 가족이 받는 압력은 1980년대 후반보다 최근 몇 년 동안 훨씬 더 커졌다. 복지는 더 나빠졌고, 극빈층 가족의 생활수준은 사실상 낮아졌으며, 신체·정신 질병을 앓는 수만 명이 "커뮤니티 케어"*로 내몰렸

---

* Community Care, 사회복지시설이 아니라 자택과 같은 거주시설에서 복지 서비스를 받는 제도.

고, 제2차세계대전 이후 최악의 주택 위기가 있었다. 이 모든 것들이 가정의 부담, 특히 일하는 어머니들의 부담을 더 크게 만들었다. 이혼 통계는 이러한 압력을 보여 준다. 이혼율은 1961년 1천 쌍당 27쌍에서 1971년 79.2쌍, 1981년 155.6쌍, 1991년 171.1쌍으로 증가했다.[11] 1991년에 이르면 두 쌍이 결혼할 때마다 한 쌍이 이혼했다.

결혼을 제일 중요하게 생각하는 사람들은 점점 줄어들고 있다. 1991년에는 30년 전보다 결혼이 5만 건 줄었는데, 전체 결혼의 3분의 1 이상이 적어도 한 쪽이 이혼 경력이 있는 재혼이었다.[12] 한부모 가족도 크게 늘어 지난 20여 년 동안 그 수가 두 배 이상 증가했다. 오늘날 영국에는 1백30만 가구의 한부모 가족이 있고 전체 어머니 중 약 15퍼센트가 편모다.[13]

결혼하지 않고 아이를 낳거나 기르는 여성들이 증가하면서 범죄와 비행의 증가를 한부모 탓으로 돌리는 전례 없는 공격이 벌어졌다. 한부모 가족과 범죄의 연관성에 관한 사례 연구 대부분이 빈곤이 공통 요인이라는 사실을 언제나 무시한다. 1993년 말 열 살짜리 어린이 두 명이 제이미 벌거라는 유아를 살해한 끔찍한 사건(제이미 벌거 사건)은 부모가 자식들을 제대로 관리하지 못해서 생겨난 "순진한 사악함"을 설명하기 위해 가장 흔히 드는 사례다. 사실, 두 아이 중 한 명은 매우 엄격하게 엄마의 통제를 받았다. 두 소년의 공통점은 가난, 그리고 그들의 문제를 찾아 해결할 만한 학교와 복지 제도 같은 가족 지원 제도가 없다는 것이었다.[14]

영국에서 사회적 박탈감을 한부모 탓으로 돌리려는 보수당의 시도는 대체로 실패했지만 미국에서 벌어진 비슷한 공격은 더 성공적이었다. 미혼모들은 '가족 가치'를 모독한다는 비난을 받는다. 미국 대통령 빌 클린턴은 2년 뒤에 부양아동가족원조(AFDC)를 받는 여성들에게 주는 복지 수당을 중단할 계획이다. 클린턴 정부의 보건복지부 장관은 "나는 결혼하지 않고 아이를 갖는 것은 정말로 잘못된 일이라고 생각한다"고 주장한다. 현재 뉴저지 주(州)는 복지 원조를 받는 동안 결혼하지 않고 임신한 여성들의 아이들에게 복지 혜택을 주지 않고 있다.[15]

억압의 피해자들에게 책임을 떠넘기는 일이 훨씬 더 흔해졌다. 경기 후퇴의 결과가 더 안 좋아지면서 정부는 복지 수급자들에게 더 관심을 갖는 게 아니라 그들을 더 가혹하게 대했다. 우리는 가난한 사람들은 무분별하게 돈을 쓰고 아이를 너무 많이 낳고 남편 없이 살려고 하기 때문에 가난하다는 얘기를 듣는다. 사실, 최근 몇 년 동안 모든 주요 산업국가에서 나타난 특징인 빈곤의 증가는 개인의 무능이 아니라 전적으로 정부 정책의 결과다. 영국에서 빈부 격차는 1979년 이래로 더 벌어져 인구의 하위 60퍼센트의 가처분소득이 전체 소득에서 차지하는 비중은 낮아진 반면, 상위 25퍼센트만이 전체 소득에서 차지하는 몫이 실제로 증가했다.[16] 부의 분배가 점차 불평등해지는 원인은 복지 수당과 연금의 실질적 삭감과 세제 개혁이다. 부자들의 직접세 부담은 엄청나게 줄어든 반면, 간접세는 인상돼 가난한 사람들이 훨씬 큰 타격을 입었다.

최근 몇 년 동안 계속되고 확대되고 있는 공공지출·복지 삭감으로 가장 심한 타격을 입은 것도 가난한 사람들이다. 사회정책 분야에서도 미국의 상황은 가장 극단적인데, 클린턴은 1995년 예산안에서 공공 주택과 난방 보조금 지출을 대폭 삭감한 반면 감옥 관련 지출은 늘렸다.[17]

노동 양상의 변화도 가족에 큰 영향을 미쳤다. 가정 밖에서 노동하는 여성의 현실은 가정 안의 노동을 바꿔 놓았다. 교대제 때문에 다양한 종류의 보육이 생겨났고, 여성들이 전업 주부를 그만두면서 가사에 대한 태도가 바뀌었다. 심지어 전업 주부들도 그랬다!

> 1961~1985년에 취업 연령의 보통 영국 여성들이 일상 가사인 요리·청소·빨래 등에 쓰는 시간은 하루 55분, 주당 6.5시간으로 줄었다. …… 1970년대 중반 이후 취업 연령 남성들은 일상의 집안일을 더 많이 하고 있다.[18]

1961년 남성들이 가사에 하루 17분을 쓴 반면, 오늘날 남성들은 40분을 쓴다. 한편 여성들은 1961년에 217분, 지금은 162분을 쓴다. 전업 주부들은 1961년에 295분을, 1985년에는 하루 198분을 썼다.[19] 전일제 일을 하는 남성들은 30년 전보다 주당 3시간 정도 더 많이 집안일에 쓴다. 여전히 여성들은 비교 대상 남성들보다 집안일을 더 많이 하는 경향이 있지만, 이러한 수치들은 가족 내 노동 분업이 어느 정도 달라졌음을 말해 준다. 이것은 가족 밖의 상황도 반영하는데, 아마도 가장 눈에 띄는 것은 장보기에서 일어난 변화일 것이다. 패트리샤 휴잇이 지적했듯이 "장보기는 1960년대 초반 이후 급격하게 증가해 하루 약 40분에서 70분으로 주당 3.5시간이 늘었다."[20] 이 수치는 대형 상점의 성장을 보여 준다. 대형 상점에는 모든 것이 한 장소에 있지만 운전해서 매장까지 가고 매장을 돌아보는 데 더 오랜 시간이 걸린다. 그리고 아내나 남편 중 어느 한 쪽이 훨씬 더 긴 시간 동안 장을 보게 된다. 또 당연하게도 일하는 여성들의 수가 증가하면서 특히 간편 식품을 구입하는 것이 훨씬 더 필수적인 일이 된다.

가정 밖의 노동 유연성은 장을 더 많이 보게 만드는데, 장을 보지 않았다면 집 안에서 보통 여성들이 했을 일을 이러한 장보기가 대신 메워주기도 한다. 결국 모든 가족 구성원이 더 큰 압력을 받게 된다. 오늘날 남성들은 전보다 더 자주 집안일을 하고 장을 본다. 여성들은 집에만 있을 때보다는 집안일을 덜 하지만, 직장에 다니면서도 여전히 많은 일을 해야 한다. 일하는 수많은 여성들에게, 그리고 점점 더 많은 남성들에게 이러한 이중의 부담은 더욱더 현실이 되고 있다.

계급이 대두하다

1980년대 후반 이후 가장 눈에 띈 점은 아마도 여성들 사이에서 첨예한 계급 분단이 다시 등장한 일일 것이다. 물론 이러한 계급 분단이 사라진 적은 없었다. 일부 여성들에게 1980년대는 관리직과 전문직 같은 새로운 직종에 진입해 한 세대 전에는 꿈도 꾸지 못했던 봉급을 받는 등 온갖 이득을 가져다준 시기였다. 이러한 일로 성 평등이 이뤄진 것은 전혀 아니었다. 예를 들면, 여성 투자은행가나 최고경영자들 가운데 아이가 있는 사람은 극소수이고 그들은 아이가 있으면 보통 승진할 가능성이 줄어든다는 것을 안다. 많은 전문직과 고위 관리직 여성들은 동료 남성들이 더 손쉽게 높은 직위로 올라가고 더 많은 월급을 받는 동안 자신들은 계속해서 처음과 별반 다르지 않은 위치에 머무르게 만드는 "유리 천장"*에 대해 불평한다. 이러한 불평등은 공직에서도 마찬가지인데, 1992년 선출된 여성 의원은 고작 60명으로 전체의 약 10퍼센트에 불과했다.[21]

---

* Glass Ceiling, 승진을 막는 보이지 않는 장벽인 승진 최상한선을 말한다.

그러나 그러한 여성들이 맞닥뜨린 불평등은 그들과 노동계급 여성들 사이에 깊어 가고 있는 계급 격차에 비하면 보잘것없다. 1980년대에 실제로 직업전망·소득·지위가 나아진 여성이 1명이라면, 상황이 나빠진 여성은 십중팔구 20명은 됐을 것이다. 저임금, 교대 노동과 악화하는 주택 위기 때문에 대다수 여성들에게 해방은 그 어느 때보다 요원하다.

대체로 많은 페미니스트들을 포함해 자유주의 작가들, 여론 주도층은 이 엄연한 불평등의 현실을 부정한다. 골수 우익 인사들뿐 아니라 한때 자신이 페미니스트라고 생각했던 사람들도 여성해방이라는 사상을 공공연히 반대해 왔다.

수잔 팔루디는 저서 《반동》에서 미국 우파의 공격을 상세히 기록한다.[22] 1980년대는 자유 시장, 자력구제, 여성이 남성과 똑같은 출발선상에서 경쟁한다는 관념이 확립되면서 여성에 대한 온갖 종류의 반동적 사상이 성장했다. 여성해방이 "지나치게 나아갔다"는 얘기가 들려오기 시작했다. 사실, 여성들이 거의 또는 아무것도 갖지 않기를 원하는 사람들은 "모든 것을 다 가질 수는 없지 않냐"고 흔히 말했다. 이러한 반동이 존재했다는 것, 또는 여성들이 거둔 얼마 안 되는 성과들 때문에 그들이 반격을 시작할 만큼 충분히 위기감을 느꼈다는 것은 그다지 놀랍지 않다. 지난 수십 년에 걸쳐 여권(女權) 신장은 언제나 반동을 불러왔는데, 특히 낙태권과 동일기회 — 오늘날 모든 자유주의자들이 "정치적 올바름"이라고 비웃는 것 — 그리고 고용 개혁 같은 분야에서 그랬다. 그러나 여성의 삶이 실제로 바뀌면서 기대치가 높아졌기 때문에 최악의 반동적 사상들은 대부분 승리를 거두지 못했다.

그러나 동시에 일부 여성들, 심지어 일부 페미니스트들의 반동도 있었다. "포스트 페미니즘"이 나타나기 시작했다. 어떤 사람들은 포스트 페미니즘과 구식 성 차별주의의 차이점을 잘 구분하지 못할 수도 있는데, 왜냐하면 포스트 페미니즘 지지자들이 여성은 남성과 같은 조건에서 성공해야 하고 그럴 수 있으며 억압받는다는 이유로 특별대우를 받을 필요가 없다고 주장하기 때문이다. 때때로 이러한 사상들은 제3세계 흑인 여성들과 미국 중간계급 백인 여성들이 공통점이 거의 없다는 주장처럼 급진적 외피를 쓴다. 제3세계 여성들과 미국 중간계급 여성들이 공통점이 거의 없는 것은 사실이지만, 그렇다고 미국 백인 여성들이 불평할 게 뭐가 있냐고 결론 내릴 수 있을까? 포스트 페미니스트들은 긍정적 차별* 같은 정책들에 반대한다고 주장한다. 예를 들면, 미국인 카밀 파글리아는 1994년 초 영국 TV의 한 프로그램 전체를 남성 성기를 예찬하는 데 바쳤고, 오랫동안 여성들이 남성의 성적 대상물이었지만 이제는 남성들이 여성의 성적 대상물이 될 수 있다고 주장했다. 여성 억압에 대한 세부적 분석이 너무 지나친 경우도 있었다. 젊은 하버드 대학교 졸업생 케이티 로이프는 최근 ≪다음 날 아침≫이라는 책으로 유명해졌는데, 이 책은 "데이트 강간"이 대부분 페미니스트들의 상상의 산물이고 강간이라는 주장은 과장된 것이라고 주장한다. 로이프는 미국에서 여대생 4명 가운데 1명이 14세 이후에 법적으로 강간으로 정의할 수 있는 행위나 강간 미수를 경험했다는 잡지 ≪미즈≫(Ms)의 유명한 통계를 인정하지 않는다.[23]

"정치적 올바름"에 대한 최근의 맹공격과 마찬가지로, 로이프와 그와

---

* Positive Discrimination, 소수민족과 여성 등 역사적으로 사회적 약자인 집단의 교육과 고용 기회를 증진시키기 위한 정책을 말하는 것이다. 여성할당제를 그 예로 들 수 있다.

같은 부류의 사람들은 여성 억압에 대한 모든 주장이 과장된 것이라고 주장하기 위해, 포르노 반대 운동가 캐서린 맥키넌 같은 가장 극단적인 급진 페미니스트들의 언사들을 사용한다. 그러나 여전히 여성들이 강간을 잘 신고하지 않고 강간당했다고 주장하더라도 흔히 믿지 않는 여성 억압의 현실을 이해하기 위해서, 모든 남성이 강간범이라거나 모든 성적 모욕이 강간과 똑같은 것이라는 주장을 받아들여야 하는 것은 아니다. 심지어 경찰도 신고된 것보다 더 많은 강간이 일어난다는 것을 인정한다. 그러나 사회 분위기는 마치 세상이 다음과 같은 여성들로 가득 차 있다는 얘기를 쉽게 믿는 듯하다. 여성들이 직장에서 남자들을 더듬고는 다음날 아침에 강간당했다고 소리치고, 남성들을 파멸로 몰아넣어 그들이 두려움 때문에 '당연한' 남성 지배를 주장하지 못하게끔 공격적으로 행동한다는 것이다.

파글리아와 로이프가 미국인이고 영국에는 그러한 반(反)페미니스트들이 없다는 사실은 중요하다. 그러나 [영국에서는] 중간계급 페미니스트들이 그러한 구실을 한다. 그들은 가난한 여성들의 어려운 상황을 그 여성들 탓으로 돌리거나, 그들에 따르면, 가난한 여성들을 부양해야 하는 노동계급 남성들을 공격한다. 언론인 폴리 토인비와 한부모를 위한 운동을 하고 있는 수 슬립먼과 같은 사람들은 가난한 사람들에게 검약과 산아제한을 설교한 페이비언들의 현대판이다. 이제는 사라진 사회민주당의 옛 지지자들인 두 사람은 아동복지국이 남성들에게 양육비를 내게 하고 한부모를 지원한다는 이유로 그것을 전적으로 지지했다. 아동복지국이 편모들의 호주머니가 아니라 금고에 돈을 쌓아 두고 있는데도 말이다. 사실, 보조금을 받는 많은 엄마들이 애들 아빠 이름을 대지 않으면 아동

복지국에게 시달리게 된다. 지배계급과 중간계급의 견해가 1980년대와 1990년대 초에 꾸준히 우경화하면서, 많은 페미니스트들의 견해도 같은 방향으로 움직였다. 심지어 터리서 고먼 같은 우익 보수당 의원조차 대다수 여성들의 조건을 악화시키는 정책들을 추진하면서 페미니스트의 외피를 쓸 수 있었다.

포스트 페미니즘의 발전과 많은 페미니스트들의 우경화 때문에, 남아 있는 사회주의 페미니스트들은 1980년대보다 훨씬 더 혼란에 빠졌다. 내가 이 책에서 개괄한 여성운동의 모든 특징이 훨씬 더 강화됐다. 의미 있는 여성해방 출판사들은 하나도 없고, 런던 북부의 '시스터라이트'(Sisterwrite) 같은 서점들은 문을 닫았으며, 젊은 여성들을 운동에 끌어들일 만한 캠페인이나 쟁점을 둘러싼 활동의 조짐도 없다. 심지어 1980년대 후반에 페미니즘을 지탱해 준 제도권 영역도 점점 더 많은 위협에 직면하고 있다. 몇 년 전만 해도 노동당 지방정부의 주안점이었던 여성 부서들과 여성 캠페인들은 이제 모두 사라져 버렸다. 내가 사는 지역구에서 올해 국제 여성의 날은 수영장에서 아주 조촐하게 치러졌다. 이제 노동당 지방의회들은 여성 부서나 특별 사무실이 감당할 수 없는 "사치"라고 주장하면서 감축 계획의 일환으로서 흔히 그것들을 폐쇄한다.

1980년대에 동일기회 정책을 가장 열렬히 지지했던 사람들 가운데 일부는 "정치적으로 올바르다"고 비난받는 것을 두려워한 나머지 그 문제를 회피한다. 이제 노동당의 국회의원들과 지방의회 의원들은 대중매체가 "어리석은 좌파"[적 정책이]라고 부르는 정책과 서둘러 거리를 두려 한다. 그 대신 무슨 수를 써서든, 이러한 정책들을 실행하려고 노력하는 사람들을 비난했다. 그래서 런던 동부 해크니 지역에서 교장으로 재임했던 제인 브라운은 1994년 초 자신이 "이성애적"이라고 평한 "로미오와 줄리엣" 발레 공연에 초등학교 학생들을 데려가지 않았다는 이유로 언론의 조롱거리가 됐다. 학부모들이 그를 방어했지만 노동당 지방의회와 교육감은 그를 징계하려고 했다. 이러한 분위기에서 페미니즘의 주된 역량은 학계에 남아 있다. 오늘날 여성학 강좌와 역사나 문학 같은 학과의 페미니즘 수업은 페미니즘 사상을 전파하는 데서 핵심이다. 그러나 심지어 이러한 영역에서도 전반적 이데올로기 공격과 정부의 고등교육 재정 삭감 때문에 수세적 태도가 생겨나고 있고, 이러한 강좌들이 충분한 재정 지원을 받지 못한 채 방치돼 있다.

많은 사회주의 페미니스트들은 우익의 공세 앞에서 자신들의 사상이 후퇴한 것을 불평한다. 일부 사람들은 반격해 보고자 했다. 1987년에 출판된 린 시걸의 ≪미래는 여성의 것인가?≫는 성뿐 아니라 계급에 기초를 둔 사회주의 페미니즘을 다시 한 번 역설하려는 시도였다. 1992년과 1993년의 탄광 폐쇄 반대 운동도 많은 사회주의 페미니스트들이 재기하는 데 일조했다. 그러나 전반적으로 그들은 여전히 수세적 태도를 취하며 세상을 바꾸려고 실제로 노력하기보다는 학문적 이론이나 페미니스트적 생활 방식을 발전시키는 데 더 관심을 기울인다. [운동에 대한] 개입의 부족은 깊은 비관주의로 이어지고 있다. 사회주의 페미니스트들은 더 우익적인 상대자들만큼이나 가부장제 이론 때문에 마비됐고, 그들 자신의 정치 논리에 있는 함정에 빠졌다. 페미니스트들의 계급 지향성 결여는 언제나 조직과 성장의 걸림돌이었다. 이제 많은 사회주의 페미니스트 사이에서 그것은 변화의 잠재력을 인지하지 못하는 무능력을 낳고 있다. 그러나 잠재력은 분명히 존재한다.

오늘날의 세계는 여성운동이 시작된 1960년대와는 무척 다르다. 1960년대의 반전운동과 흑인운동은 안정되고 보수적인 1950년대 사회의 이데올로기를 뒤흔들어 놓았고, 여성운동과 동성애자운동이 생겨날 수 있는 비옥한 토양이 됐다. 1970년대 중반에는 경제 위기가 다시 한 번 심각해져 실업률이 높아지고 공공 부문 지출이 줄어들었으며 전후 세계의 특징이었던 경기 팽창이 막을 내렸다. 그 뒤로 주요한 세계적 불황이 두 번 더 있었는데, 많은 자본주의 국가들이 그 중 두 번째 불황을 1994년 중반인 현재까지도 겪고 있다.

포스트 페미니스트들의 사례에서 살펴봤듯이, 한편에서 이러한 오래 계속되는 위기의 결과는 지식인들과 여론 주도층의 우경화였다. 그러나 이 위기는 전 세계에서 보건 서비스, 생활수준, 한부모, 연금생활자, 실업자에 대한 공격에 대응한 사회 전반의 급진화로 이어지기도 했다. 이러한 급진화는 정치적 양극화를 낳았다. 기성 정당들에 대한 환상이 깨졌고, 많은 국가들에서 파시스트 우익이 성장했을 뿐 아니라 이 책에서 표현한 것 — 혁명적 사회주의 — 과 같은 종류의 사상들에 대한 지지가 성장하기도 했다.

이러한 상황에서 계급 정치가 핵심이라는 것이 훨씬 더 분명해지고 있다. 새로운 세대의 노동자들은 패배와 후퇴, 사기 저하의 시기에 겪은 두려움에서 벗어나서 성장하고 있고 지배계급의 계속되는 공격에 점점 더 분노하고 있다. 이러한 노동자들 가운데 많은 수가 급진적 대안을 찾고, 일부는 사회주의 사상을 받아들인다. 연대, 집단 투쟁, 해방이라는 사상들이 다시 한 번 민중의 물질적 필요에 적합한 사상으로 떠오르고 있다. 계급투쟁이 떠오르기 시작할 때면 언제나 여성의 구실이 더욱더 중요해진다. 오늘날에 이러한 일이 벌어지기 시작한다는 조짐이 보인다. ≪사회동향≫의 보고서에 따르면, "[1991년에 — 린지 저먼] 전체 고용 인구 가운데 남성의 42퍼센트, 여성의 32퍼센트가 노동조합원이었다. 전일제 노동자들은 시간제 노동자들보다 노동조합원일 가능성이 두 배 가까이 높았다."[24] 이것은 전체 여성 노동자의 3분의 1이 노동조합원임을 뜻한다. 여성 조합원들은 남성 조합원들보다 훨씬 더 잘 견디고 있는 듯하다. "고용된 남성 가운데 노동조합이나 직원조합에 속한 사람들의 비율은 1990년의 43퍼센트에서 1992년 말 39퍼센트로 하락했다. 그러나 여성의 경우 그 수치는 3년 동안 32퍼센트로 일정하게 유지됐다."[25] 이러한 통계 수치는 여성 노동자들이 노동조합과 정치투쟁에 연관 맺고 있음을 보여 준다. 더 많은 노동자들이 계급으로서 공격받을수록, 그들은 점점 더 계급적 차원에서 그러한 공격에 맞서 자신들을 방어하는 데 자신들의 이해관계가 걸려 있음을 깨닫기 시작한다. 남성들의 경우만큼이나 여성들에게도 이것은 진실이다.

역사적으로, 남성의 여성 노동자에 대한 적대감의 일부는 적어도 여성들이 파업을 파괴하기 위한 대체 노동과 남성들의 임금을 낮추는 값싼 노동으로 이용된 것 때문이었다. 오늘날 상황은 더 복잡하지만 대체로 노동계급의 단결에 더 유리하다. 여성들의 낮은 임금수준 때문에 전체 임금수준이 떨어지는 경향이 있다는 점에서 여성들을 산업예비군으로 볼 수 있다는 것은 사실이다. 여성 노동자들이 현재 노동력의 절반을 차지하고 있고 지난 20년에 걸쳐 남성과 여성의 임금수준이 둘 다 매우 가파르게 떨어진 미국의 상황은 이 점을 가장 잘 보여 주는 적절한 사례다. 그러나 여성들이 남성 노동자들을 대체한다는 뜻에서 여성들이 산업예비군인 것은 아니다. 남성과 여성의 직접적 일자리 경쟁은 흔히 생각하는 것보다 훨씬 더 적다. 파업 중에 파업 파괴가 벌어질 때는 ― 최상의 투사들 일부가 여성들이었던 1993년 던디에서 벌어진 타이멕스 노동쟁의 사례에서처럼 ― 남성과 여성의 분열보다는 선진적이고 조직된 노동자와 후진적 노동자의 분열이 드러날 가능성이 훨씬 더 높다.

남성의 이익?

내가 이 책을 쓸 때 유행했던 주장들 가운데 일부는 이제는 별로 중요하지 않은 듯하다. 오늘날 노동계급의 단결은 5~6년 전보다 훨씬 더 필수적이고 가능성도 더 높다. 1980년대에 한 세대의 페미니스트들을 끌어당긴 노동당은 더는 그러한 매력이 없다. 그리고 남성들이 여성 억압으로 이득을 보고 따라서 여성 억압을 유지하는 데 일정한 이해관계가 있다는 주장은 옛 사회주의자들 사이에서 그랬던 것보다 새로운 세대의 사회주의자들 사이에서 훨씬 덜 받아들여진다. 계급 양극화가 심화하면서 노동계급 여성과 남성의 격차는 줄어들었다. 최근 몇 년 동안 벌어진 투쟁들은 남성과 여성의 차이가 아니라 계급적 단결을 강조했다. 가장 중요한 파업들 중 일부 ― 임금 삭감과 노동조합 파괴에 맞선 타이멕스 투쟁, 임금 인상을 요구한 지로뱅크 파업, 간호사·교사·대학강사가 참여한 노동쟁의 ― 에 수많은 여성 노동자들이 참여했다. 그 투쟁들은 노동조합운동의 새로운 국면을 입증하는 사례이자 노동계급 내부의 격차를 어떻게 극복할 수 있는지를 보여 준다.

노동당과 노조 지도자들은 여전히 이러한 사태 전개 밖에 머물러 있다. 비관주의와 수동성 때문에 그들은 투쟁과 반격의 잠재력에서 멀어졌다. 그들은 여성 노동자들의 투쟁 가능성을 거의 알지 못하고 여성해방을 어떻게 쟁취할 것인지에 대해서는 완전히 아무 개념도 없다. 정말로 그들은 체제 안에서 몇몇 페미니즘 개혁을 받아들이는 데 만족한다. 그들은 여성해방은 불가능한 꿈이라고 주장할 것이다. 실제로 투쟁은 자본주의 사회의 한계에 직면해 왔다. 선진 자본주의 국가의 여성들이 최근 수십 년 동안 쟁취한 법적·재정적 독립성은 중요한 일보전진이었지만, 그것이 진정한 해방일 수는 없다. 여성 억압은 자본주의 훨씬 이전부터 존재한 계급사회에 뿌리박혀 있기 때문이다. 그리고 계급사회를 전복하려면 혁명이 필요할 것이다. 오늘날 가족제도와 자본주의 국가 둘 다 자본주의 사회에서 여성 억압을 체계화한다. 정부와 국가기구가 점점 더 흔들리고 취약해지는 가족제도를 지탱하는 구실을 하면서, 국가와 그 대리자들 일부가 주요 여성 억압자들이 됐다. 따라서 국가 자체가 개별 남성들의 행동들을 뒷받침하고 강화하며 정당화한다.

이 때문에 사회주의가 여성해방을 쟁취하는 유일한 수단인 것이다. 물론 이 말이 혁명이 일어난 바로 다음 날 여성 억압의 모든 문제가 사라질 것이라는 말은 아니다. 남성 우월주의자, 성적 학대자, 강간과 같은 심각한 성범죄가 계속 존재할 것이다. 엄마와 아이 돌보는 사람으로서 여성의 역할은 계속 중요한 것으로 여겨질 것이고 일부 여성은 혁명적 격변을 원하기보다는 가족 안에서 자신의 전통적 위치에 집착할 것이다. 여성 억압은 모든 억압 가운데서도 가장 뿌리 깊게 오랫동안 확립된 것이다. 그것은 모든 이들의 성적·개인적 관계에 영향을 미친다. 그러나 심지어 가장 맹아적 형태의 노동자 국가도 많은 중요한 변화를 도입할 수 있으며 이것이 여성해방과 모든 인류의 해방을 위한 토대를 놓을 것이다.

사회주의 사회의 자원은 억압의 부담을 더는 데 쓰일 것이다. 자본주의 사회에서는 여성의 삶을 더 쉽고 즐거운 것으로 만드는 데 소비되는 것이 거의 없다. 보육 등을 위한 지출은 보통 보잘것없고 흔히 일시적이며 여성의 필요가 아니라 특정 시기 자본가계급의 필요에 맞춘 것이다. 그래서 영국에서는 여성 노동이 필요했던 제2차세계대전 기간에 보육시설들이 세워졌지만 평화의 시기가 돌아오자 급속하게 폐쇄됐다. 사회주의 사회에서 보육시설들은 기본 필수품으로 여겨질 것이고 엄마가 일하길 원하든 그렇지 않든 제공될 것이다. 보육에 드는 돈은 오늘날 군비로 지출되는 엄청난 돈과 부자들에게 돌아가는 몫을 없앰으로써 마련될 것이다. 사회주의 사회의 핵심은 식사를 준비하고 아이들을 돌보며 세탁을 하는 사회시설을 통해 가족의 대안을 제공하는 것이 될 것이다. 아이와 노인, 병자를 돌볼 책임과 필요한 사람들에게 가족 밖에서 적절한 보살핌을 보장하는 일은 가족 안의 개별 남성과 여성이 아니라 전체 지역 사회가 수행할 것이다.

언론과 법률의 기능도 완전히 달라질 것이다. 오늘날 그러한 제도들은 여성 억압을 반영하는 반면, 사회주의 사회에서 그것들은 정확히 그 반대를 비출 것이다. 이것은 남성 우월주의의 끝을 뜻하지는 않을 테지만 성 차별적 관념들이 사회에서 용인되지 않기 시작한다는 것을 뜻할 것이다. 혁명의 첫날부터 해방이 이뤄지지는 않겠지만 여성의 완전한 재정적·법적·사회적 평등이 존재할 것이다. 그리고 이것은 거대한 일보전진인 동시에 여성이 스스로 해방을 쟁취하기 위한 조건을 창출할 것이다.

이 책의 모든 내용은 사회주의라는 목표를 염두에 두고 쓴 것이다.

이 책이 여성해방과 사회주의를 조금 더 앞당기는 데 기여할 수 있기를 바란다.

:: PART 1

변화하는 가족

01 :: 자본주의와 가족

지난 2백 년 동안 여성의 삶은 그 이전 인류 역사를 통틀어 변한 것보다 훨씬 더 많이 달라졌다. 자본주의 발전이 야기한 엄청난 기술 진보는 노동과 가정생활, 교육, 심지어 성까지 모든 측면을 완전히 바꿔 놓았다. 그러나 비록 개별 여성들의 삶이 나아지기는 했지만, 여성 억압은 여전히 자본주의의 주요 특징이다. 이러한 억압이 의미하는 바는 심지어 근본적인 사회변혁조차 언제나 여성이 노동과 교육을 평등하게 누리고 선거권을 갖게끔 만들지는 못했다는 것이다. 그러므로 설령 불평등이 남아 있다 하더라도 이는 어쩔 수 없는 것으로 간주됐다.

여성들이 계속 억압받는 이유는 복합적이다. 기본적으로 여성 억압은 자본주의 가족의 성격에서 기인한다. 그러나 가족은 불변하는 것이 아니다. 진실은 그 정반대이다. 가족 그 자체가 계급으로 분화된 사회의 산물이지만, 가족의 특수한 형태는 그 가족이 존재하는 계급사회의 형태 — 특수한 생산양식 — 에 따라 다르다. 남성과 여성이 생계를 유지하기 위해 노동하는 방식이 그 사회의 재생산의 성격을 결정짓는다.

하나의 생산양식에서 다른 생산양식으로의 이행 — 예를 들어 봉건제에서 자본주의로의 이행 — 은 모두 가족을 엄청나게 바꿔 놓았고, 또한 그러한 격변을 요구한다. 자본주의의 발전과 산업혁명을 통해 확산된 그 엄청난 힘은 가족의 성격을 크게 바꿔 놓았다. 자본주의 생산양식이 초래한 이러한 변화들을 참조해야지만 오늘날의 여성 억압을 이해할 수 있다.

자본주의적 생산과정이 너무나 새롭고 이전과 전혀 다른 노동방식을 창출하자 당대의 학자들은 극단적인 결론에 도달했다. 어떤 사람들은 옛 사회의 종말을 한탄했고, 반면에 청년 마르크스와 엥겔스, 공상적 사회주의자들을 포함한 다른 사람들은 여성을 위한 새로운 시대의 여명을 목격하고 있다고 확신했다. 자본주의의 급속한 발전으로 세계의 경제적 부가 엄청나게 팽창했고, 그 결과 여성이 더 자유로워질 가능성이 생겨났다.

초기 자본주의 사회는 이러한 약속을 이행하기도 했고 저버리기도 했다. 여성의 삶은 정말이지 급격하게 바뀌었다. 그들은 가내공업에서 공장으로 이동했다. 그 과정에서 오래된 가부장제 가족 — 가정을 중심으로 한 생산에 바탕을 두고서 보통 가족의 남성 가장을 통해 조직되는 — 은 붕괴했다. 임금노동자로서 여성은 이전의 농경사회에서는 좀처럼 찾아볼 수 없었던 사회적·경제적 독립성을 어느 정도 획득했다.

19세기 전반기 당시에는 새롭게 등장한 산업 노동계급 가족이 완전히 사라지지는 않았지만 약화되는 것처럼 보였다. 그러나 가족은 결코 사라지지 않았다. 오히려 가족은 끝까지 유지됐고 마침내 다시 확립됐다. 19세기 후반이 되자 가족생활을 강조하고 심지어 찬양하는 경향이 생겨났다. 이때 생겨난 '가족 가치'는 오늘날 우리에게도 남아 있다.

이러한 사실에 대한 가장 흔한 설명은 봉건제에서 자본주의로의 생산양식 변화가 가족의 형태나 가족 안에서 여성의 삶을 바꿔 놓지는 않았다는 것이다. 이러한 설명은 분명 오늘날 사회의 지배적인 '상식'이다. 가족은 영원하고 불변하는 것으로 여겨진다. 특히 페르디난드 마운트와 같은 우익 이데올로그들이 이러한 견해에 찬성한다.[1] 그러나 그것은 완전히 잘못된 생각이다.

18세기 말과 19세기 초는 극심한 사회 격변의 시기였다. 이 시기에 사람들은 시골에서 도시로 흔히 어쩔 수 없이 이동했다. 이때 영국은 농업사회에서 공업사회로 변모했고, 자본주의는 농업과 공업의 방식을 모두 바꿔 놓았다. 인구가 폭증했고 대규모 이주가 있었다. 전통적인 노동 형태나 직업 중에서 어떤 것은 완전히 사라진 반면, 새로운 직업이 생겨나기도 했다. 전통적으로 여성이 하던 노동을 때때로 남성이 하기도 했다. 일부 남성 직종은 여성 직종이 됐다. 이러한 예는 방직업의 방적과 직조 작업에서 찾아볼 수 있다.

이러한 변화 속에서 옛 가족의 형태가 살아남았다면 그것은 정말로 놀랄 만한 일일 것이다. 그러나 실제로는 그렇지 않았다. 가족은 커다란 변화를 겪었다. 여기에서 또다시 이러한 변화들에 대한 특정 가설들이 생겨난다. 예를 들어, 사람들은 흔히 봉건제는 거대한 '확대' 가족이 특징인 반면 자본주의는 소규모 핵가족의 시대를 알렸다고 주장한다. 상황은 그렇게 단순하지 않다. 봉건제 말에 서유럽의 더 발전된 지역에서 가족은 대개 규모가 작았다. 한 가구가 여러 세대로 이뤄진 경우도 있었지만 대부분은 수평적으로 한 세대를 넘지 않았다. 여러 세대로 이뤄지거나 한 세대의 모든 형제가 같이 사는 대규모 확대 가족은 동유럽에서 훨씬 더 일반적이었다.

이러한 문제에 대해서는 서로 상반되는 증거들이 존재하고, 매우 다양한 형태의 가족이 있었던 것이 분명하다. 가족 형태는 지리적 특성이나 수행하는 농업 노동의 발전 단계와 형태, 그리고 기타 생산양식 등 다양한 요소들에 좌우됐다.[2] 예를 들어, 근대 초기 영국에서 가족은 자본주의의 가족과 규모나 구조 면에서 별로 다르지 않았다.

자본주의 가족과 전(前) 자본주의 가족의 주된 차이는 규모나 가족 구성이 아니라 가족이 생산의 단위인지 아닌지이다.

1750년 영국에서 남성과 여성이 생계를 유지하는 가장 주된 방법은 땅을 경작하는 것이었다. 그들이 생활하는 가족은 적어도 몇 가지 생산적인 성격을 갖고 있었으며, 그곳에서 재화는 소비를 위해 생산됐고 이따금씩 판매를 위해 생산됐다. 이러한 생산이 가족에서 여성의 역할을 규정했고 여성들이 당장의 먹을 것, 그리고 정말로 그들의 생계를 위해 남성 가장에게 계속해서 의존하도록 만들었다.

노동은 가정을 중심으로 이뤄졌다. 흔히 하는 일은 달랐지만 기혼 여성과 미혼 여성 모두 일을 했다. 기혼 여성의 노동은 가족에게 없어서는 안 되는 것이었기 때문에 그들이 건강하고 일을 할 수 있는 한 노동하는 것은 당연하게 여겨졌다. 기혼 여성이 생산적 노동에 적합하지 않다거나, 아내나 어머니라는 역할 때문에 생산에 참여할 수 없다는 의문은 전혀 없었다. 즉,

> 가족이 경제 활동의 주된 중심지가 아니게 되면서 비로소 기혼 여성 노동자들이 동정의 대상이나 [생산적 노동에] 부적격한 사람이 됐다.[3]

가족이 농업에 바탕을 뒀든 아니면 직물 공업에서 선대제와 같은 가내공업에 바탕을 뒀든 여성의 노동은 중요했다. 여기에서도 엄격한 분업은 존재했다. 방적공은 여성, 수직기 직조공은 남성이었고 아이들은 기본적인 일을 할 수 있는 나이가 되면 생산에 참여했다.

옛 가족의 변화는 가족을 지탱하는 생산의 형태에 따라 다양한 모습을 띠었다. 농업에서 18세기 말에 일어난 혁명은 폭력적이었다. 자본주의적 영농 방법이 대규모로 발전하면서 낡은 영농 방법과 생계수단이 파괴됐다. 주로 목초지와 낙농업을 희생시켜 농경을 확대했고 공유지에 울타리를 쳐 토지를 사유화(인클로제)했다. 낙농업의 변화 — 이제 낙농업은 더는 소규모 가내공업에 맞춰진 것이 아니라 급속히 성장하는 도시의 수요에 맞춰졌다 — 때문에 여성들은 전통적인 역할에서 밀려났다. 예를 들어 새로운 치즈 제조법이 등장하자 더 크고 무거운 치즈를 뒤집기 위해 남성이 고용됐다.

이러한 농업 생산의 변화는 여성의 삶을 완전히 바꿔 놓았다. 일부 여성들의 삶은 더 나아졌다. 농업혁명으로 경제적 이익을 얻은 농부의 아내와 가족들은 생산적 역할을 그만두고 여가를 즐기는 안락한 생활에 익숙해졌다. 다른 사람들, 즉 가난한 농부의 아내들이 겪은 사회적 이동은 이와는 다른 방향이었다. 많은 사람들이 가난과 때로는 극심한 빈곤으로 내몰렸다.[4]

공유지의 사유화는 훨씬 더 심각한 결과를 낳았다. 대다수 가난한 농부들은 생계수단, 특히 연료와 일부 식량의 원천마저 빼앗겼다. 그들은 흔히 어쩔 수 없이 일용 노동자가 돼 부유한 토지 소유자나 농부에게 전적으로 생계를 의존했다. 이러한 의존은 대부분 끔찍한 빈곤으로 이어졌다. 19세기 초반 대다수 농업 노동자들의 임금은 너무 낮아서 "결혼한 노동자가 …… 원조 없이 가족을 부양하기란 거의 불가능"[5]했다.

대다수 노동자 가족은 먹고살기 위해 빈민 구호에 의존했다. 그러나 이것도 간신히 목숨을 부지할 정도였다. 이러한 상황이 가족의 삶에 미친 영향은 매우 끔찍했다. 임금은 아주 낮았는데, 특히 잉글랜드 남부에서 심했다. 그 지역에서 노동자 가족은 식사 때 빵과 치즈와 차로 연명했다. 연료를 쉽게 구할 수 없었기 때문에 대부분의 가정에서는 요리를 할 수 없었다. 밀 가격이 비싸서 때로는 이러한 기본적인 식사조차 하기 어려웠다. 농촌의 노동력에 대한 이러한 공격은 당연하게도 엄청난 사기저하와 고통을 낳았다.

가족들을 따뜻하고 안락하게 보살피고 여러 가지 음식을 만들어 줄 수 없었기 때문에 가정주부는 흥미를 잃어버렸고, 가정의 상황은 점점 더 나빠졌다. 자포자기 상태에서 노동자는 선술집에서, 부인은 이웃과 함께 차를 마시는 것에서 위안을 찾았다.[6]

많은 가족들이 빈민 구호에 의존할 수밖에 없었고, 노숙자가 되는 경우도 흔했다. 절대 바뀌지 않을 것 같던 세상은 믿을 수 없을 만큼 빠른 속도로 변하고 있었다. 점점 더 적은 수의 사람들이 토지를 소유했고, 토지에서 쫓겨난 사람들은 낮은 임금을 받으며 지주를 위해 일하거나 아니면 다른 방도를 찾아야 했다. 바로 이들이 도시에서 출현한 산업 노동 계급의 중핵을 형성했다. 지방에서 그들은 시골 빈민이 됐고 임금을 보충하기 위해 구호에 의존했다.

대규모 공장 생산의 발달은 가내 방직업에 마찬가지로 치명적인 영향을 미쳤다. 가내 방직업은 '선대제'를 기초로 했는데, 이것은 고용주들이 가정에서 가족들이 가공할 원료를 제공하고 완성품에 값을 지불하는 방식이었다. 18세기의 마지막 10년 동안 수많은 발명품들이 방직업을 변화시켰다. 제니 방적기와 뮬 방적기, 수력 방적기 등은 직물 생산이 가정에서 공장으로 이동하는 것을 촉진시켰다. 직물 생산은 산업혁명의 원동력이 됐다.

처음에 이러한 변화들은 여성에게 불리하게 작용했다. 가내공업에서는 여성들이 방적 일을 맡았었는데, 공장 생산에서는 남성들이 뮬 방적기를 다루게 됐다. 그러나 19세기가 시작되면서 한층 기술이 발전하자 전통적으로 남성의 영역이었던 수직기 직조는 심각한 타격을 입었다. 이는 가족 내 전통적인 분업에 근본적인 영향을 미쳤다. 공장주들은 남성보다는 여성이나 아이들을 고용하는 것을 선호했다.

최초의 공장 노동자는 전통적으로 방직업에 종사하던 가족에서 유입된 것이 아니라 "농업혁명으로 불안정해진 농부나 가내 하인, 여러 가지 직업의 미숙련 노동자와 지방 빈민에서 충당됐다."[7] 수직기 직조공과 그 가족들은 공장에 들어가기를 거부하면서 격렬하게 저항했다. 그러나 한 세대만에 직조공의 부인과 딸들도 공장에서 일하게 됐다.

1830년대와 1840년대에 동력 직조기 일에 종사한 소녀들은 대부분 가난에 쪼들리던 수직기 직조공들의 딸들로 더 나은 장래를 위해 공장에 들어갔다. 대부분 직조공의 아내였던 기혼 여성들도 심각한 빈곤 때문에 집을 떠날 수밖에 없었다.[8]

처음에는 가족 자체의 변화 과정이 그리 심각해 보이지 않았다. 가장이 자신을 위해 일하도록 자기 아이들을 고용한 초기 공장에는 흔히 가족의 구조가 반영됐다. 그러나 방직업이 성장하면서, 특히 1820년대 동력 직조기가 출현한 뒤에 남성은 경제적으로 점차 주변화 되기 시작했다.

심지어 가족 전체가 고용됐던 1820년대와 1830년대에도 흔히 남성은 부인이나 아이들보다 수입이 적었으며, 어떤 경우에는 단지 짐꾼으로 공장에 고용됐다.[9] 그리고 이 시기에는 아버지와 자녀 사이의 **경제적** 관계에 중요한 변화가 시작됐다. 남성보다는 여성과 아이들이 더 많이 필요했을 뿐 아니라, 이제 그들은 "직공이 아니라 공장주에 의해"[10] 고용됐다. 이제 모든 가족 구성원이 돈을 벌기 위해 노동시장으로 내몰렸고, 살기 위해 자신의 임금에 의존했다. 그러자 가족은 생산적인 가구 단위가 아니라 개별 임금노동자들의 집단이 됐다.

> 자본주의 생산관계는 가족을 원자화시키는 특별한 기여를 했다. 가족 구성원들은 저마다 노동시장에서 개별적으로 고용됐다.[11]

이 때문에 옛 가부장제 가족의 유대 관계는 많은 부분이 깨졌다. 여성이나 심지어 나이가 많은 아이들이 가족의 유일하거나 주된 생계 부양자가 되는 일이 흔해지면서 기존의 규범과 가치가 모두 뒤집혔다. 프리드리히 엥겔스는 1840년대에 맨체스터의 노동계급의 경우 "아내의 고용 때문에 가족이 완전히 그리고 어쩔 수 없이 사라진다"고 지적했다. 그는 계속해서 다음과 같이 말했다.

많은 경우 아내의 고용 때문에 가족이 완전히 사라지지는 않지만, 혼란에 빠졌다. 부인은 가족을 부양하고, 남편은 집에 앉아 아이를 돌보고 방을 치우고 요리를 한다.[12]

많은 관찰자들의 눈에는 노동계급 가족이 붕괴하고 있거나 최소한 천천히 해체되고 있는 듯했다. 아내와 아이들은 더는 옛 가부장의 권위에 의존하지 않았다. 그들은 임금을 받고 노동함으로써 이전에는 한 번도 가져보지 못한 독립성을 어느 정도 획득했다. 이제는 여성이 가정에서 하는 일이 여성 노동의 주된 특징이 아니었다. 기존의 성별 분업이 깨졌을 뿐 아니라 전통적인 집안일 가운데 일부는 시장에서 사고 팔 수 있는 상품으로 변했다. 1862년의 한 보고서는 "수많은 여성들이 공장 직공들에게 필요한 것을 공급하는 데에서 그들의 생계비 전부를 벌었다"[13]고 기록하고 있다. 최근의 연구들은 이 점을 뒷받침해 준다.

> 방직업 지역들에서 …… 많은 여성들이 일을 하고 가족들의 임금이 전부 하나로 합쳐지게 되면서, 가게에서 만든 파이와 푸딩을 사먹고, 아이를 하루 종일 맡기고, 빨래와 청소를 직업으로 하는 여성에게 빨래와 기본적인 청소를 맡기는 일들이 노동계급 사이에서 일반화됐다.[14]

가족에 대한 마르크스와 엥겔스의 생각

1840년대에 이르자 노동계급 가족은 매우 위험한 상태에 있는 듯했다. 당시 마르크스와 엥겔스는 분명히 가족의 존속을 의심했다. 그러나 가족에 대해 고찰하면서 처음부터 그들은 중요한 계급적 차이에 주목했다. 1848년에 출판된 ≪공산주의 선언≫에서 이 점에 대해 다음과 같이 설명했다.

> 지금의 가족, 부르주아 가족의 토대는 무엇인가? 그것은 자본이며 사적 이익이다. 따라서 이 가족이 완전히 발전한 형태는 단지 부르주아지 사이에서만 존재할 뿐이다. 반면 이러한 상태가 진행되면 결국 프롤레타리아에게는 가족이 실제로 사라질 것이다.[15]

이들의 분석은 부분적으로 경험적 지식, 특히 엥겔스가 ≪영국 노동계급의 상태≫에서 맨체스터의 노동자들을 연구한 것에 기반을 뒀다. 공장 노동자 대부분의 끔찍한 생활 때문에 가족생활 운운하는 것은 우스운 일이 됐다. 그러나 마르크스와 엥겔스의 분석의 출발점은 가족과 사유재산의 관계였다. 노동계급이 재산을 갖고 있지 않다는 사실은 노동계급 가족에게는 실질적인 물적 토대가 없음을 뜻했다. 마르크스와 엥겔스는 이러한 재산의 결여를 가족 폐지의 토대로 여겼다. 40여 년 뒤 엥겔스는 계급사회 출현과 가족의 발생, 그리고 그에 따른 여성 억압을 연결시켰다.

> 역사에서 등장한 최초의 계급 적대는 일부일처제 결혼에서 남성과 여성의 적대가 발전한 것과 일치하며, 최초의 계급억압은 남성의 여성 억압과 일치한다.[16]

마르크스와 엥겔스는 불평등이 어디에서 비롯하는지를 강조했다. 계급사회에서 불평등은 분업에서 비롯하는데, 그 중에서도 성별 분업이 가장 중요한 부분이다. 이렇게 분업 때문에 사회 전체의 불평등한 재산 소유가 생겨난다. 최초의 재산 형태는 가족 자체에 내재해 있다. "가족 내에서 아내와 아이들은 남편의 노예다. 가족 안에 감춰진, 그러나 여전히 변함없이 존재하는 노예제가 최초의 재산이다."[17]

그러므로 새로운 가족, 즉 재산에 토대를 두지 않은 가족의 존재는 적어도 노동계급 여성에게는 여성해방의 단초였다. 그러나 흔히 오해하는 것과 달리, 마르크스와 엥겔스는 분명히 가족이 순식간에 사라질 것이라고 생각하지 않았다. 부르주아지에게 가족은 오히려 더 강력한 경제적 결속체가 됐다. 집 밖에서 노동하는 것은 부르주아 남성의 특권이었다. 부인과 딸은 완전히 사적인 영역에서만 생활해야 했고, 여유와 특권을 누리기는 했지만 무능력하고 단조로운 삶을 살았다. 일부일처제는 상속권을 보장하는 데 필수적이었다. 이것이 바로 부르주아지 가족의 물적 토대였다. 즉, 자본가가 법적 상속자에게 재산을 넘겨주는 것을 보장했다. 따라서 일부일처제는 살아남았을 뿐 아니라 계속해서 강화됐다.

그러나 노동계급의 경우에도 옛 가부장제 가족, 그 가치와 규범의 붕괴가 자본주의에서 가족이 완전히 폐지된 것을 의미하지는 않았다. 특히, 성 역할이 바뀌어 여성이 부양자가 되고 남성이 가정주부가 됐을지라도 문제들은 별로 해결된 게 없었다. 그것은 단지 옛 가족의 부자연스러운 상태를 부각시켰을 뿐이다.

양성의 지위가 완전히 뒤바뀔 수 있었던 것은 처음부터 남성과 여성의 지위가 잘못됐기 때문이다. 만약 공장 체계 때문에 불가피하게 아내가 남편을 지배하게 된 것이 비인간적이라면, 이전에 남편이 아내를 지배했던 것도 비인간적이기는 매한가지다. …… 현재 우리 사회에서 가족이 해체되고 있다면, 이것은 가족을 묶어주는 연결고리는 근본적으로 가족의 애정이 아니라 공동의 소유라는 허울 아래 감춰진 사적 이해관계였음을 보여 줄 뿐이다.[18]

그러므로 가족의 해체로 개개인들이 자유롭고 평등하게 결합할 수 있게 된 것이 아니라, 기존의 재산 관계가 사라져 버렸다. 자본주의가 비난받는 중요한 이유는 이러한 해체 과정이 행복이나 진정한 자유로 귀결되는 것이 아니라, 초기 산업화 시대에 영국의 노동계급이 경험했던 끔찍한 상황을 만들어 냈기 때문이다. 엥겔스에 따르면, 인간관계의 완전한 발전은 계급 없는 사회가 도래해야만 가능하다.

따라서 완전한 결혼의 자유는 자본주의적 생산과 그것이 만들어 낸 소유관계를 철폐함으로써 그에 수반한 모든 경제적 고려를 제거했을 때에만 보편적으로 실현될 수 있다.[19]

그러나 계급 없는 사회가 실현되지 않는다면? 그러면 가족은 어떻게 될 것인가? 자본주의가 세계 체제로 발전한 것은 노동계급 가족의 발전에 중요한 영향을 미쳤다. 가족은 사라지기는커녕 자본가계급과 노동계급 모두 가족을 공고히 하고 지탱하려 했다. 이러한 사태 전개는 19세기 후반에 두드러졌고, 여성 억압은 계속 현실로 남아 있게 됐다.

가족의 재확립

1830년대와 1840년대에는 가능한 한 모든 가족 구성원이 임금노동자로서 노동했다. 비교적 많은 수의 기혼 여성이 일을 했으며 어린이들, 때로는 매우 어린아이들까지 일을 했다.[20] 긴 노동시간 때문에 여성들은 가사 노동은 고사하고 잠잘 시간도 충분하지 않았다. 당시에는 하루에 12시간 이상 일하는 것이 일반적이었다. 출퇴근 시간과 식사 시간을 합치면 노동시간은 14~15시간까지 늘어났다.[21] 출산은 매우 위험했고, 공장 노동은 그것을 더 위험하게 만들었다. 여성들은 출산하자마자 곧바로 다시 기계로 돌아가야 했다. 어린 아기는 모유가 아니라 멀건 죽을 먹었다. 아직 너무 어려서 일할 수 없는 아이들을 돌보는 사람들은 맡은 아이들에게 아편 성분이 들어 있는 약을 먹여 아이들이 얌전히 있게 만들었다.

어린이들은 네다섯 살 때부터 공장에서 일했다. 마르크스는 《자본론》에서 높은 영아 사망률, 다쳐서 불구가 된 아이들, 초기 공장 노동자들 중 많은 사람들에게 일어난 끔찍한 상해 같은 초기 공장 체제의 참상을 묘사했다. 마르크스는 집 밖에서 일하는 여성과 영아 사망률의 연관성을 지적했다. 1860년대 초 맨체스터에서는 영아의 4분의 1 이상이 한 살 전에 죽었다. 이러한 사망률은 대도시에만 한정되지 않았다. 펜스 지역의 위즈벡은 자본주의적 농업의 중심지로서 여성들이 악명 높은 집단농장에서 일용 노동자로 일했는데, 그곳의 영아 사망률은 맨체스터만큼이나 높았다. 이 두 지역의 공통점은,

어머니들이 집에서 멀리 떨어진 곳에서 일을 하면서 집에 없게 되자 아이들이 무시받고 학대당하는 일들이 벌어졌다. 아이들이 영양 섭취

를 충분히 못했으며, 부적절한 음식을 먹고, 아편을 투약하는 일들이 벌어졌다.[22]

이러한 조건들 — 이러한 열악한 조건들은 주거 문제와 질 낮은 음식, 공장 재해, 형편없는 의료시설 등 노동계급의 삶의 모든 측면에서 마찬가지였다 — 때문에 노동계급이 사회 격변을 일으켰다. 위대한 차티스트 운동은 어느 정도는 1830년대와 1840년대의 열악한 조건에 대한 노동자들의 항의였다. 당시 비참함과 가난은 너무나 심각해서 심지어 많은 부르주아 학자나 자선가도 이의를 제기할 정도였다. 점차 어린아이들, 그리고 나중에는 여성들은 일을 하지 말아야 한다거나 그들의 노동시간과 노동조건을 법으로 제한해야 한다는 요구가 제기됐다.

당시 제정된 보호 입법들은 부분적으로 노동력의 구조적 변화를 야기했고, 이는 성장하는 노동계급과 노동계급 가족에 큰 영향을 미쳤다. 그리고 가족 전체의 재생산 비용을 충당하기 위해 가장에게 지불되는 임금인 가족임금 사상이 노동자와 고용주 양쪽에서 반향을 얻었다. 마지막으로 새로 제정돼 증오의 대상이 된 1834년의 구빈법은 가족 이데올로기에 심대한 영향을 미쳤다.

보호 입법

초기 보호 입법은 노동의 두 가지 측면, 노동시간 단축과 일부 산업, 특히 광업에서 특정 노동자 부문의 퇴출에 관한 것이었다. 두 경우 모두 입법자들의 일차적인 관심사는 아동의 노동조건이었다. 여성의 노동시간 단축이 입법화된 것은 나중에 가서였다.

그리하여 1833년의 공장법이 아동과 연소자에게 적용됐다. 9세 미만 아동의 노동이 전면 금지됐고, 9세에서 12세 아동은 8시간 이상 노동할 수 없었고, 13세에서 17세까지는 12시간 이상 노동할 수 없게 됐다. 그리고 18세 미만은 야간 노동을 할 수 없었다. 고용주들은 이 법을 피해가기 일쑤였다. 법망을 직접적으로 빠져나갈 수 없는 경우에는 아이들에게 가혹한 맞교대 방식을 적용했다.

11년 뒤의 1844년 공장법에서 여성은 연소자와 같은 범주에 들었고, 야간 노동과 12시간 이상의 노동이 금지됐다. 실제로 이러한 조치는 남성의 노동시간도 12시간 정도로 단축하는 데 도움이 됐다. 1847년에 모든 여성과 연소자의 하루 10시간 노동을 담은 더 진전된 법령이 나왔고, 1848년 5월 1일부터 시행됐다.

노동시간을 줄이려는 모든 노력은 고용주들의 격렬한 저항에 부딪혔다. 일부 지역에서는 법이 강제력을 갖지 못했는데, 흔히 자신이 공장 소유주였던 판사들이 다른 공장주들에게 유죄 판결을 내리려 하지 않았기 때문이다. 공장주들은 노동시간 규제를 막지 못했을 때는 대신 임금을 삭감해 버렸다. 그러나 이러한 온갖 방해가 있었는데도 이 법령들은 법제화됐고 결국 노동시간을 단축하는 데 성공했다.

이렇게 노동시간을 단축하게 된 주된 원인은 당시 노동계급의 참혹한 상황과 고용주 계급 사이의 이해 갈등이었다고 볼 수 있다. 직접적인 피해를 본 공장 소유주들은 거세게 항의한 반면, 좀더 긴 안목을 지닌 자본가들은 노동자들에게 좀더 나은 조건을 제공함으로써 이익을 얻을 수 있다는 점을 이해했다. 노동시간 단축은 즉각적으로는 정치적 효과를 거둘 수 있을 것이고, 궁극적으로는 더 건강하고 생산적인 노동력을 제공해줄 것이기 때문이었다.

마르크스는 1844년 공장법의 통과에 대해 쓰면서 이러한 내용을 강조했다.

개별 공장주가 아무리 예로부터의 탐욕을 채우기 위해 마음껏 행동하고 싶어 해도, 공장주 계급의 대변자들과 정치 지도자들은 노동자들에 대한 그들의 태도와 언사를 고쳐야 한다고 명령했다. 그들은 곡물법* 폐지 운동을 시작했고, 승리하려면 노동자들의 도움이 필요했던 것이다![23]

만약 자본가계급이 노동계급에게서 잉여가치를 계속 뽑아내고자 한다면, 건강하고 더 많이 교육받고 숙련된 노동력을 얻기 위해 노동계급을 특정하게 재구조화할 필요가 있었다. 이것은 착취율을 끌어올리는 데 도움이 될 것이었다.

이러한 이해관계는 알다시피 노동시간을 줄이고자 끊임없이 투쟁한 남녀 노동자들의 요구와 부합했다. 보호 입법은 전보다 적은 수의 가족 구성원이 당시의 표준 노동시간만큼 노동해야 한다는 것을 뜻했다. 노동시간 단축은 노동계급 가족에게도 좋은 일이었다. 마가렛 헤윗는 1847년 법령에 뒤따른 진보를 다음과 같이 묘사하고 있다.

공장에서 보내지 않는 나머지 자유 시간은 …… 거의 다 가정과 가족

---

* 곡물의 수출입을 규제해 지주의 이익을 옹호한 법률.

을 더 잘 돌보는 데 쓰인 듯하다.[24]

그러나 노동시간 단축 자체가 노동계급 가족의 구조를 바꾸지는 못했다.[25] 노동시간 단축은 실제로는 여성이 일을 하지 않아도 된다는 시각을 조장했다. 이것은 또다시 여성이 있어야 할 곳은 가정이라는 생각을 강화시켰다. 대다수 여성들이 계속 가정 밖에서 노동했는데도 말이다.

탄광에서 여성의 지하 작업을 금지한 1842년 입법으로 비슷한 상황이 벌어졌다. 이 법은 지하에서 벌어지는 아동 노동 남용에 대한 광산위원회 조사의 성과였다. 여성은 1841년에야 그 보고서에 추가됐는데, 이는 명백히 "랭커셔와 요크셔의 도시들에서 의회에 제출한, 그 문제와 관련한 수많은 청원서들"[26]의 결과였다. 1842년 광산위원회 보고서를 통해 많은 광산들의 충격적인 노동조건이 알려졌다. 여성과 어린이들은 축축한 갱도를 따라 동물처럼 기어 다녔다. 여성 자신에게 미친 신체적 영향은 제쳐 놓고라도 임신과 출산에 미친 피해가 엄청났다. 많은 여성들이 유산이나 사산을 경험했다. 이러한 위험을 극복하고 출산에 성공한 여성들도 며칠 뒤면 다시 일하러 나가야 했다.

런던에서는 이 보고서가 주목받으면서 중간계급과 상층계급에서 강력한 항의가 일어났다. 특히 중간계급 사이에서 여성의 탄광 작업을 법으로 금지해야 한다는 데 많은 공감대가 형성됐다. 그러나 또다시 탄광 소유자들과 그 지지자들이 담합해 의회에서 법률이 제정되는 것을 방해했다. 결국 그들은 실패하고 말았지만, 그 후 몇 년 동안 일부 지역에서는 여성들이 계속해서 탄광에서 일했고, 심지어 일을 하기 위해 남자처럼 옷을 입기도 했다. 위건 지역에서는 갱도 입구에서 일하던 하녀들이 20세기에 들어와서도 계속 일을 했다. 이러한 예들은 일부 여성들이 탄광 일에서 배제되는 것에 매우 완강히 저항했다는 것을 암시한다.

오늘날 자본가와 남성 노동자가 연합해 여성을 이러한 직업에서 강제로 쫓아냈다는 주장이 흔히 제기된다. 이것은 자본가들이 (여성을 집으로 돌려보냄으로써) 개선된 노동력 재생산에서 이익을 얻는다는 주장이다. 그리고 남성 노동자들은 직접적으로는 여성의 직업을 빼앗음으로써, 그리고 가정에서는 좀더 나은 개인적 서비스를 받음으로써 이익을 얻는다는 것이다. 그러나 1842년의 보고서조차 이와는 다른 결론을 지적하고 있다.

1840년대까지도 여성이 탄광에서 일하는 것은 결코 흔한 일이 아니었다. 그것은 요크셔 서부 지구와 랭커셔와 체셔, 스코틀랜드 동부와 웨일스 남부 지역에 한정됐다.[27] 이것은 한편에서는 지역별 산업의 특성 때문이었고, 다른 한편에서는 여성이 할 수 있는 다른 일거리가 있는 곳에서는 그 일을 선택하는 경향이 있었기 때문이다. 또 이들 지역에서 탄광에 고용된 여성의 수는 편차가 심했다. 요크셔에서는 남성 1천명당 성인 여성은 22명밖에 없었지만, 스코틀랜드 동부에서는 남성 1천명에 여성이 3백38명이었다.[28] 그리고 채굴장에서는 노동 분업 때문에 남성과 여성이 서로 다른 일을 했다. 즉, 채탄 과정에서 남성은 석탄을 캐는(잘라내는) 일을 했고 여성과 아이들은 석탄을 날랐다.[29] 그리고 고용은 가족제도에 기반을 둔 경우가 많았다. [남성인] 채탄부들이 석탄을 자르고 나르는 사람을 책임졌다.[30]

그러므로 광업 분야에서 남녀 노동자들이 일자리를 놓고 **직접 경쟁했**다는 것은 사실이 아니다. 게다가 단기적으로 보더라도 남성이 여성을 배제해서 경제적 이익을 얻었다는 것도 분명하지 않다. 예를 들어 아이비 핀치벡은 남성이 재정적 이익을 얻지 못했다고 주장하는데 왜냐하면,

> 남성이 자신의 불규칙한 노동[으로 얻는 수입]을 보충하려면 여성과 아이들의 도움을 받아야 했기 때문이다. 그러나 재정적 손실과 별개로, 광부들은 자신의 조건이 나아져서 이익을 얻었다.[31]

계속해서 핀치벡은 일부 남성 광부들은 값싼 여성 노동 때문에 임금과 작업환경이 나빠지는 것을 막기 위해 여성들이 갱도에서 나가기를 원했다고 얘기한다. 그러나 제인 험프리스는 1842년 법과 그 결과에 관한 탁월한 논문에서, 남성들에게는 보호 입법을 반대하는 것이 오히려 이익이었는데, 그 이유는 보호 입법으로 부인이나 딸들이 벌게 될 소득을 잃게 돼 결과적으로 가족의 소득 총액이 낮아지기 때문이라고 주장했다.[32] 게다가 남성이 더 높은 임금을 받고 때로 여성보다 적은 시간 일한 사실로 미뤄 볼 때, 여성을 밀어냄으로써 남성이 실질적인 물질적 이익을 얻는다는 것은 사실이 아님을 알 수 있다.[33]

그러나 여성들이 갱도를 떠나는 것에 대해 남성들이 진지하게 반대한 것은 아니었다. 아무리 마지못해 그러한 것이었을지라도 남성이 여성을 노동에서 배제하는 데 찬성한 사실 때문에 많은 사람들이 보호 입법에 "가부장적 특권"이 작용했다고 생각한다. 그러나 실제로는 노동시간 단축과 마찬가지로 노동계급이 광산 관련 법을 받아들인 것은 냉혹한 세계에서 노동계급과 그 가족의 생활수준을 개선하기 위한 노력이었다.

보호 입법을 추진한 주요 세력이 고용주 계급이었음은 의심의 여지가

없다. 일부 고용주들은 1842년 보고서에 드러난 노동조건에 정말로 충격을 받았다. 탄광의 "부도덕함"이 거듭 강조됐다. 여성들이 지하에서 웃옷을 벗은 채 노동하는 것은 빅토리아 시대의 도덕을 거스르는 일이었다. 그러나 부도덕함에 대한 공격이 노동계급의 생활수준에 대한 걱정에서 나온 것은 아니었다. 그렇기는커녕 새로이 등장한 젊은 산업 노동력을 통제하고 규율을 부과하려는 것이었다. 1830년대와 1840년대에 차티스트 운동이 성장하면서 노동자에 대한 지배계급의 두려움이 커졌고, 따라서 새로운 통제 방식을 찾고자 하는 의향도 커졌다.

관리자 대표들은 여성과 아동 노동의 금지가 광부들에게 가족 전체의 부양을 책임지게 함으로써 그들의 무책임한 습관을 바꿔 놓을 것이라 생각했다.[34]

따라서 광산 관련 법은 단순히 자본가계급이 석탄 산업의 구조를 다시 짜는 것일 뿐 아니라, 점차 더 중요해지는 노동력에 결속력과 규율과 좀더 효과적인 "노동 윤리"를 부여하려는 시도이기도 했다. 비슷한 시기에 더 엄격한 근무 시간 준수와 더 강력한 통제를 부과한 것도 같은 맥락이다.[35]

보호 입법은 산업에서 성별 분업을 형성하는 데 기여했다. 그러나 그 영향을 과대평가해서는 안 된다. 여성 노동계급을 재구성하는 것이 보호 입법의 핵심은 아니었다. 보호 입법이 적용된 광업이나 유리 산업 등에 종사한 여성은 극소수에 불과했다. 훨씬 더 많은 수의 여성들이 방직업이나 가내 서비스업에 종사했다. 노동시간 제한은 그들의 고용에 별 영향을 미치지 못했다.

그러나 이러한 법률들의 유산은 이후의 고용 형태에 영향을 줬다. 흔히 다른 취업 기회가 없었던 탄광 지역 여성들은 실업자가 되거나 일찍 결혼하거나 다른 지역으로 이주해야 했다.[36] 이 때문에 채탄업에 종사하는 가족 안에서 성별 분업이 엄격해졌다. 점차 여성이 할 수 없는 일이나 해서는 안 되는 일이 있다는 주장이 생겨났다. 이는 다시 노동시장의 경직성과 분리를 강화시켰다. 당연하게도 보호 입법은 이데올로기적으로 ― 비록 아주 큰 영향을 받은 것은 소수뿐이었지만 ― 노동자보다는 아내와 어머니로서의 여성이라는 개념과 가족을 강화하는 역할을 했다.

구빈법

노동계급의 생활에 파괴적인 영향을 미친 두 번째 법률은 1834년의 구빈수정법(救貧修正法)이었다. 빈민 구제와 교구민 구제는 엘리자베스 시대 때부터 있었다. 1834년에 가난한 노동자들에게 저임금 노동을 강요하기 위해 이러한 구제가 철폐됐다. 1834년 이전에 대다수 농업 노동자들은 임금을 벌충하기 위해 교구에 의지했다. 그러나 새로운 구빈법이 생긴 뒤 일을 할 수 없거나 일자리를 구할 수 없는 사람들은 구빈원으로 끌려갔다. 이 "구빈법의 바스티유 감옥", 즉 구빈원의 상태는 디킨스와 다른 당대 작가들이 묘사한 그대로였다. 엥겔스는 그곳을 "가장 끔찍한 거주지"라고 평가했다.[37]

구빈법의 목적은 새로운 산업들과 자본주의적 농업에 값싼 임금노동을 충분히 제공하는 것이었다. 노동자들은 이러한 대안이 너무나 끔찍했기 때문에 형편없는 임금을 받아들였다. 적어도 일부에서는 이러한 일들이 실제로 일어났다. 그래서 1834년 이후에 이스트앵글리아에서는 농업 노동에 종사하는 여성들이 증가했고, 결과적으로 농업 임금이 낮아졌다. 즉,

> 1834년 이후 기혼 남성들은 여성과 아이들의 소득 덕분에, 그런 소득이 없었다면 먹고 살 수 없는 임금을 받는 일에 종사할 수 있었다.[38]

더 나아가 구빈원은 관할 지역의 불행한 가족들을 체계적으로 해체하는 결과를 낳았다. 엥겔스는 그 결과를 생생하게 묘사했다.

> '과잉 인구'가 늘어나는 것을 막고 '비도덕적인' 부모들이 아이들에게 영향을 미치지 못하게 하기 위해 가족을 갈라놓았다. 남편과 아내, 아이들은 [구빈원의] 서로 다른 동에 배치되고, 이따금씩 정해진 시간에만 서로 만날 수 있는데, 그것도 감독관들이 보기에 행실이 모범적이었을 때만 허락된다.[39]

노동자들은 구빈원에 들어가지 않으려고 갖은 애를 썼고, 한 세기 후 폐지될 때까지 끈질기게 살아남았던 구빈원에 대한 증오심을 키웠다. 구빈원 제도는 노동계급 가족을 해체하는 데 크게 기여했다. 생계수단을 잃고 빈곤의 나락으로 떨어진 사람들은 다른 모든 것과 함께 가족마저 잃기 십상이었다. 사람들이 가장 증오했던 것은 바로 가족 구성원들이 강제로 떨어져 지낸 것이었다.

그러나 단기적으로는 구빈법이 가족을 해체하는 구실을 했지만, 장기적으로는 가족의 대안이 무엇인가 하는 문제를 제기하기도 했다. 자본가계급은 스스로 생계를 꾸릴 수 없는 노동계급 구성원들을 부양하는 두 가지 주된 방법을 알고 있었다. 구빈원 아니면 개인적 자선사업이 그것이다. 반면, 노동자들은 노인이나 병자, 고아를 그러한 식으로 돌보는 것보다 더 나은 방법이 있어야 한다고 느꼈다. 약자들을 돌보기 위해 국가기관들에 마냥 기댈 수는 없음이 명백했다.

따라서 가족이 더 매력적인 대안으로 보인 것은 놀라운 일이 아니었다. 모든 가족 구성원을 돌볼 충분한 시간과 자원이 구비되고, 모든 가족 구성원이 자신을 노동시장에 내다팔지 않아도 되며, 기본적인 교육을 받을 시간이 있고, 여성에게 적당한 집과 더 안전한 출산을 제공해 주는 가족을 노동계급은 열망하게 됐다. 그리고 이러한 더 나은 생활조건을 달성할 한 가지 방법이 있는 듯했다. 남성 노동자와 아내와 아이들이 어지간히 살 수 있을 만큼 높은 임금을 [가족 구성원 중] 한 사람이 받는 것, 즉 가족임금 요구였다.

가족임금

고용주와 노동자는 서로 다른 이유로 가족임금에 매력을 느꼈다. 노동계급에게 가족임금의 매력은 특히 여성들이 집 밖에서 일하지 않아도 되는 것이었다. 이것은 산업 노동자들이 삶에서 느끼는 괴로운 측면들 일부를 없앨 수 있을 것이다. 무엇보다 가족임금은 엄마들이 아이들을 적절히 돌볼 수 있게 할 것이고, 동시에 아이들이 임금노동이라는 최악의 상황에서 벗어나게 해줄 것이다. 어린이의 상해와 조기 사망 같은 온갖 참상들은 이론적으로는 과거의 일이 될 것이다.

이 밖에도, 많은 사람들은 기혼 여성이 노동시장에 나가지 않는다면 노동계급의 생활수준이 근본적으로 나아질 것이라고 생각했다. 임신 중이거나 수유 중인 어머니들이 질병이나 불구, 장애를 겪을 가능성이 훨씬 낮아질 것이고, 아기들도 마찬가지일 것이다. 부차적이지만 분명히 중요한 한 가지 요소는 가정에서 하는 노동 — 여성이 집에서 먼 곳에서 하루 12시간 이상 일할 경우에는 거의 불가능한 일이다 — 으로 모든 노동자의 생활조건이 나아질 것이라는 점이었다.

이러한 생각들이 가족임금 요구의 추동력이었음을 보여 주는 증거는 많다. 정말로, 노동계급 가족의 존재 자체가 사라질 상황이었다.[40] 그러나 이러한 요소들만 원인이었던 것 같지는 않다. 만약 노동계급이 단지 더 많은 시간과 여가 등을 원했다면 노동시간 단축과 임금 인상 같은 기존의 요구만으로도 비슷한 성과를 쟁취할 수 있었을 것이다.

사실 가족임금 요구는 19세기 초반의 전반적인 임금 상황을 반영했다. 자본주의의 발전은 모든 가족 구성원을 임금노동으로 끌어들여 노동력의 가치를 떨어뜨렸다. 당시 여성 노동자들은 대개 남성 임금을 낮추는 데 이용됐다. [그러나] 마르크스가 설명했듯이 노동력 가치 저하는 공장주들이 계속해서 대규모 기계 설비를 도입한 결과였다.

개별 성인 노동자를 유지하는 데 필요한 노동시간뿐 아니라 그의 가족을 유지하는 데 필요한 노동시간도 노동력 가치를 결정한다. 기계는 가족 구성원을 모두 노동시장으로 내몰아 가장의 노동력 가치를 그의 가족 전체로 나눈다. 따라서 기계는 가장의 노동력 가치를 떨어뜨린다. 노동자 4명으로 이루어진 가족의 노동력을 구입하려면, 가장 한 명의 노동력을 구입할 때보다 더 많은 비용이 들 수도 있다. 그러나 나흘 걸려 할 일을 하루 만에 해치울 수 있고, 4명의 잉여노동이 1명의 잉여노동을 초과하는 만큼 노동력 구입 비용이 감소한다. 그 가족이 생활하기 위해서는 이제 네 사람이 노동뿐 아니라 잉여노동도 자본가에게 제공해야 한다.[41]

이러한 노동력 가치의 저하는 노동계급 가족이 생존하기 위해서 더 많은 가족 구성원들이 낮은 임금을 받고 노동해야 함을 뜻했다. 자본가계급은 여성과 아이들에게 더 낮은 임금을 주고 이를 남성 임금을 삭감하는 데 이용함으로써 재빨리 이러한 상황을 유리하게 이용했다. 서로 다른 자본가들 사이의 끊임없는 경쟁 때문에 이 과정은 가속화됐다. (당시 기사에서 인용한) 1830년대 한 숙련 인쇄 노동자의 해고 사례가 보여 주듯이, 흔히 관련 노동자들에게 그 결과는 가혹했다.

작업장에 새 인쇄기가 도입되자 해고가 뒤따랐다. 아이들은 배가 고파서 울어댔고 소득 없이 일을 찾아다니는 날들, 절망한 채 선술집에서 취해 있는 밤들이 이어졌다. 결국에는 집에서 쫓겨나 집 없는 신세가 됐다.[42]

이러한 일은 흔했다. 새로운 기계 도입과 기술 변화는 많은 직업을 바꿔 놓았다. 과거의 숙련공은 미숙련 기계공이나 대개는 훨씬 낮은 임금을 받는 여성과 아이들로 대체됐다. 이러한 값싼 노동의 고용이 남녀 사이에 적대심을 유발했다는 점에는 의문의 여지가 없다. 때때로 여성들은 남성 임금의 절반만 받고도 일했기 때문에 남성들의 분노를 자아냈다.[43]

스태퍼드셔의 요업(窯業)처럼, 때로는 여성 노동자를 끌어들이기 위해 전체 산업이 구조조정되기도 했다.[44] 여성이 노동인구에서 차지하는 비율이 그 어느 때보다 커졌고, 따라서 남성들이 그러한 경쟁을 두려워한 것은 사실이다. 일부 산업에서는 여성들 때문에 임금이 떨어지면서 남성들이 여성들에 반대해 파업을 벌이기도 했다. 1834년 런던 재봉사들이 바로 그러한 경우였다.[45] 그러나 아이비 핀치벡이 지적하듯이, 여성들이 남성들을 위협한 측면은 실제로 남성의 직업을 빼앗는 것보다는 임금 저하가 더 컸다는 것도 사실이다.[46]

이러한 상황에서 가족임금 요구는 노동계급의 생활수준을 방어하는 것과 불가분의 관계가 됐다. 많은 노동자들은 자신의 기술과 직업으로 남부럽지 않게 생활하던 옛날을 그리워했다. 더 나은 미래를 위해서는 가족의 재생산 비용을 충당할 수 있는 더 높은 남성 임금이 도입돼야 했다.

이것은 어느 정도는 통제의 문제이기도 했다. 초기 공장제 수공업에서도 임금노동에 일종의 하도급이 존재했다. 채탄부와 채탄 청부인들은 갱도에서 특정 노동자들을 모집할 책임이 있었다.[47] 면직 공업 일부도 비슷하게 돌아갔다. 예를 들어 1816년 프레스턴에서는 18세 이하 공장 노동자의 절반 이상이 공장주가 아니라 방적공에게서 임금을 받았다.[48] 이것은 가족 전체의 재생산 비용을 충당할 수 있는 임금을 받는 가장이 아동의 노동(때로는 여성의 노동)에 대한 통제권을 쥐고 있음을 뜻했다. 가장은 수행되는 노동을 조절할 수 있었고, 따라서 부모의 통제가 중간에서 노골적인 착취의 정도를 조절했다.

   가족 통제라는 이러한 개념은 온갖 반동적인 관념들을 수반했다. 가족 통제는 개별 가족 구성원 사이의 불평등한 관계를 강화했다. 그러나 이는 또한 장단점이 있었다. 제인 험프리스는 다음과 같이 주장했다.

> 노동계급이 노동 공급을 통제하는 몇 안 되는 방법 가운데 하나는 기혼 여성의 노동 공급을 통제하는 것이다.

이러한 상황의 비극은,

> 계급별로 행동을 통제하는 것이 아니라 여성의 노동을 기준으로 행동을 체계적으로 통제해야 했고, 따라서 지배와 복종을 성별로 통제하는 경향이 강화됐다는 것이다.[49]

가족임금은 값싼 노동끼리의 경쟁을 줄이고 노동 공급을 통제할 수 있는 수단으로 간주됐다.

   그러나 가족임금이 단지 노동계급에만 매력이 있었던 것은 아니다. 가족임금은 점차 부르주아지의 생각과 많은 부분 맞아떨어졌다. 초기 자본가들은 값싸고 유연한 노동으로서 여성과 아이들을 고용해 이윤을 극대화하는 데 만족했고, 심지어 거기에 급급했다. 자본주의의 이 국면은 오래가지 않았다. 자본축적이 계속되면서 영국 산업에서 월등한 위치에 있던 방직업이 쇠퇴했다. 중장비 기계가 지배적인 산업이 발전해 새로운 노동력이 필요하게 됐다. 기계를 조작하기 위해 더 많은 훈련이 필요했고, 이것은 다시 더 좋은 교육을 받은 건강한 노동력을 요구했다. 자본가들은 노동자들의 훈련에 투자한 것에 대한 보상을 원했기 때문이다. 숙련 노동자를 완전히 소모품인 양 다루고 다섯 살짜리 아이로 대체할 수 있는 것처럼 취급하는 것은 아무런 도움이 안 됐다. 노동계급에 대한 사회적 통제도 점차 지배계급에게 중요해졌다.

요컨대, 노동력에 더 많은 재정적·이데올로기적 투자를 해야 했다. 이것은 다양한 형태를 취했다. 그 가운데 하나는 부르주아 가족을 본뜬 노동계급 가족에 대한 이데올로기적 지원들이 많아진 것이었다. 여기에는 적어도 가족임금 사상에 대한 형식적인 지지도 포함돼 있었다.

이렇듯 자본가계급과 노동계급 사이에는 이해관계가 일치하는 부분이 있었다. 그러나 이것이 일부 페미니스트들의 주장처럼 가부장적 의견일치에서 비롯한 것은 아니었다. 앞서 살펴봤듯이 그 동기는 계급에 따라 달랐다. 노동계급 남성과 여성의 경우 가족임금은 더 나은 삶에 대한 절실한 희망에서 나왔다. 가족 안의 남성과 여성 모두 가족임금을 꼭 억압적인 것이라고 보지는 않았다. 사실 그 당시에는 여성이 집 밖에서 낮은 임금을 받고 고된 노동을 하는 현실이 가장 억압적으로 여겨졌다.

> 여성의 열악한 경제적 지위는 대부분 여성이 오랫동안 남편과 아버지의 보조자로서 일한 사실에 그 원인이 있었다. …… 그러나 그들이 가족임금에 기여하고 참여하는 한 이러한 제도가 꼭 억압적인 것은 아니었다. 그러나 여성이 자신의 노동에만 의존하게 되는 순간, 그들의 열악한 지위는 곧 분명해졌다. 전통에 따라 여성 임금은 보조적인 수준에 머무는 경향이 있었고, 훈련 부족으로 더 나은 임금을 받는 숙련노

동에서 배제됐다.[50]

가족임금 요구는 특수한 역사적 상황에서 생겨났고, 동시에 노동계급의 생활수준을 향상시킬 수단으로 여겨졌다. 가족임금은 결코 여성 노동자들에 대한 배신으로 여겨지지 않았다. 그러나 노동계급 가족의 문제의 해결책으로서 가족임금은 매우 불충분하고 시대를 역행하는 방법이었다. 그것은 여성이 생계를 위해 남성에게 의존해야 하고, 여성보다 남성에게 일할 권리가 더 많다는 것을 함축했다. 따라서 여성에게 가족임금제는 일보후퇴였다. 보호 입법과 마찬가지로 가족임금은 여성이 있어야 할 곳은 가정이라는 이데올로기를 강화했다.

여기에서 한 가지 사실, 즉 **이데올로기**는 강화됐지만 현실은 꽤나 달랐던 점을 이해하는 것이 중요하다. 19세기 내내 극소수의 남성 노동자들만이 '가족임금'에 가까운 임금을 받았다.

남성의 임금만으로 생활할 수 있는 노동계급 가족의 비율은 매우 적었다. 그런데도 가족당 한 명의 남성 부양자라는 이상은 근대 가족 이데올로기에 나타난 가장 근본적인 변화 가운데 하나였다.[51]

1889년 런던의 빈민 지역을 조사한 찰스 부스의 연구에 따르면, 주민의 30퍼센트가 남성의 임금에만 의지할 수 없었다.[52] 당시 남성의 임금수준이 가족 전체의 재생산 비용에 미치지 못했다는 결정적인 지표 한 가지는 계속해서 집 밖에서 노동한 기혼 여성들의 수였다. 예를 들어 방직업에서 노동력의 상당 부분이 여전히 여성이었다. 1860년대에 이르면 면직

공업에서 전체 동력 수직기 직조공의 65퍼센트, 물 방적기 방적공의 절반 이상이 여성이었다.[53] 이 가운데 꽤 많은 수가 기혼 여성들이었다.

여성 공장 노동자 중에서 기혼 여성의 비율은 1841년 18퍼센트에서 1851년 28퍼센트, 그리고 1861년에는 33퍼센트로 증가했다.[54]

1850년 맨체스터와 샐퍼드에서 주간 보육시설을 요구한 소책자에 따르면, 집 밖에서 일하는 여성의 27.31퍼센트가 기혼 여성이었다.[55] 노동 인구 가운데 절반 이상이 여성이었던 스태퍼드셔의 요업(窯業)에서는 1851년 여성의 37.15퍼센트가 기혼이거나 남편을 여읜 여성이었다.[56] 19세기 말까지 이 수준이 유지되거나 증가했다.

1841년에서 1891년에 이르는 반세기 동안 영국의 방직 공장에서 여성의 수는 221퍼센트 증가한 반면, 같은 기간 남성의 수는 겨우 53퍼센트 증가했다.[57]

적어도 처음에 이러한 기혼 여성 노동의 증가는, 특히 1840년대에 보호 법안이 통과된 뒤로, 조금이라도 일할 수 있는 아이들의 수가 크게 줄어든 사실과 연관이 있었다.[58] 기혼 여성들은 아이들이 너무 어려 일을 할 수 없는 동안에는 아이들의 노동을 대신했고, 그러다 아이들이 자라서 가족의 수입에 기여할 수 있게 되면 유급 노동을 그만두는 경향이 있었다. 예를 들어, 19세기 레스터의 양말 산업에 관한 한 연구는 다음과 같이 밝히고 있다.

1851년에 7세 미만인 아이가 있는 여성은 30퍼센트가 고용돼 있었지만, 아이들이 모두 7세 이상인 여성은 20퍼센트만이 일을 했다. 1871년에는 이러한 양상이 훨씬 더 분명해졌다. 7세 미만인 아이가 있는 여성은 20퍼센트 이상 일을 했으나, 나이가 많은 아이들이 있는 여성은 10퍼센트만이 임금노동을 했다.[59]

19세기 말 전환기 기혼 여성의 노동을 연구한 클레멘티너 블랙은 기혼 여성이 노동인구의 중요한 부분을 구성하고 있던 여러 산업과 직종이 폭넓게 존재했음을 지적한다.[60]

이들 여성은 남성의 임금을 보충하기 위해 일해야 했는데, 대부분의 경우 남성의 임금이 '가족임금' 수준에 미치지 못했기 때문이다. 가능한 경우에는 나이가 찬 아이들이 여성 노동을 대체한 사실이 가족 중 두 명 이상이 임금노동을 할 필요성이 있었다는 점을 입증한다.

노동계급 가족의 강화

가족임금과 법 제정이 임금노동과 노동시장에서 여성이 철수하는 결과를 낳는 데 성공하지 못했는데도, 19세기 중반부터 현재에 이르기까지 노동계급에게 가족의 중요성이 커진 이유는 무엇일까? 가족의 중요성이 커졌다는 데는 의심의 여지가 없다. 역사학자 도로시 톰슨은 여성이 사회에서 어느 정도 "물러나" 가정과 아이에게서 위안을 찾게 된 과정을 잘 묘사하고 있다.

사회에서 여성의 지위에 대한 여성의 관념과 기대에 어떤 변화가 일어났던 듯하다. 19세기 초 공장 지대에서 아이를 서투르게 봐서 벌어진 끔찍한 일들과 여성과 아이들이 중노동에 시달린 사실에 비춰 보면, 아이가 있는 기혼 여성이 집에 머물면서 아이들을 돌보는 경향이 늘어남으로써 얻은 긍정적 이득을 부정할 수 없다. 그러나 이러한 이득의 대가로 노동계급 여성들은 가정 중심적이면서 동시에 열등한 여성상(像)을 받아들였던 것 같다. 생활 방식의 성격 때문에 그들이 당시 부유한 계급들이 여성에게 강요한 겉만 화려하고 무능한 구실을 할 수는 없었지만, 그들은 그러한 구실이 함축한 내용의 일부를 수용했던 것 같다.[61]

이러한 변화가 일어난 이유는 분명 복합적이다. 이러한 변화를 일으키는 데 기여한 수많은 요인들이 존재한다. 도로시 톰슨은 노동계급 운동 내부에서 일어난 변화를 지적한다. 그 가운데 첫째는 차티스트 운동의 쇠퇴였다. 차티스트 운동은 노동계급 최초의 중요한 정치 운동으로, 전성기에는 여성들을 능동적인 참가자로 한껏 끌어들였다.[62] 차티스트 운동의 쇠퇴는 여성의 정치 참여에 나쁜 영향을 미쳤다. 마침내 차티스트 운동을 대신해 노동계급 안에서 이전과 매우 다른 정치조직들이 등장한 뒤로 이 점은 더욱 두드러졌다.

성숙한 산업 자본주의 사회로 나아가면서 노동계급의 주요 부문들은 비교적 정교한 조직, 노동조합, 정치적 압력단체, 협동조합과 교육협회 등을 발전시켰다. …… 그들은 점점 더 안정돼 가는 체제 내에서 자신들의 지위를 보호할 수단을 다양한 방법을 통해 찾아낼 수 있었다. 그들은 19세기 초반의 대중 정치를 버렸다. 그 대중 정치는 훨씬 불안정하고 조직되지 않은 단계에 있던 산업 자본주의 체제 전체에 대한 직접적인 도전을 의미했다. 그렇게 하면서 숙련 노동자들은 미숙련 노동자들과 여성들도 버리고 갔다. 이들은 생활 방식 때문에 더 조직화된 정치 형태에 참여할 수 없었다.[63]

노동계급 운동 내부에서 일어난 이러한 변화는 1850년대와 1860년대에 두드러졌다. 숙련 노동조합의 강화(이들은 미숙련·이주·여성 노동자들을 조직하기를 거부했다), 랭커셔와 스코틀랜드 중부 지역의 오렌지 로지*와 같은 단체들의 발달, 그리고 노동계급의 뿌리 깊은 정치적 보수주의 등이 이 시기의 특징이었고, 19세기 후반기 대부분을 특징지었다.

방직업은 조선업이나 중공업과 같이 새롭게 발전하는 산업에 비해 상대적으로 비중이 줄어들었다. 새로운 산업들은 오랜 도제 기간과 기술 구조 때문에 남성이 독점하다시피 했다. 상대적으로 중요성이 커진 제3의 산업은 바로 채탄업이었다. 이 시기에 이르면 채탄업도 거의 남성 업종이 됐다. 이렇게 해서 방직업이 지배적이던 이전 시기에 비해 상대적으로 여성은 노동인구에서 덜 중요한 부분이 됐다.

1914년 이전까지 "영국 수출품의 대략 75퍼센트가 석탄, 면화, 철과 강철, 그리고 기계였다. 이들 산업이 국민생산의 절반을 차지했고 노동인구의 거의 4분의 1을 고용했다."[64]

유일하게 면화 산업만이 여성들을 대규모로 고용했다.

안정된 가족이라는 이데올로기는 이러한 변화에 잘 들어맞았다. 남성

---

* Orange Lodge, 가톨릭에 배타적인 프로테스탄트 반(半)비밀결사.

들은 집 밖에서 중공업이나 힘들고 흔히 위험한 환경에서 일하는 부양자로 간주됐다. 노동에서 잠시 벗어나 휴식을 취하는 일은 남편과 아이들에게 모든 관심을 쏟아 붓는 아내가 돌보는 편안하고 잘 정돈된 가정에서 이뤄졌다. 그래서 가정에서는 싸움이 사라졌다. 이러한 장밋빛 그림은 노동계급 대중의 현실과는 거의 관계가 없었다. 여러모로 그것은 현실이 될 수 없었다. 오히려 그것은 중간계급이나 상층계급 가족의 현실을 본뜬 것이었는데, 중간계급과 상층계급 가족에서 아내는 노동계급 착취에 동참했기 때문에 여유 있는 삶을 살 수 있었다. 노동계급은 다른 모든 것과 마찬가지로 가족이라는 영역에서도 "더 나은 것"을 받들어 본받기를 요구받았다.

그러나 그 꿈은 매우 강력했다. 숙련 노동자층에서 그 꿈이 실현되자 더 많은 사람들이 그것을 염원했다. 자본주의가 발전하고 더욱 광범해지면서 그 꿈의 힘도 커졌다.

19세기 후반기 시카고의 중간계급 가족에 대한 한 연구는 가족이 아내와 아이들에게 중심적인 것, 즉 "새로운 종류의 강력한 가족생활, 사적이고 고립된 생활의 초점"[65]이 된 과정을 보여 준다. 이 가정들은 "거대한 도시 한복판에 있는 작은 섬들"[66]이 됐다. 중간계급 가족의 경우에 이것은 사실이었고, 당시 노동계급 가족에서도 비슷한 현상이 있었다는 증거가 있다.[67]

그러나 가족이 점차 '강화'된 데는 다른 구체적인 요소들도 작용했다. 첫째는 노동계급 가족의 운영에 대한 자본주의 국가의 개입이었다. 국가 개입은 19세기 내내 존재했지만 점점 더 국가가 복지, 교육, 건강, 그리고 기타 가족생활의 여러 측면을 통제하기 위해 개입했다. 노동계급 가족 구성원들이 이러한 것들을 충분히 마련할 수 없는 경우에 국가가 끼어들어야 했다. 국가는 항상 그러한 개입을 통해 가족 내의 성 역할을 유지시켰고, 그에 도전하는 일은 거의 없었다.

둘째, 어린이의 '아동기'가 늘어나면서 가족은 중요한 변화를 겪게 된다. 인생의 특정한 시기로서 아동기라는 것 자체가 비교적 새로운 현상이었다. 아동기는 본질적으로 자본주의적 사회관계의 일부로서 생겨났다. 19세기에 아동기를 강조했던 것은 교육의 확대와 연관이 있었는데, 교육의 확대는 전반적인 기술 수준을 높이고 다음 세대의 노동자들에게 규율과 질서를 주입하는 방법으로 여겨졌다. 1870년에 이르면 교육법에 의해 13세까지 의무교육을 받게 됐다.

교육이 모든 계급을 망라해 확대되자 가족의 재정 부담이 커졌다. "이 때문에 결국 가족의 아동 재생산 비용은 꾸준히 계속해서 증가하게 된다."[68] 이것은 분명히 19세기 후반 내내 노동계급의 출생률이 떨어진 원인 중 하나였다.

이러한 재생산 비용은 남성과 여성 둘 다 집 밖에서 일해야지만 충당할 수 있다. 그게 아니면 남성이 충분히 벌어서 여성이 집에서 아이를 돌보는 데 노동과 감정을 쏟아 부을 수도 있다. 이것이 노동계급에게 주어진 선택지였다. 대부분의 경우에 여성이 자녀를 돌보는 시간이 점점 더 많아지면서 아이가 가족의 중심이 됐다. 이것은 또다시 아동기를 늘렸다. 아이들은 훨씬 더 늦은 나이에 노동시장으로 뛰어들었다. 이것 역시 가족이 노동력 재생산의 핵심 제도로 굳어지는 데 일조했다.

마지막으로, 노동계급의 가족을 유지하고 강화한 실질적인 이유는 노동계급 자체의 필요였다. 가족은 자본가계급을 위해 노동력을 재생산하려고 존재한다. 그래서 노동력 재생산이 개별화됐는데도 자본가계급은 가족을 유지하는 데 큰 이해관계가 걸려 있다. 그러나 노동계급이 가족을 유지하고 보호하려 한 이유들도 있었다. 가족은 지금도 그렇지만 가족 구성원 중에서 일할 수 없는 사람을 보호하고 돌보는 주된, 때로는 유일한 생활 영역이었다. 가족의 유일하고 현실적인 대안이 그 끔찍한 구빈원뿐이었던 19세기에 이것은 분명 타당한 이유가 됐다. 가족은 노인·병자·어린이를 돌보기 위한 최선의 선택으로 남아 있었다. 어쨌든, 유일하게 선택할 만한 것은 가족이었다.

역사학자 제인 험프리스는 가족이 가진 힘에 대해 다음과 같이 설명했다.

> 가족의 존속은 자본주의의 환경에서 노동할 수 없는 동료들의 필요를 충족시킬 일반적인 방법을 찾으려는 노동계급의 투쟁을 보여 준다.

덧붙여,

> 혈연적 유대는 불확실성이 상존하는 조건에서 관료적이지 않은 부양을 제공하는 주된 원천이었다.[69]

가족은 노동을 판매할 수 없는 가족 구성원을 부양하는 유일한 기관이다.

이러한 관점에서 보면 노동계급 가족은 적어도 부분적으로는 자본주의 체제에 대항하는 방어기제이다. 가족은 착취에 시달리는 사람들에게는 피난처가, 더는 착취당할 수도 없는 사람들과 아직 착취를 경험하지 못한 사람들에게는 휴식처가 된다. 따라서 가족은 노동자들이 삶을 어느 정도 통제할 수 있게 해 준다. 19세기 후반에 일어난 일들에 대해 남성 노동자와 자본가계급 사이에 '가부장적' 공모가 있었다는 사상보다는 이러한 설명이 확실히 훨씬 더 믿을 만하다. 더욱이 이러한 설명은 가족을 재확립하는 과정에 여성이 자발적으로 참여했던 이유를 밝히는 데도 도움이 된다. 가부장적 공모 이론은 여성을 속기 쉬운 사람이나 수동적인 희생자로 그린다. 이것은 여성에게 특히 모욕적인 관점인데, 여성을 역사의 주체가 아니라 객체로만 보기 때문이다.

19세기 후반에 일어난 다른 여러 가지 발전들도 노동계급 가족을 강화하는 데 기여했다. 아마도 가장 중요한 변화는 적어도 일부 노동자의 형편이 나아진 것이었다. 이러한 번영 때문에 오늘날 우리가 알고 있는 것과 같은 (여러 개의 방과 부엌, 좋은 가구들을 갖춘) 가정이 더 많은 사람들에게 실현 가능한 것이 됐다. 여성 한 명이 낳는 아이 수가 줄어들었고, 동시에 초등교육이 보편화됐다.

출생률 하락 때문에 가족의 중요성이 줄어들었다고 말할 수도 있지만, 실제로는 그렇지 않았다. 아내는 집에 있어야 한다는 사회의 통념을 더 많은 노동계급이 받아들이면서 20세기 초까지는 일하는 기혼 여성의 비율이 감소했던 것 같다.[70] 가족당 자녀 수가 줄어드는 것은 더 많은 경제적 자원을 가정에 할애할 수 있음을 뜻했다. 1851년에는 기혼 여성 4명당 1명이 직업이 있었다. 그러나 1911년에 이르면 그 수치는 10명당 1명으로 줄어들었다.[71] 여전히 많은 여성들이 하숙을 치거나 삯바느질이나 세탁 일을 하는 등 돈벌이를 위해 일했다. 또 나이가 많은 아이들도 흔히 가족의 수입을 벌충하기 위해 일을 했다. 그러나 여성이 집 밖의 노동과 분리되는 일은 늘어났을 뿐 아니라, 심지어 이상적이고 바라 마지않는 일이 됐다.

사회의 지배적인 사상은 계속해서 가족의 신성함을 강조했다. 그러나 갈수록 자본주의 체제 자체가 가족이 번영할 수 있는 안정된 사회를 가져다줄 수 없었다. 가족은 경제적·사회적·심리적 긴장에서 결코 자유로울 수 없었다.

> 사적인 생활과 가족에 대한 찬양은 사회를 낯설고 비인간적이고 냉담하고 추상적인 것으로, 즉 연민과 다정함이 공포 속으로 사라져 버린 세계로 바라보는 부르주아적 인식의 이면을 드러냈다. 공적 세계에서 경험하는 박탈은 사적 영역에서 보상받아야 했다. 그러나 사생활과 가족을 더 큰 세계에서 벗어난 피난처로 바라볼 필요성을 낳는 바로 그러한 상황 때문에 가족이 그러한 능력을 발휘하는 일은 점점 더 어려워졌다.[72]

이 말은 오늘날 가족에게도 여전히 들어맞는 말이다. 가족을 지탱하는 수단들 — 가족 이데올로기 강조, 국가 개입 증가, 여성을 가정의 수동적인 장식물로 여기는 그릇된 통념 — 의 흔적이 가족 형태 속에 여전히 남아 있다. 그러나 오늘날에는 그러한 수단들이 풀어야 할 어려움이 훨씬 더 많다. 오래된 산업의 붕괴, 공동체의 파괴, 개인들에게 가해지는 압력의 증가, 이 모든 것이 가족에 큰 흔적을 남겼다. 그러나 가장 중요한 변화, 즉 기혼 여성 노동자들의 노동시장 진출에도 불구하고 가족제도는 살아남았다. 오늘날 여성들은 아이를 더 적게 낳고 집 밖에서 훨씬 오래 일한다. 그렇게 하면서 여성들은 아내이자 어머니라는 전통적 여성상을 어느 정도 무너뜨렸다. 오늘날 사람들이 가족과 함께 사는 이유를 이해하려면 가족을 유지시키는 것이 무엇인지를 알아야 한다.

02 :: 오늘날의 가족

현대 가족은 끝없는 연구와 논쟁의 주제이다. 이따금 사람들은 이혼과 낮은 출생률, 그리고 현대 가족의 두드러진 특징인 원자화 때문에 가족이 만신창이가 돼 소멸하고 있다고 생각한다. 다른 한편으로 사람들은 가족을 영원불변한 요새로, 즉 불확실한 세상의 활력소로 생각한다. 그러나 후기 자본주의의 가족은 이러한 두 가지 요소를 모두 포함한다. 자본주의 체제 자체가 가족을 유지하면서 동시에 약화시키기도 한다.

가족은 모순 덩어리인데, 그 중 몇 가지 모순은 가족이 보편적 제도라는 사실에서 기인한다. 계급에 따라 가족은 매우 다를 수 있지만, 거의 모든 사람이 가족 안에서 태어나고 살아가고 죽는다. 공동체와 같이 가족의 대안을 만들려는 시도들은 좌초되기 십상인데, 왜냐하면 그러한 대안들 안에서도 가족 형태의 관계와 태도가 다시 나타나기 때문이다.

동성애자들처럼 전형적 가족에서 벗어나려는 사람들은 결국 편견과 차별에 시달린다. 사실, 많은 동성애자의 관계도 전통적 성 역할을 재현하는 것으로 귀결된다. 일부 사회학자들은, 흔히 알고 있듯이, 가족과 함께 살지 않는 사회집단으로 학생, 자취생활을 하는 젊은이들, 병영생활을 하는 군인, 심지어 물건을 팔러 돌아다니는 판매원 등을 꼽는다. 그러나 이들의 상황은 모두 일시적이고 비교적 길지 않은 시간 동안만 유지되며, 이들 대부분은 몇 년 뒤에는 결국 어떤 가족 형태에 속하게 될 것이다. 가족의 지배력과 중요성은 사회가 가족이 없는 사람들을 대하는 태도를 통해서도 알 수 있다. 보호시설의 아이들이나 양로원의 노인들, 집 없는 사람들은 동정의 대상이다. 이러한 시설을 말할 때 '집'이라는 단어를 사용한다는 바로 그 사실이 개별화된 가족에게 부여된 가치를 보여 준다. 그리고 이러한 시설에 있는 사람들은 아주 흔히 '정상적인' 가족을 꾸려 생활하는 것을 이상으로 여긴다.

오늘날 가족의 가장 뜻밖의 특징 가운데 하나는 노동자들이 놀라우리만치 고집스럽게 가족에 집착한다는 사실이다. 그와 반대되는 현상이 많이 있는데도 그렇다. 청소년들은 가족에 반감을 가질 수 있다. 상층계급과 중간계급의 경우 고등교육 때문에 청소년기가 흔히 20대 중반까지 연장되면서 이러한 반감이 꽤 길게 이어질 수도 있다. 그러나 대다수 노동계급 여성들은 여전히 결혼과 출산을 꿈꾼다. 대다수 노동계급 남성들이 그것이 불가피하다고 생각하는 것처럼 말이다. 개인의 가족 경험에서 현실이 이상에 도달하는 일이 거의 없는데도 이렇게 생각한다. 흔히 불행한 가정의 딸들은 결혼을 가족에게서 벗어날 수 있는 중요한 계기로 생각한다. 릴리안 루빈은 미국 백인 노동계급 가족에 관한 연구에서 이러한 사실을 다음과 같이 뒷받침한다.

어른이 되는 것은 결혼하는 것을 뜻한다. 따라서 이전에 봐 왔던 결혼 모델이 고이 간직해 온 환상과 다른데도, 흔히 선택할 수 있는 대안이 없거나 너무 끔찍해서 — 하기 싫은 일을 하거나 억압적인 부모 슬하에서 몇 년을 더 지내는 것 — 노동계급 소녀들은 스스로 현실에 눈을 감아버리고 아주 고집스럽게 환상에 집착하는 경향이 있다.[1]

이러한 상황이 벌어진 이유를 이해하려면 가족 내부의 서로 다른 경향들을 이해할 필요가 있다.

한편에서는 특히 자본주의가 창출하고 요구하는 대규모 노동력 이동이 가족을 해체시킨다. 1945년 이후 수년 동안 전례 없는 규모의 이주가 있었다. 카리브 해와 아시아의 노동자들은 영국으로, 터키·북아프리카·유고슬라비아 노동자들은 북유럽으로, 중동·극동·중앙아메리카 노동자들은 미국으로 이주했다. 이러한 이주는 모두 옛 가족을 해체하는 데 큰 영향을 미쳤고, 종종 아주 비통한 결과를 낳았다. 이주 규제 때문에 노동자들의 부양가족들은 의도적으로 배제되거나 엄격한 심사 기준을 거쳐야 했다. 시민권을 얻지 못한 유럽 이주민들은 자국에 남아 있을 수밖에 없는 부양가족과 헤어져야 한다. 이렇게 '주인' 국가는 노동력의 이 부문의 재생산 비용을 부담하지 않는다.

이주 노동자의 증가와 더불어 여성들이 대규모로 노동인구에 진입했다. 그리고 기혼 여성의 노동은 대다수 노동계급 가족의 생활을 크게 바꿔 놓는다.

이러한 변화들이 수백만 노동자 가족을 근본적으로 바꿔 놓은 한편, 노동자들이 가족에 집착하고 가족의 전통적 가치라고 하는 것을 강화하려고 애쓰는 반대 경향도 있었다. 후기 자본주의에서 증가한 가족의 이데올로기적 중요성과 가정 중심성이 이 점을 잘 보여 준다.

앞서 살펴봤듯이, 19세기 후반 가족의 특징은 가정 중심성의 발달이었다. 이것은 현대 자본주의에서 훨씬 더 두드러진다. 집 '꾸미기'는 중요한 산업이 됐다. 도시 변두리에 있는 대형 상점에서는 "꿈에 그리는 집"을 만드는 데 필요한 물건들을 팔고, 가장 흔한 여가 활동은 집에 채워 넣을 물건들을 사러 다니는 것이다. 많은 노동자들이 내 집 마련을 염원한다.

가족 문제에 대한 두 주요 정당의 태도에서도 가족 중심성의 강화를 보여 주는 증거들을 발견할 수 있다. 노동당 총리 제임스 캘러핸은 1978년 결혼부 신설을 제안했다. 마가렛 대처는 자유 시장 보수주의를 전통적인 가족 가치들과 동일시했다. 최근에 도덕적 가치를 강화하자는 호소는 가족에 대한 가장 전통적 관념에 근거를 둔 것인데, 두 정당 모두 잠재적 득표 수단으로서 기존 가족생활의 유지를 옹호한다.

그러나 가족은 이러한 기대에 부합하지 않는다. 첫째로 대다수 사람들은 어떤 시기에는 두 명의 이성애자 부모와 부양 자녀들로 이뤄진 전통적인 '핵가족'에서 살지 않는다. 1951년에는 독신 가구가 전체 가구의 10분의 1이었지만, 지금은 거의 4분의 1이 독신 가구다. 1985년에 이르면 한부모 가족의 자녀가 13퍼센트나 됐다. 사생아는 기록적인 수준으로, 전체 출생의 5분의 1을 넘는다.[2] 이혼은 더 흔해져서 18~49세 여성의 11퍼센트가 이혼을 경험했으며, 1983년에는 전체 결혼의 3분의 1이 배우자 중 적어도 한 명이 이혼 경력이 있었다.[3] 전체 결혼 수는 증가했지만 이 중 많은 수가 재혼으로, 초혼 수가 사실상 줄어들고 있다.[4]

수백만 명에게 가족은 매우 가난한 장소다. 가족이 빈곤을 겪는 핵심적인 시기는 노년기와 가족 중에 어린아이가 있을 때다. 약 8백만 명이 부분적으로라도 여러 가지 국가보조금에 의존해 생활하는데, 여기에는 전체 연금 수령자의 4분의 1과 전체 한부모의 절반 정도가 포함된다.[5] 어린이와 가난의 관계에서 결정적 요인은 여성이 아이가 어릴 때 육아 부담 때문에 적절한 임금을 버는 일을 할 수 없다는 것이다. 최근 헤더 조쉬는 아이가 있는 여성이 아이가 없는 여성보다 평균 30퍼센트 정도 적은 돈을 받는 것으로 추산했다.[6]

국가보조금을 받는 사람들의 경우 상황은 훨씬 더 열악하다. 보통의 가족은 이들에 비해 "식비는 50퍼센트 이상, 주류비는 4배 이상, 피복비는 5배 이상, 서비스와 내구성 가정용품비는 6배 이상, 그리고 교통비는 7배 이상"을 더 쓴다.[7]

가족의 행복은 항상 물질적 소유와 동일시된다. 그래서 광고에서는 커다란 집과, 식기 세척기나 빨래 건조기와 같이 번쩍거리는 최신식 기구들로 채워진 널찍한 부엌, 대다수 노동자들의 1년 치 임금과 맞먹는 신형 '가족용' 자동차와 같은 이상적인 세상을 그린다. 이들은 언제나 건강하고 잘생긴 백인 가족이다. 부모는 절대 화를 내지 않고, 어머니들은 더러운 빨랫감을 세탁기에 집어넣거나 마룻바닥을 걸레질할 때도 행복한 미소를 짓는다. 폭력이나 구타, 빚이나 실업이 이러한 가족들을 침범하는 일은 없다. 이러한 장밋빛 그림은 현실과는 전혀 거리가 멀다. 단지 극소수 사람들에게만 현실로 존재하는 근심 걱정 없고 풍요로운 중간계급 생활 방식을 보여 주는 것일 뿐이다. 이는 노동자 대부분의 여유 없는 물질적 조건과 제한된 정서 생활과는 동떨어진 그림이다. 노동자들이 실제로

그러한 물건들 가운데 하나라도 구입하려면 감당할 수 없는 빚더미에 올라앉아야 한다.[8]

이러한 상황에서 실업이나 질병, 부상은 실질적인 빈곤을 유발할 수 있다. 보수당원들은 재산권 민주주의라는 이상을 지지하겠지만, 1982년부터 1986년까지 주택조합의 주택 환수가 6천 건에서 2만 1천 건으로 증가했다. 집이 없는 경우의 14퍼센트는 주택 담보 대출금을 갚지 못해서였다.[9]

가족은 매우 폭력적인 장소이기도 하다. 끔찍한 구타와 그보다 더 심한 일들이 가정이라는 울타리 안에서 벌어진다. 신체적·성적 아내 구타나 아동 학대뿐 아니라, 장 랑부아즈는 ≪폭력의 함정≫에서 할머니 구타 현상 ─ 자식이나 손자가 노인을 신체적으로 학대하는 것 ─ 도 지적한다.[10]

크리스마스나 새해와 같이 사람들이 가족들과 많은 시간을 함께 보내고 갈등이 드러나는 때에 폭력이 늘어난다.[11] 분명히 가족은 거리보다 더 위험한 곳이다. 장 랑부아즈는 미국에서 가장 폭력적인 도시인 디트로이트에 관한 1973년의 한 연구를 예로 든다. 그 연구에 따르면 살인 사건의 5분의 4는 희생자의 친구나 친척, 이웃이 저지른 것이었다.[12]

아마도 가정에서 신체적·성적 학대의 측면에서 가장 위험한 상황에 처해 있는 것은 어린아이들이다. 부모들은 흔히 부부 싸움을 하면서 아이들을 볼모로 이용한다. 아이를 학대하는 부모 가운데 꽤 많은 수가 정신과 치료를 받고 있다.[13] 아동 학대는 흔히 옷을 갈아입히거나 음식을 먹이는 것 같은 아이를 돌보는 행위와 관련된 경우가 흔한데, 아마도 이것이 아이를 구타하는 여성의 비율이 높은 이유일 것이다.[14] 전국아동학대예방

협회의 통계를 보면, 아동 학대는 직업이 있는 남성이나 남성 실업자보다 가정주부나 여성 실업자 사이에서 더 흔했다.[15]

가족은 모든 계급에서 존재하지만 계급에 따라 가족생활에는 커다란 차이가 있다. 가장 큰 차이는 빈곤과 관련된 것이다. 릴리안 루빈의 연구를 보면, 부유한 미국에서도 "일반적으로 노동계급 가족에서 자라는 어린이들은 대부분 간헐적이나마 빈곤을 경험한다."[16]

만약 돈이 생기면 무엇을 하겠느냐는 질문을 받았을 때 많은 노동계급 사람들은 빚을 갚겠다고 대답했다. 중간계급 가족들은 경제적 어려움이 훨씬 적기 때문에 이러한 대답이 나오지 않았다. 그리고 노동계급 가족의 34퍼센트는 부모나 가족을 도와 "그들이 더는 걱정하며 살지 않도록" 하겠다고 답했다. 중간계급에서 이와 비슷한 답변을 한 사람은 한 사람뿐이었다.[17] 실업자나 국가보조금으로 살아가는 사람들만이 가난한 것은 아니다. 노동자 대부분의 임금수준이 가족 전체의 재생산 비용에 미치지 않는다. 대다수 노동자들에게 적어도 인생의 대부분 기간 동안 가난은 피할 수 없는 현실이다. 영국의 최근 통계에 따르면 빈부 격차가 더 벌어지고 있다.[18]

육체노동자 계급의 이혼율은 전문직이나 관리직 계급보다 2배 가까이 높다. 게다가 "제1과 제2의 사회 계급에서 결혼 당시 임신 중이었던 신부가 10명당 1명 이하인 반면, 제4와 제5의 계급에서는 4명당 1명이었다."[19] 장 랑부아즈는 아동 학대에도 비슷한 점이 있다는 의견을 표명한다.

심각한 신체 구타는 대부분 사회적·경제적 하층 집단에서 벌어진다.

…… 전일제로 일하는 어머니는 거의 없으며, 어린 자녀들이 계속해서 있는 상황은 그들을 매우 짜증스럽게 한다.[20]

1960년대의 다른 연구에 따르면, 결혼이 파경에 이르는 데서 신체적 구타가 원인이 된 경우가 노동계급에서는 40퍼센트인데 비해 중간계급에서는 20퍼센트였다.[21]

서로 다른 계급의 가족들 사이에는 — 때때로 수량화할 수 없는 — 또 다른 많은 차이점들이 있다. 이 점에서는 릴리안 루빈의 연구가 특히 유용하다. 그는 노동계급 생활의 단조로움과 특히 육체노동이 가족의 사회적 측면을 파괴하는 점을 지적한다. 노동계급 부부는 집 밖에서 만나는 일이 거의 없고, 다른 사람을 집에 초대하지도 않으며, 흔히 대화도 거의 나누지 않는다. "내가 만난 사람들 대부분이 부모를, 특히 아버지를 말이 없고 무뚝뚝한 사람으로 기억한다."[22]

장래성 없는 직업에 매인 부모들은 흔히 자기 자신을 비하했다. 그들은 자녀들이 더 나은 삶을 살기를 바라지만 별로 큰 기대는 하지 않았다. 정서적으로 그러한 가족들은 억눌려 있는 경우가 많았고, 때때로 아이들을 모질고 엄격하게 대했다. 이러한 여성들에게 남편의 어떤 점을 높이 평가하냐고 물었을 때 거듭 언급되는 세 가지 특징들을 보면 그들의 인식의 폭이 얼마나 협소한지 알 수 있다. "우리 애 아빠는 성실한 노동자에요. 술도 안 마시고, 나를 패지도 않아요."[23]

중간계급의 가족은 훨씬 더 개방적이어서 개별 가족 구성원에게 영향을 주는 문제들에 대해 논의하기가 훨씬 더 쉬웠고, 분위기도 무척 자유스러웠다. 돈은 중요한 문제로 부각되지 않았다. 중간계급의 아버지들도 일 문제에 몰두해 있을 수 있지만, 노동계급 남성들과 같은 위축감을 겪지는 않았다. 노동계급 여성은 자신에게 무엇을 하라고 '시키는' 남편에 대해서 얘기한 반면, 중간계급 가족은 적어도 겉으로는 훨씬 더 평등했다. 이것은 중간계급 가족이 꼭 더 평등해서가 아니라 그 가족 내에서 "평등 이데올로기가 더욱 강하게 주장됐기"[24] 때문이다.

이 모든 특징 때문에 노동계급 가족은 종종 개별 가족 구성원에게는 악몽이 된다. 가족을 폭력적이고 위험하며 적대적인 세상의 고요한 오아시스로 그리려는 온갖 시도가 있기는 하지만, 가족은 흔히 불행의 중심지이다.

그러나 이 모든 것에도 불구하고, 한 가지 부정할 수 없는 사실은 노동계급이 계속해서 가족과 함께 살아간다는 점이다. 가족제도는 노동계급의 삶과 자본주의 체제에 모두 중요하다. 가족은 왜 이러한 중요성과 우월성을 갖는 것일까?

이에 대한 답은 단순하지도 분명하지도 않다. 자본주의 가족은 특수한 제도이다. 자본주의 가족은 한 가지 중요한 점에서 이전의 모든 가족 형태와 다르다. 자본주의 가족은 생산적인 가족이 아니다. 인간 역사의 대부분 기간 동안 비생산적인 가족은 있을 수 없었다. 가족은 생산과 재생산의 장이었다. 그리고 가족은 사회 교류의 중심지였고, 모든 가족 구성원은 집 안팎에서 생산에 참여했다. 이는 산업혁명 시대까지 농업이 지배적이었던 영국 사회에서 사실이었다.

자본주의의 핵가족은 이와는 완전히 다른 모습이다. 남성과 여성은 이제 더는 각자가 보유한 기술 — 예를 들면 남성이 밭에서 쟁기질을 할 수 있는지 또는 여성이 바느질을 할 수 있는지 등 — 에 근거해서 결혼하지 않는다. 노동자들이 살아가는 데 필요한 모든 것, 즉 음식·주택·의복 등은 상품으로 구입할 수 있고 보통 그렇게 한다. 따라서 가족은 상품을 생산하는 단위가 아니라 점차 소비하는 단위가 됐다. 가족이 사는 집은 (아무리 장식과 DIY 가구 등을 통해 끊임없이 '꾸밀'지라도) 이미 만들어져 있다. 슈퍼마켓에서 장을 본다는 것은 손질해서 포장해 놓은 고기와 살만 발라서 튀김옷을 입혀 놓은 생선, 다듬어진 채소, 썰어놓은 빵, 전자렌지에 데우기만 하면 되는 즉석 식품을 산다는 것을 뜻한다.

극소수 가족만이 예외가 될 것이다. 예를 들어, 여성이 직접 빵을 구울 수도 있다. 그러나 어른 두 명이 일해야 하는 압력 때문에 이러한 일은 점점 더 어려워진다. 노동 절약형 음식이 훨씬 더 편리하다. 흔히 이러한 음식들은 대량생산 기술과 저질 재료 때문에 값도 싸다.[25]

이와 마찬가지로 여성들 대다수는 자기 옷이나 아이들 옷을 만들어 입지 않는다. 많은 사람이 뜨개질을 하거나 재봉틀을 갖고 있고, 어떤 사람은 집에서 돈을 받고 이웃들의 바느질을 해 주기도 하지만, 그러한 노동이 가족의 수입이나 의복을 마련하는 주된 방법은 아니었다. 집에서 만든 옷보다는 포르투갈이나 대만에서 생산된 옷을 사 입는 것이 훨씬 더 싸고 편리하다. 그러나 불과 2백 년 전만 해도 물레는 영국의 모든 농가와 대부분의 시골집에 없어서는 안 되는 세간이었다.[26] 상품생산의 발전 때문에 가정에서 수행되는 노동의 성격이 완전히 바뀌었다.

오늘날 가족은 적어도 겉보기에는 경제적 구실이 분명하게 드러나지 않는다. 가족은 무엇보다도 노동의 세계에서 벗어나는 **탈출구**로 여겨진다. 결혼과 가족은 일과 관련된 것이 아니라 개인의 낭만적 사랑에 관한 문제다. 여성들은 인생의 목표가 '괜찮은 남자'를 찾아 아이를 낳는 것이라고 생각한다. 노동과 대량생산된 여가와 교육 등 사회생활을 할 수 있는 세계는 모두 집 밖에 있다. 가족은 사적인 영역, 즉 사적인 사랑과 행복의 영역이지만, 너무나 자주 가족은 사적인 고통과 폭력과 무너진 기대의 무대가 된다.

가족생활이 이상적인 가족의 삶과 다를 때 더 큰 모순이 드러난다. 가족은 무정한 세상의 안식처이기도 하지만 동시에 대부분의 가족 구성원들에게 지옥이 되기도 한다. 가족의 겉모습과 그 실제는 매우 다르다. 가족이 존속하는 이유를 알려면 이 점을 반드시 이해해야 한다.

과거 계급사회들에서 가족이 했던 경제적 구실과는 다르지만, 오늘날 가족의 경제적 구실은 자본주의 체제가 작동하는 데서 핵심이다. 가족이라는 제도에는 자발적인 요소가 거의 없다. 가족은 한 남자와 한 여자가 사랑에 빠져서 결혼을 하고 아이를 낳는 문제가 아니다. 물론 대다수 남성과 여성은 그러한 과정을 거쳐 저마다 가족을 꾸린다. 그러나 그렇게 하라는 압력은 모두 — 그 압력이 친구나 가족, 아니면 국가 등 어디에서 오든지 간에 — 가족이 하는 중요한 **경제적 구실**에서 비롯하는 것이다.

가족의 중요한 경제적 구실은 자본가계급을 위한 노동력 재생산이다. 다음 세대 노동자를 재생산하는 것은 인간의 역사를 통틀어 모든 사회에서 매우 중요하고 필수적인 문제였다. 따라서 가족의 〈재생산〉 형태는 언제나 생산의 형태와 관련이 있다. 엥겔스는 ≪가족, 사유재산, 국가의 기원≫에서 가족에 대해 쓰면서 이러한 연관성을 자세히 설명하고 있다.

> 하나는 생활수단, 즉 의식주 생산과 그것을 생산하기 위한 수단의 생산이며, 다른 하나는 인간 자체의 생산, 즉 종의 번식이다.[27]

오늘날 "인간의 생산"은 그 어느 때보다도 중요하다. 가정의 수많은 가사 노동과 육아는 바로 이것과 관련된 것이다. 요즘 세대 노동자들은 가족 안에서 먹고 입고 보살핌을 받고 인격적·성적 봉사도 받는다. 더 중요하게는 가족 안에서 다음 세대 노동자들이 보통 부모한테서 — 특히 어머니 — 엄청난 관심을 받으면서 자라고 보살핌을 받으며 자기 자신을 간수하는 법을 배운다. 이렇듯, 수많은 다양한 방법을 통해 지배 이데올로기를 받아들이면서 사회화된 젊고 건강한 노동자들이 끊임없이 노동시장에 공급된다.

이것은 자본가계급에게 경제적으로 정말 이득이 된다. 그것은 노동력 상품을 재생산하는 가정 내의 여성의 (그리고 정도는 덜하지만 남성의) 부불노동과 가정 밖의 여성과 남성의 임금노동이 결합된 결과이다. 캐스 에니스는 1970년대 초에 이 점을 지적했다. 그러나 그는 다음과 같이 주장한다.

> 사장이 뽑아내는 잉여는 단지 작업장의 남성에게서 나온 것이 아니라 작업장의 남성 노동과 가정의 여성 노동이 결합되면서 나온 것이다.[28]

오늘날에는 자본주의가 여성의 집 안의 부불노동뿐 아니라 집 밖의 임금노동에 또한 의존한다는 것이 훨씬 더 분명하다. 그러나 다음과 같은 기본적 주장은 올바르다. 즉, 여성의 가사 노동은 노동력 재생산에 기여하며, 따라서 노동력의 가치를 낮춤으로써 자본가계급에게 돌아가는 잉여에 간접적으로 기여한다.

이 때문에 자본가계급은 가사 노동이 존재한다는 가정에 입각해 임금을 지급할 수 있다. 이것은 의심의 여지가 없다. 실제로 모든 자본주의 임금 체계는 사회의 모든 개인이 가족 단위로 살고 있다는 가정에 기반을 두고 있기 때문이다. 이것은 매우 중요한 의미를 담고 있다. 즉, 가족 단위로 살고 있지 않은 사람들, 이를테면 연금생활자나 한부모는 극빈층이 된다는 뜻이다. 그리고 자본가계급은 남성과 여성이 가족 단위로 살고 있지 않는 경우에 그렇지 않은 경우보다 더 낮은 임금을 그들에게 줘도 비난을 면할 수 있다.

남성의 저임금은 개별화된 가족의 존재에 근거를 두고 있다. 남성 노동자들은 자신의 재생산 비용을 상품 비용처럼 직접 지불할 필요가 없다. 음식 준비와 빨래, 집안일과 자녀 양육 등은 가족 단위의 일부로서 수행된다. 이러한 서비스들은 시장에서 직접 임금의 일부를 내고 구매할 필요가 없기 때문에 재생산 비용을 낮춘다.[29] 역설적이게도 여성의 임금노동은 임금을 훨씬 더 떨어뜨리는 경향이 있는데, 이는 가정에서 쓰는 생필품을 사는 데 (남성의 임금뿐 아니라) 여성의 임금도 필수적으로 들어가기 때문이다.

여성의 임금도 가족의 존재에 영향을 받는다. 평균적으로 여성은 남성 평균 임금의 3분의 2에서 4분의 3 정도를 받는다.[30] 이러한 일이 벌어지는 이유는 시간제 노동, 등급제, 성별 분업 등 다양하다. 그러나 여성이 불평등한 임금을 받는 가장 큰 이유는 여성은 자신의 임금 말고도 가족이라는 다른 부양 수단이 있다는 암묵의 가정 때문이다. 도움을 받지도 못하고 자신의 월급이 없으면 가족을 먹여 살릴 수도 없는 여성들이 많다는 사실은 고려 대상이 아니다. 자본가계급은 여성에게 최소한의 재생산 비용에 해당하는 임금을 지급하는 데 매우 만족한다.

이렇게 가족을 통한 여성 노동의 구조화는 임금 이외의 영역까지 확대된다. 시간제 노동자 대다수는 여성이다. 여성이 전일제 노동을 할 때에도 남성보다 집 밖에서 일하는 시간이 더 적은 경우가 많다.[31] 여성의 노동시간과 노동조건은 가정의 부불노동, 특히 육아를 고려해 결정된다. 아마도 이것이 남성보다 여성이 일을 쉬는 시간이 더 많은 이유다.[32]

가족의 중요한 경제적 임무가 노동력 재생산이기는 하지만 이것이 가족의 유일한 구실은 아니라는 점도 분명하다. 가족은 다른 경제적 구실들과 더불어 중대한 이데올로기적 구실도 한다. 여전히 가족은 노동력을 판매할 수 없는 가족 구성원들, 즉 대부분의 병자나 장애인이나 노인, 그리고 점점 더 많은 젊은이를 부양하는 기관이 되고 있다. 청년실업, 연금 삭감, 졸업 연령 상승 때문에 많은 젊은이들이 가족의 물질적 지원에 의존하고 있다. 많은 사람들이 가족의 대안을 찾으려 노력하지만 쓸 만한 대안은 거의 없다. 젊은 노숙자 수가 계속 증가하고 있는 것이 그 증거다.

"커뮤니티 케어"라고 완곡하게 이름 붙인 제도는 병자와 노인, 정신질환자, 신체장애인 대부분을 개별화된 가족에게 떠맡기는 것을 뜻한다. 19세기의 구빈원은 사라지고 이제는 감옥이나 병원, 정신병원, 고아원, 학교, 대학 같은 많은 기관들이 생겨났지만, 오늘날에는 이들 기관에 대한 국가 지출을 줄이라는 끊임없는 압력이 존재한다. 이러한 국가 지출 감축은 노동계급 가족의 희생으로 이어진다. 특히 위기의 시대에 자본가계급은 개별화된 재생산에 더 많은 부담을 지운다.

그리고 시장은 전통적으로 가족이 하던 일들을 잠식해 왔다. 이것은 자본주의 자체의 발달과 함께 시작된 점진적 과정이었다. 섬유의 공장 생산은 자본주의 최초의 주요 산업이었다. 차츰 상품생산이 사회생활을 포함한 생활의 모든 영역으로 침투했다. 오늘날에는 성행위조차 상품으로 간주되는 현실이다. 비디오, 포르노 잡지, 그리고 성매매를 통해 성행위가 사고 팔린다.

이렇게 시장관계가 생활의 모든 영역으로 확산되면서 모든 가족 구성원에게 영향을 미친다.

이제 사람들은 더는 가족, 친구, 이웃, 지역 사회, 연장자, 자식 같은 형태의 사회조직에 의존하지 않는다. 그들은 거의 예외 없이 의식주뿐 아니라 여가와 놀이, 안전, 어린이·노인·병자·장애인을 보살피는 일까지 시장에, 오직 시장에만 의존해야 한다. 동시에 물질적 필수품과 서비스뿐 아니라 생활의 정서적인 부분까지도 시장을 통해 유통된다.[33]

이렇게 가족은 생산적 기능을 잃고 점차 소비 단위가 됐다. 가족생활의 모든 영역은 화폐관계로 바뀐다.

소비 단위로서 가족은 여러 면에서 자본주의에 중요하다. 가족생활의 원자화로 생필품이 엄청 늘어났다. 가정용 전자제품들은 많은 시간 사용되지 않은 채 있다. 세탁기를 돌리는 시간은 기껏해야 하루에 한 시간 정도밖에 안 되며, 주방기구들은 약 두 시간 정도, 비디오는 하루에 불과 몇 시간만 사용된다. 사람들은 흔히 하루에 한두 시간 정도만 자동차를 몰고 대부분의 시간은 주차장이나 차고에 세워 둔다. 그런데도 세탁기를 갖고 있는 가정은 전체의 82퍼센트나 되며 빨래 건조기는 34퍼센트, 비디오는 32퍼센트, 그리고 전체 가구의 3분의 2가 자동차나 밴을 사용한다.[34]

이러한 상황을 설명할 수 있는 합리적인 근거는 전혀 없다. 이것은 자본가계급의 자본축적을 향한 질주의 결과이다.

생산 단위로서 가족의 파괴와 소비 단위로서 가족의 발달은 여러 가지 결과를 낳았다. 첫째로 상품생산 수준이 증가했다. 점점 더 많은 생활 영역이 생산 영역으로 들어왔다. 예를 들어 전에는 가족의 임무라고 얘기된 음식 조달, 병자 간호, 교육, 사회사업 등과 같은 영역들이 '서비스 산업'으로 전환됐다. 이와 함께 점점 더 많은 사람이 노동시장으로 유입됐다. 이것은 특히 여성들의 경우 사실이다. 여성 노동을 통한 가족의 변화 때문에,

> 각각의 가족 구성원은 자신들만의 수입을 갖고 싶은 강한 욕구를 느꼈다. 이것은 사회가 거대한 노동·상품 시장으로 바뀌면서 사람들이 가장 절실하게 하게 된 생각들 중 하나이다. 왜냐하면 이제는 많은 것을 만들어 내는 능력이 아니라 단지 많은 것을 구매하는 능력이 [사회적] 지위를 결정하는 근원이기 때문이다.[35]

이 과정은 다시 다양한 가족 구성원들의 원자화와 고립으로 이어진다. 그러나 이 자체도 모순적이다. 각 개인이 원자화되면서 하나의 제도로서 가족이 노동계급에게 점점 더 중요해진다. 자본주의에서 노동의 성격을 살펴봐야지만 이러한 사실을 설명할 수 있다. 해리 브레이버먼은 노동자가 일이 끝나고 나서야 자신의 삶이 시작된다고 생각한다는 점을 다음과 같이 설명한다.

노동력을 사고파는 사회에서 노동시간은 노동하지 않는 시간과 정반대의 것으로서 선명하게 구분된다. 노동자는 '자유' 시간에 특별한 가치를 두는 반면, 근무 시간은 쓸모없고 허비하는 시간이라고 생각한다. 노동은 본래의 기능을 멈추었다.[36]

노동자들은 자신의 노동생산물과 완전히 분리됐다. 마르크스가 "소외"라고 묘사한 이 과정에서 노동은 "삶의 희생이고 …… 노동자들에게 삶은 이러한 활동이 끝나는 곳에서, 즉 식당이나 술집, 침실에서 시작되는 것"[37]으로 여겨진다.

노동계급 가족이 이러한 소외에서 벗어날 수 있는 탈출구는 없다. 오직 임금노동과 착취 자체를 폐지할 때만 소외를 끝장낼 수 있다. 그러므로 가족은 진정한 안식처가 될 수 없다. 그렇기는커녕 가족은 노동계급의 삶에서 최악의 긴장이 벌어지는 장소이다. 그러나 이것은 매우 복잡한 문제이다.

삶의 모든 영역으로 상품생산이 확대되면서 노동과 가정의 분리가 두드러졌다. 일터에서 노동자는 상황을 통제한다고 느끼지 못한다. 어떤 일을 할지에 대한 선택권이 전혀 없고, 엄격한 노동시간과 감시가 있을 뿐이다. 더욱이 노동생산물은 노동자가 아니라 자본가의 것이다. 때때로 파업이나 다른 형태의 저항을 조직해 약간의 통제권이나 의사 결정권을 노동자들이 따내 이러한 상황에 대항하는 것이 가능하다. 그러나 대부분의 경우 이것은 예외이지 일반적인 상황은 아니다.

노동 밖의 세계는 그것이 자유와 선택의 영역처럼 보일 때 중요해진다. 우리는 월급을 어디에 쓸지, 영화를 볼지 술을 마실지, 옷을 살지 축구 경기를 볼지 등을 선택할 수 있다. 우리는 결혼을 할지 말지, 아이를 가질지 말지를 결정할 수 있다. 현실에서 이러한 선택권이란 거의 완전히 착각이다. 사회에는 아주 많은 경제적 제약이 있어서 아주 사소한 것들만 진짜로 선택할 수 있다. 그러나 한 사람의 삶을 운영하는 방식을 결정하는 선택권과 자유라는 **착각**은 매우 강력하다.

그러한 조건에서 가족의 이데올로기적 중요성이 커진다. 이 사회에 뿌리내린 불평등 때문에 모든 사람은 가족한테서 뭔가 다른 것을 얻는다. 아이들은 재정적·정서적으로 부모에게 의존한다. 아내는 흔히 적어도 어느 정도 남편의 재정 지원에 의존한다. 남성은 아내와 아이들에게 정서적으로 의지한다. 게다가 남성과 여성 모두 [사회적] 지위를 위해서 가족에 의존한다. 남성은 '가장'이라는 지위를, 여성은 사람들이 여성의 가장 중요한 역할이라고 생각하는 '아내이자 어머니'의 지위를 위해서 말이다.

따라서 가족은 노동자들에게 중요한 목표가 되지만, 가족이 진정한 해방을 가져다주는 것은 아니다. 일부 페미니스트들은 가족이 자본주의에서 남성 권력의 원천이라고 주장한다. 그러나 개별 남성의 상황이 여성보다 나을지는 몰라도 그 지위는 무력하다. 남성 노동자들은 자신의 삶을 진정으로 통제할 수 없다. 이 점을 이해하지 못하면 노동계급 가족의 현실을 부정하게 된다. 가족은 권력이 발견되는 장소가 아니라 모든 가족 구성원을 보호하는 방어기제가 된다. 이것이 가족의 존속을 설명하는 데서 핵심이다. 제인 험프리스가 올바르게 지적했듯이, 가족의 힘과 복원력(復原力)은 부분적으로 노동자들과 그들의 생활수준을 보호하는 가족의 능력의 산물이다.[38]

가족의 경제적 구실은 자본가계급의 관점에서 가족의 존속을 설명해 주지만, 가족의 다른 측면들은 많은 노동자들이 가족을 긍정적으로 생각하는 이유를 보여 준다. 그러나 여기서 또다시, 가족은 그 이중적 성격 때문에 사람들이 가족에게 거는 기대에 진실로 부합할 수 없음이 드러난다. 외부 세계가 가족생활을 잠식할수록 가족은 천국이 아니라 지옥이 된다. 가족 안의 긴장이 팽배한다. 작은 충격만 받아도 가족이 파탄날 수 있다.

이것이 바로 자유와 선택을 운운하면서도 자본주의의 역사가 개인과 가족생활에 대한 외부 개입의 역사였던 이유다. 이러한 외부 개입은 흔히 자본주의 국가라는 대리인을 통해 이뤄진다. 의무교육, 보건·복지 조항, 주거 규정, 개별 가족 구성원의 관계를 규정하는 법률이 그 예이다.

국가 개입은 새로운 것이 아니다. 18세기와 19세기에도 가족생활을 침해하는 법률이 끊임없이 제정됐다. 1753년의 '하드윅 경' 법은 영국 국교회를 통해 결혼식을 올려야 한다고 규정했다. 1832년 구빈법서출법령은 (일정 부분 하드윅 경 법의 결과로서 늘어난) 사생아 출산을 줄이려는 시도였다.[39] 낙태는 관습법과는 반대로 1803년에 법정 범죄가 됐다.[40] 1830년대, 1840년대, 1850년대에 가족과 관련된 국가 규제가 많았는데, 구빈법과 공장 보호 입법이 가장 중요한 것들이었다. 19세기에도 성매매와 동성애를 불법화함으로써 성을 통제하려는 법률들이 도입됐다.

19세기 말과 20세기 초에 자본주의 가족 정책의 핵심 원칙으로 등장한 것은 국가 개입이었다. 이때 자본주의가 가족을 얼마나 중요하게 생각하는지는 국가 복지 공급의 확대를 통해 드러났다. 보통·의무 교육이 시작되고 청소년 법정 같은 기관들이 생겨나서 자녀 양육이 부모만의 통제를 벗어나게 됐다. 국가가 고용한 다양한 전문가들이 가족을 지도하는 데서 전보다 더 큰 구실을 했다. 이러한 사태 전개는 미국에서 가장 두드러졌지만 다른 곳에서도 분명히 드러났다. 영국은 1870년에 초등교육을 도입했다. 자유당 정부의 1906년 예산안은 노인, 환자, 어린이 등 임금노동자가 아닌 사람들을 위한 복지에 비교적 많은 국가 지출을 배정했다. 약간의 실업수당도 도입됐다. 이것은 가족이라는 울타리 안에서 부양받지 못하거나 임금을 통해 직접 부양받지 못하는 사람들을 포괄하는 복지 '안전망'을 처음으로 시행한 것이었다.

그 뒤로 점점 더 많은 돈이 이른바 '복지' 또는 '사회 서비스'라고 불리는 데 쓰였다. 1986년에 총 정부 지출은 국내총생산의 45퍼센트였는데, 이는 1961년의 국내총생산 대비 총 정부 지출 비율보다 10퍼센트 증가한 것이었다.[41] 정부 지출 가운데 상당한 액수가 치안이나 방위 등 복지 이외의 지출로 들어가기는 하지만, 특정 복지 영역은 엄청나게 확장됐다. 예를 들어, 전체 3~4세 아동 중 교육 혜택을 받는 아동의 비율이 1966년에 15퍼센트였던 데 반해, 1985년에는 47퍼센트로 증가했다. 그리고 5세 미만 아동을 위한 주간 보육시설은 1951년 5만 1천 개에서 1985년에는 60만 9천 개로 늘어났다.[42]

오늘날 국가는 과거에 가족 안에서 수행됐거나 아예 존재하지 않았던 서비스의 주된 사용자이자 공급자이다. 국가 차원의 교육은 후기 자본주의의 중요한 특징이다. 모든 5~16세 아이들은 전일제 교육을 받아야 한다. 그 나이를 지나서도 공부를 하는 아이들이 늘고 있고, 대개 고등교육을 장려한다. 법률이 정한 최소 기간 동안 아이들을 학교에 보내지 않는 사람들은 법으로 처벌받는다.

그러나 육아에 대한 국가 개입은 정규교육을 받기 전부터 시작된다.

심지어 아이가 태어나기 전에도 국가 복지 체계는 부모 중 어느 한 쪽이 산모나 태아에게 해를 입히지 않도록 단속하는 순회보건관이나 사회복지사를 통해 개입한다. 피임 도구가 무료로 배포되고, 특정 상황에서는 국가가 낙태를 시행한다. 엄마가 되기에 "부적절"하다고 판단되는 사람들의 임신을 제한하기 위해 특정 계급에게 강제 불임시술과 주사제 피임약 데포 프로베라 사용을 강요한다. 출산 뒤에도 엄마들은 국가 양육 지원을 받고 순회보건관이 그 집을 계속해서 방문한다. 법률의 힘이 모든 종류의 개입을 뒷받침한다. 심지어 몇몇 예방접종은 의무사항이다.

실제로 보건과 사회 서비스 활동은 인간의 삶과 깊숙이 연관 맺고 있다. 노인들은 혼자 힘으로 살아갈 수 없으면 병원에 들어갈 수 있다. 아이들은 학대를 받은 증거가 있거나 부모들이 그들을 제대로 돌볼 수 없는 경우에 지방정부의 보호를 받을 수 있다. 직장이나 상점, 식당 같은 공공시설에 최소한의 보건 기준을 강제하는 법률도 있다.

사회 서비스는 자본주의 사회의 수많은 빈곤층, 즉 실업자, 연금생활자, 저임금 노동자 등의 소득을 보충하기 위해 직접 개입한다. 적정 소득에 한참 못 미치기는 하지만 다양한 국가보조금 덕분에 수백만 명이 정말로 굶주리거나 완전한 궁핍 상태로 전락하는 일은 면한다. 그러나 한 연구에서 보충급부* 기준액으로 4인 가족의 의식주를 해결해 보려 했지만, 그러한 일은 거의 불가능하다는 것이 드러났다. 밥상의 음식들은 영양이 부족했고 내구소비재를 바꾸는 것은 불가능했다.[43] 국가 개입은 현대판 구빈법 또는 자선이다. 국가 개입으로 극빈층은 근근이 살아갈 뿐이다.

---

* Supplementary Benefit, 영국의 사회보장제의 하나로 법정 최저 소득을 보장하기 위한 소액 급부 제도.

국가 개입은 직장에서 여성이 하는 역할에도 영향을 미친다. 오늘날 법은 출산휴가, 동일임금, 성 차별 종식을 규정하고 있다. 이러한 법 조항들이 형편없기는 하지만, 그것은 여성을 자본주의의 노동인구로 끌어들이기 위해 특별한 조치를 취해야 한다는 사실을 인정한 것이다. 이혼, 아동 복지, 매 맞는 여성에 대한 '가족법'의 핵심 내용도 같은 맥락이라고 할 수 있다.

오늘날 국가는 가족생활의 모든 영역에 개입해 어떤 것들은 되고 어떤 것들은 안 된다고 지시한다. 이러한 개입은 논쟁의 대상이기도 하다. 자유 시장의 힘을 신봉하고 공공 지출 감축에 전념하는 우익들은 가족에 대한 국가 지출을 철저히 줄이라고 말하고 싶어 한다. 페르디난드 마운트는 사적 공간으로서 가족을 찬양하고 모든 외부 간섭에 분개한다. 그는 이렇게 썼다. "공공연히 참견하는 사람들이 그들의 개인적 우선순위를 우리에게 강요할 권리는 없다."[44]

그는 국가의 임무를 자유의 부족, 국가 '사회주의'의 한 형태, 그리고 중간계급의 사회사업식 태도와 연결시킨다. 마운트에 따르면, 노동계급은 그러한 것들에 반대하고 철저하게 사생활을 지킨다. 물론 모든 우익이 그러한 생각을 하는 것은 아니다. 그의 동료 사상가들 대다수는 어느 정도의 사회 공학을 선호한다. 예를 들면, 가족에 대한 개입을 통해 강제로 가난하고 '무능력한' 사람들에게 낙태와 불임수술을 제공하는 것이다. 이러한 인식을 가진 사람들은 '하층' 노동계급의 높은 이혼율과 사생아 출생률을 탄식하면서 사회훈련을 통해 그들을 교정하기를 원한다. 한 우익 작가는 다음과 같은 상황을 비난한다.

특히 너무나도 많은 젊은 노동계급 여성들이 더블침대와 유모차를 가진 기혼 여성이 되고 싶어 하고, 성실하고 웬만큼 사는 젊은 남자에게서 이러한 목표를 이룰 수단을 발견하고자 한다.[45]

현실에서 지금까지의 정부 정책들은 빈민을 규제하기 위한 강력한 개입과 어떤 개입도 하지 않는 것 사이 어딘가에 있었다. 그러나 오늘날에는 국가 개입이 자본주의의 완전한 성공에 너무나 결정적이고 중요하기 때문에 다른 선택의 여지가 거의 없는 게 현실이다. 전후 역사가 이를 증명한다.

제2차세계대전과 그 직후 뒤이은 장기 호황기는 사실상 완전 고용 시대였다. 그 결과 1950년대에 노동력이 심각하게 부족해져서 이주 노동자와 기혼 여성을 노동시장으로 끌어들였다. 국가는 개입을 통해 이러한 노동 공급을 통제하려고 노력했다. 국가는 여성에게 가족이 우선이고 미래 노동자들에게 소홀하지 않아야 한다는 점을 분명히 했다. 그 비용 가운데 많은 부분은 개별 부모들이 부담할 수도 있었다. 예를 들면, 그들이 진공청소기나 세탁기 같은 상품을 살 수 있는 경우에 그랬다. 이러한 상황이 가능하지 않다면 국가는 직접 [비용을] 충당해야 할 것이다. 결코 기꺼이 하려고 하지는 않겠지만 말이다. 5세 미만 빈곤층 아동 보육 지원은 높은 노동 강도와 그에 따른 관련 노동의 높은 임금 비용을 반영한다.

새로운 노동자층을 노동시장에 끌어들이는 것과 더불어, 자본의 필요 때문에 적어도 소수 사람들의 기술 수준을 향상시켜야 했다. 교육 지원을 늘려 기술 수준을 끌어올렸다.[46] 국가가 비용을 부담해 고도로 숙련된 노동자층을 훈련시켰고 노동생산성을 증가시켰다. 마찬가지로 보건 지출의 목적도 노동력이 상대적으로 덜 아프고 그 때문에 더 생산적으로 되는 것이었다.

앞에서 살펴봤듯이, 복지 지출은 가족에 엄청난 영향을 미쳤다. 최근 몇 년 사이에 복지 지출이 삭감되기는 했지만, 그것은 이제 [자본주의 국가의] 붙박이 장롱이 됐다. 복지 영역들에 대한 국가 지출은 계속 높은 수준을 유지하고 있고, 관련 금액이 엄청나기 때문에 국가가 가족과 관계를 끊기는 어렵다. 자본가계급의 직접적 이익 역시 높은 수준의 투자를 유지시킨다.

국가의 사회적 지출은 두 가지 중요한 기능을 수행한다.

오랫동안 자본은 복지 지출이 두 가지 서로 다른 필요를 동시에 충족시킨다고 생각했다. 즉, 노동계급의 수동적 동의를 이끌어 내는 것, 그리고 그것과 동시에 생산성을 높여 복지 지출 비용이 축적에 부담이 되지 않도록 하는 것이다. 노동자들이 임금이 노동력을 재생산하는 기능을 하는 **동시에** 노동의 고역을 정당화하기도 한다고 생각하는 것과 꼭 마찬가지로, 공공 지출에서 '사회적 임금' 요소는 노동력의 생산성을 향상시키는 동시에 노동자들이 사회가 자신들을 돌봐준다고 생각하게 만들었다.[47]

이러한 두 가지 측면이 모두 중요하다. 그것은 왜 정부가 사회적 비용을 삭감하라는 압력을 끊임없이 받는지, 그리고 노동자들이 국가보건서비스(NHS) 같은 제도들을 방어해야 한다는 느낌을 강하게 갖는지를 설명해 준다. 그것은 또 가족을 유지하는 데서 국가 개입의 중요성을 보여 주기도 한다. 여성 억압과 가족이 계속 존재하는 이유에 대한 모든 이론이 가족을 유지하는 데서 체제의 **적극적 도움**을 고려해야 한다. 분명, 자본주의 체제는 노동력 재생산 수단으로서 개별화된 가족을 유지하는 데 이해관계를 갖는다.

03 :: 가족 이론

　지난 20년 동안 페미니스트 이론은 사회에서 자리를 잡았다. 이제는 대학 교과과정에서 페미니즘이 학문의 한 영역으로 인정받는다. 오늘날 여성학 강좌들이 꽤 많이 있고 역사학, 사회학, 경제학, 신문방송학 등에서 페미니스트 관점이 널리 퍼졌다는 점이 이를 입증한다. 여성 억압 때문에 학문 연구에서 여성 분야가 무시돼 왔다는 주장이 있는데, 이에 대한 일반적인 대응은 페미니즘을 학문 연구에 통합하는 것이다.

　물론 여성 억압에 대한 수많은 다양한 이론들이 있다. 그러나 점차 하나의 이론이 가장 우세해졌는데, 급진 페미니스트뿐 아니라 사회주의나 마르크스주의 페미니스트 사이에서도 마찬가지였다. 그것은 바로 가부장제 이론이다. 오늘날 페미니스트와 좌파 대다수가 가부장제, 즉 가부장적 가족 또는 심지어 가부장적 자본주의가 여성 억압의 원인이라는 주장을 받아들인다. 가끔은 심지어 가부장제가 곧 여성 억압이라고 얘기하기도 한다.

여기에는 명백한 개념상의 문제가 있다. 가부장제라는 용어가 뜻하는 것은 무엇인가? '가부장제'는 글자 그대로 '아버지의 지배'를 뜻한다. 마르크스는 가내공업 제도를 묘사하기 위해 그러한 뜻으로 가부장제란 용어를 사용했다. 그는 여성 억압을 뜻하는 일반적 용어로서 사용한 것이 아니라 역사적으로 특정한 가족 형태에 그 용어를 적용했으며, 어떤 초역사적인 의미로 사용한 것은 분명 아니었다.

분명히 페미니스트 이론가들 대부분은 그러한 식으로 이 용어를 사용하지 않는다. 그들은 이 단어를 훨씬 덜 엄격하게 적용한다. 그러나 대다수 페미니스트 이론들의 공통점은 남성 지배가 그것이 존재하는 특정한 경제적 생산양식을 초월해 존재한다는 것이다. 따라서 남성 지배를 계급의 용어로 설명하거나 마르크스의 경제 이론과 관련지어 설명할 수는 없다는 것이다. 많은 페미니스트 이론가들에 따르면, 생산력이 진보하고 혁명적 사회 변화가 일어나도 남성 지배는 계속된다. 남성 지배는 변하지 않고 모든 시대에 존재하는 것이다. 우리는 여성 억압이 언제나 있었고 앞으로도 계속될 것이며 사회주의 혁명 이후에도 그럴 것이라는 얘기를 듣는다.

자기 자신을 마르크스주의자라고 생각하는 사람들도 종종 그러한 견해를 내놓는다. 그러나 마르크스와 엥겔스는 그 문제에 전혀 다르게 접근해 전혀 다른 결론에 도달했다. 그들은 여성 억압이 사회의 계급 분열과 사유재산의 발달과 함께 생겨났다는 가정에서 출발했다. 이와 함께, 엥겔스의 표현을 빌자면, "여성의 세계사적 패배"[1] — 모권의 패배와 가족의 확립 — 가 일어났다.

사회가 발전하면서 억압은 다양한 형태를 취했다. 생산력 발전 때문에 다양한 형태의 사회가 발생했고, 사회가 바뀌면서 가족 형태도 달라졌다. 모든 의식 형태는 사회적 존재에서 기원한다. 따라서 여성 억압 사상과 여성 억압의 구체적 현실 둘 다 생산양식이 달라지면서 바뀌었다.

마르크스는 그의 글의 유명한 한 구절에서 노동자들이 착취당하는 방식이 바로 그들의 억압을 결정한다고 주장한다.

도덕, 종교, 형이상학, 그 밖의 다른 모든 이데올로기와 그에 상응하는 의식 형태들은 이렇듯 허울뿐인 독립성조차도 더는 갖고 있지 않다. 그것들에는 역사도, 발전도 없다. 그러나 인간은 물질적 생산과 물질적 교류를 발전시키면서 그들의 실재뿐 아니라 그들의 사고와 사고의 산물을 변화시킨다. 의식이 삶을 결정하는 것이 아니라, 삶이 의식을 결정한다.[2]

즉, 사상은 물질적 현실에서 기원한다. 그러나 우리가 여성 억압과 자본주의에 대해 얘기할 때는 고려해야 할 다른 특징들이 있다. 특히, 마르크스는 자본주의를 총체적인 것으로 생각했다. 자본주의는 삶의 모든 영역에 침투해 들어가고, 전 세계 모든 지역을 잠식하는 경제 체제이며, 따라서 이전의 생산을 전부 바꾸는 동시에 모든 사회적 생산관계를 바꿔 놓았다. 이것은 끊임없는 변화의 과정들을 수반했고, 바로 이 점이 본질적으로 자본주의 생산양식을 이전의 모든 생산양식과 구별 짓는다. 이전의 모든 생산양식에서는 지배계급이 낡은 생산방식을 보존하려고 노력한 반면, 자본주의의 지배계급 — 부르주아지 — 은 정확히 반대로 행동한다.

생산의 끊임없는 변혁, 모든 사회 조건의 부단한 교란, 영구적 불확실성과 동요가 부르주아 시대와 앞선 모든 시대를 구별 짓는 특징들이다. 모든 고정되고 꽁꽁 얼어붙은 관계들은, 그것이 끌고 온 오래되고 케케묵은 편견이나 관점과 함께 쓸려 나가고, 새롭게 형성된 모든 관계들은 그것이 굳어지기도 전에 낡은 것이 돼 버린다.[3]

가족과 여성 억압을 포함한 삶의 모든 영역은 사회적 생산에 뿌리를 둔다. 마르크스의 이론은 사회주의 혁명이 옛 가족을 해체할 것이고, 여성 평등을 억제하는 법률을 끝장낼 것이며, 진정한 여성해방을 위한 기초를 놓을 것이라고 암시한다. 이러한 견해는 가부장제 이론가들의 견해와 대립한다.

마르크스주의 시각에 따르면, 가부장제 이론에는 두 가지 주요한 약점이 있다. 이 이론은 관념론으로서, 물질적 현실에 뿌리를 둔 사상이 아니다. 또 그것은 자본주의 체제를 총체적으로 고려하지 않는다.

위의 두 가지 문제점을 분명히 드러내는 예로 초기 가부장제 이론가들을 들 수 있다. 그들의 가정은 가부장제가 언제 어디에나 역사를 초월해 존재한다는 것이다. 그리고 그들은 모든 계급적 분석을 공공연히 반대한다. 케이트 밀렛은 저서 《성의 정치학》에서 여성들 사이에는 계급 차이가 전혀 없다고 주장했고,[4] 슐라미스 파이어스톤은 마르크스주의의 범주들을 파괴해 계급투쟁이 아니라 성의 투쟁이 역사의 진정한 동력이었다고 주장한다. 따라서 그는 분리된 별개의 혁명에 찬성한다.[5] 이들은 여성 억압이 생물학적 차이(이것은 여성이 그들의 재생산 기능에 대한 통제권을 얻어 낼 때까지는 극복할 수 없다) 때문이라거나 단지 남성 우월주의 사상의 문제라고 설명한다.

이러한 주장들은 여성운동이 벌어진 이래로 급진 페미니즘이나 분리주의 페미니즘의 근거가 됐다. 최근에는 온갖 종류의 사회주의 페미니스트들도 이러한 주장들을 받아들이면서 더 폭넓게 영향을 미쳤다. 그 과정에서 이러한 주장들은 지나치게 미화됐다. 결정적으로 이 주장들은 분리라는 생각을 계속 담고 있었다. 즉, 경제투쟁과 관계없는 자율적인 이데올로기라는 개념과, 자본주의와 별개인 가부장제라는 개념을 유지했다. 따라서 남성과 여성 사이의 적대가 계급 적대를 압도한다고 주장한다.

가부장제 이론의 이론적 근거는 하나가 아니라 두 가지 생산 영역, 또는 생산양식이 존재한다는 것이다. 따라서 별개의 두 가지 투쟁, 즉 경제투쟁과 이데올로기 투쟁이 존재한다. 줄리엣 미첼은 이러한 주장을 다음과 같이 간결하게 표현한다. "우리는 두 개의 자율적 영역, 즉 자본주의라는 경제 양식과 가부장제라는 이데올로기 양식을 다루고 있다."[6] 그 밖의 사람들은 이러한 정식화가 너무 관념적이라고 생각해서 마르크스주의의 해석을 발전시키려 노력한다. 가부장제가 "이데올로기 양식"이라는 설명은 유물론적으로 분석하려는 그 어떤 생각도 포기하게 만들기 십상이다.

가부장제와 마르크스주의 이론을 결합하려는 시도들이 많은데, 이들조차 자본주의 생산양식과 가족 재생산양식이라는 두 가지 양식의 정식화를 표현한다. 분리주의 페미니스트들 사이에서 이러한 방식이 널리 퍼져 있다. 프랑스 페미니스트 크리스틴 델피는 이렇게 주장한다.

우리 사회에는 두 개의 생산양식이 있다. 상품 대부분은 산업양식에서 생산된다. 집 안의 서비스, 자녀 양육, 그리고 다른 특정 상품들은 가족 양식에서 생산된다. 산업 생산양식 때문에 자본주의의 착취가 생겨난다. 가족 양식은 가족, 좀더 정확히 말하면, 가부장의 착취를 낳는다.[7]

델피는 두 영역이 완전히 별개의 것이라고 생각한다. 일터에서 벌어지는 일은 가족 안에서 벌어지는 일과 완전히 분리돼 있다는 것이다. 남성 노동자가 생계를 위해 고용주에게 의존해야 하는 반면, 아내는 남자에게 의존해야 한다. 아내와 남편의 관계는 대단히 종속적이다. 아내는 모든 면에서 자신의 안녕을 남편에게 의존한다. "아내의 생활수준은 프롤레타리아와 맺는 그의 계급적 관계에 좌우되는 것이 아니다. 그것은 남편과 맺는 아내의 노예적 생산관계에 좌우된다."[8] 델피에게도 역시 계급은 중요하지 않다. 그는 부르주아 계급의 아내들은 부르주아가 아니며 자기 자신을 계급의 견지에서 바라보는 여성은 잘못된 인식과 자신을 "적대적인 가부장 계급"과 동일시하는 시선 때문에 고통 받는다고 주장한다.[9]

마르크스주의 시각에서 볼 때 이러한 분석에는 근본적인 문제가 있다. 그것은 계급의 차이를 전혀 고려하지 않는 분석이다. 그리고 자본주의 가족 내부에 봉건적 생산관계가 존재할 수 있다고 주장함으로써 자본주의의 본성을 이해하지 못한다. 델피 같은 급진 페미니스트가 그러한 관점을 취한다는 사실은 전혀 놀라운 일이 아니다. 그러나 그의 결론 대부분에 동의하지 않을 많은 사회주의 페미니스트도 비슷한 주장을 받아들인다.

심지어 쉴라 로보쌈조차 초기 저작들 중 하나인 ≪여성의 의식, 남성의 세계≫에서 가족 안에서 여성의 종속적 역할은 전(前) 자본주의 생산 양식과 관련해서만 설명할 수 있다고 주장했다. 그는 가부장제 이론을 분명하게 펼치지는 않지만 (그리고 실제로 나중에 가부장제 개념을 비판하지만) 비슷한 주장을 제기했다.

> 남편과 아내 사이에는 일종의 서비스 교환이 존재하는데, 이는 봉건제에서 **남성과 남성** 사이의 계약(영주와 봉신 사이의 계약)과 비슷하다.[10]

쉴라 로보썸은 그 관계가 **실제로** 봉건적이라고 주장하는 것에서는 몸을 사린다. 그러나 뒤이어 그는 여성의 노동이 "이전 생산 형태의 요소들을 간직한" "자본주의 내부의 하위 생산양식"을 유지시키는 구실을 한다고 얘기한다.[11]

이러한 정식화는 자본주의에 맞선 투쟁과 남성에 맞선 투쟁의 분리를 정당화하는 데 이용된다. 이러한 견해를 옹호하기 위해, 인간 생활의 생산과 재생산에 대한 엥겔스의 유명한 구절(앞에서 이 구절의 일부가 언급됐다)이 인용된다. 이 글에서 엥겔스는 한편에서 하루하루의 삶의 생산과 다른 한편에서 가족의 생산을 얘기한다.

> 유물론의 개념에 따르면, 역사에서 결정적 요소는 궁극적으로 당면한 삶의 생산과 재생산이다. 이것은 또다시 두 가지 측면이 있다. 하나는 생활수단, 즉 의식주와 그것을 생산하기 위한 수단의 생산이며 다른 하나는 인간 자체의 생산, 즉 종의 번식이다. 이 두 가지 종류의 생산이 특정 역사 시대, 특정 국가의 사람들이 살아가는 사회 제도들을

결정한다. 한편에서는 노동의 발전 단계가, 다른 한편에서는 가족의 발전 단계가 사회 제도를 결정짓는다.[12]

사회주의 이론과 어느 정도 관계를 계속 유지하기를 원하는 모든 페미니스트 이론가들은 (그리고 그렇지 않은 사람들 일부도) 이 구절을 이용해 엥겔스도 분리가 존재함을 인정했으며 따라서 두 양식 사이에 적어도 어느 정도의 자율성이 있음을 인정했다고 주장하려고 애쓸 것이다. 그러나 그들의 주장은 잘못됐으며, 이것은 엥겔스가 실제로 의도한 바를 잘못 해석하고 오해하는 데서 비롯했다. 엥겔스가 뒤이어 인류가 생산을 발전시키면서 가족은 상대적으로 덜 중요해졌다고 주장하기 때문이다.

> 노동이 덜 발전하고 노동생산물의 양이 더 제한될수록 …… 혈연적 유대가 사회질서를 더 많이 좌우한다는 것을 알 수 있다.[13]

생산력 발전은 사람들이 살아가는 방식을 바꿔 놓는다. 특히, 국가의 발생과 혈연보다 지리적 연고에 기반을 둔 집단들의 확립은 "소유 구조가 가족 구조를 완전히 지배하는 사회"[14]로 이어진다.

이러한 해석에 따르면, 더 발전한 사회일수록 가족 형태는 생산에 더 많이 종속된다. 그러나 그 둘은 언제나 반드시 연관돼 있다. 가족과 가족 형태는 특정한 생산양식에서 기인하는 것이다. 가족은 생산양식으로부터 자율적이거나 그것과 분리된 별개의 것이 아니다. 재생산은 생산과 결합돼 있다.

페미니스트 이론가들 대부분은 이에 동의하지 않을 것이다. 예를 들어, 아네트 쿤은 다음과 같이 주장한다.

> 가부장적 구조들은 역사 안에서 작동하지만, 생산양식 안에서 작동하지는 않는다. 가부장적 구조들은 사회 구조의 더 직접적인 특성들에 의해 특정 생산양식에서 중층결정된다.[15]

이러한 주장에서 출발해 많은 사람이 마르크스주의는 사회의 **경제적** 발전을 설명하는 데에만 사용될 수 있다고 주장한다. 어떤 특수한 사회에서 발생하는 **관념**들은 마르크스주의의 개념으로 설명할 수 없다는 것이다. 따라서 마르크스주의는 이데올로기나 무의식을 설명하는 데는 적합하지 않다. 이러한 접근 방식에 따르면 마르크스주의 기본 사상의 일부를 버리게 된다. 사회적 존재가 의식을 규정하고 토대와 상부구조 사이에 차이가 있다는 사상을 포기하는 것이다. "생산관계"는 어떤 개별적인 재**생산양식**에서 기인하지 않는다. 생산관계는 특수한 생산양식 안에 존재하는 특수한 생산양식의 산물이다.

사회가 변하고 발전하는 방식을 이해하는 데서 출발한다면 이 점이 분명해진다. 마르크스는 다음과 같이 설명했다.

> 특정 발전 단계에서 사회의 물질적 생산력은 기존 생산관계 또는 — 기존 생산관계의 법적 표현에 불과한 — 이전에 영향을 미치던 재산 소유관계와 갈등을 일으키게 된다. 이러한 관계들은 생산력 발전 형태에서 생산력 발전의 족쇄로 변한다. 그러면 사회 혁명의 시대가 도래한다. 경제적 기초의 변화와 더불어 거대한 상부구조 전체가 거의

순식간에 변모한다.[16]

마르크스의 분석은 변화와 모순에 대해 얘기한다는 점에서 페미니스트들의 분석과는 다르다. 마르크스에게 사회에서 고정되고 영원한 것은 없으며 하나의 생산양식에서 다른 생산양식으로의 변화는 삶의 모든 영역을 바꿔 놓는다. 이러한 설명은 봉건제에서 자본주의로 이행하는 과정에서 일어난 변화들에 정확히 들어맞는다. 낡은 가족형태는 새로운 생산방식에 장애물이 됐다. 새로운 방식들이 성공하려면 다른 것들과 함께 낡은 가족도 분쇄돼야 하고 그렇게 해서 이 장애물을 제거해야 한다.

생산이 가족에서 공장으로 이동하고 ― 가정과 노동이 분리되고 ― 뒤이은 사회 격변의 과정에서 완전히 변모한다. 마르크스는 가족은 사회 자체가 바뀌면서 달라진 사회의 거대한 상부구조의 일부가 됐다고 봤다.

토대와 상부구조를 구별하는 것은 경제적 생산과 관념 사이의 관계를 보여 주려는 노력이다. 생산력 자체가 특정 사상들, 문화적·사회적 구성체들을 낳는다는 것이다. 많은 페미니스트들은 자본주의 생산양식으로부터 가부장제의 "상대적 자율성"을 언급하면서 둘 사이의 어떤 연관성도 없애려 애쓴다. 따라서 가부장제는 "바로 계급과 같은 구조들에 의해 그 작동이 중층결정되는 상대적으로 자율적인 구조"[17]처럼 보일 수 있다.

이러한 관점은 로이신 맥도너와 레이첼 해리슨의 다음과 같은 구별로 나아간다.

마르크스주의자들처럼 우리가 생산 영역 분석에 최고의 중요성을 부여하는 것이 필요하지만, 페미니스트들과 마찬가지로 여성 억압의 특

수한 성격을 이해하려면 인간 재생산 관계와 같은 개념을 고수하는 것도 똑같이 필요하다.[18]

이렇게 함으로써 그들은 사회 발전이든 경제적 변화와 관념의 관계든 어느 쪽도 설명할 수 없게 된다. 가부장제와 같은 개념들은 생산양식을 초월한 막연한 것이 된다. 둘 사이의 모든 연관은 ─ 계급이 가부장제를 "중층결정할" 때처럼 ─ 순전히 우연한 것으로 간주된다. 이렇게 이러한 페미니스트들은 변화에 대한 모든 마르크스주의 이론을 버리고 경제결정론과 완전한 관념주의의 결합에 의지할 수밖에 없다.

가장 높은 추상 수준을 유지하는 것만이 그 이론들을 뒷받침한다. 가족의 변화나 오늘날 여성의 실제 삶과 연관 지어 보면 너무나 많은 비일관성이 드러날 것이다.

그 주장의 근본 결함은 생산과 재생산의 연관성을 보지 못하는 것이다. 이러한 연관성은 모든 계급사회에서, 종의 재생산이라는 생물학적인 좁은 의미로도, 노동력 재생산이라는 더 넓은 의미로도 존재한다. 자본주의 생산이 자본주의 가족 형태를 만들어 냈다. 조운 스미스는 "여성과 가족"[19]이라는 글에서 이 점을 분명히 받아들인다. 그러나 그는 자본주의 가족이 상부구조의 일부가 아니라 자본주의의 경제적 토대의 일부라고 주장함으로써 가부장제 이론가들과는 정반대의 오류를 저지른다.

많은 가부장제 이론가들과 마찬가지로, 조운 스미스는 엥겔스의 정식을 잘못 해석해 두 가지 양식 이론을 받아들이기 때문에 가족이 재생산양식이라고 주장한다. 즉, 자본주의는 자본주의 자체의 바로 그 토대를 끝장내지 않고는 가족을 철폐할 수 없다는 것이다. 그에게 가족은 임금노동과 축척만큼이나 자본주의 체제에 중요한 것이다.

그러나 그의 견해를 지지할 수는 없다. 자본주의 체제 안에서도 노동력이 재생산되는 방식에 주요한 변화들이 있었다. 자본주의는 존속을 위해 개별화된 가사 노동에 의존하지 않는다. 이론상으로 자본주의 사회의 종말이 오지 않아도 가족은 없어질 수 있다. 자본가계급이 반드시 여성을 자본가계급을 위해 직접 가치를 생산하는 사회적 생산에서의 임금노동자로 유지하는 것보다는 가정 안의 부불 노동자로 유지하는 것에서 이득을 얻는 것은 아니다. 현실의 증거들은 그 반대가 사실이라고 암시하는 듯하다. 가족의 사회화에 대규모로 투자해서 더 많은 여성 노동자들을 해방시켜 자본가계급을 위해 잉여 가치를 생산하도록 하는 것이 기존의 노동력 재생산 방법보다 자본주의 체제에 더 큰 경제적 이득을 가져다줄 것이라는 주장이 일정 정도 사실일 수도 있다.[20]

이 점을 강조하는 것은 중요한데, 왜냐하면 가족을 자본주의 체제에서 착취 과정만큼이나 핵심적인 것으로 보는 견해는 심각한 정치적 문제를 낳기 때문이다. 특히, 억압에 맞선 투쟁과 착취에 맞선 투쟁을 동등하게 여기게 된다. 그러나 개별화된 가족이 자본주의의 생존에 반드시 필요한 것은 아니지만, 자본주의가 존재하는 동안에는 가족이 철폐될 수 없다. 여기에는 많은 이유가 있다. 핵심적으로는 개별 자본주의 국가가 떠안아야 할 가족의 사회화에 대한 투자 수준이 어마어마할 것이다. 이러한 일을 수행하는 그 어떤 개별 국가든 간에 적어도 단기적으로는 주요 경쟁자들보다 세계무대에서 불리한 위치에 처할 것이다. 번영과 팽창의 시대에는 사회화를 고려할 수도 있지만, 위기가 끊이지 않는 체제의 본성 때문에 사회화는 개별 자본가계급에게는 너무나도 위협적인 일이 된다. 심지어 기록적인 전후 호황기에도 선진 자본주의 국가들의 공공 육아보조금 지출 수준이 형편없이 낮았다는 사실을 기억할 필요가 있다.

개별화된 가족이 노동력을 재생산하는 데서 온갖 비능률과 모순을 드러내는데도, 위기가 끊이지 않는 이윤 지향 체제에서 개별화된 가족이 아닌 어떤 대안이 존재할 가능성은 거의 없다. 그래서 국가 개입이 늘어나고, (흔히 자본주의적인 사적 투자를 통한 것이지만) 공공 육아가 확대되고, 육아와 '병행할 수 있는' 직업을 여성들이 구하는 것이 결합된 현재의 상황이 계속될 것 같다.

조운 스미스의 분석은 오늘날 가족의 모순을 고려하지 않기 때문에, 가족이 자본주의에 갖는 중요성을 거의 신비에 가까울 정도로 믿게 된다. 두 가지 양식 이론을 완강히 고수함으로써 그는 가부장제의 분석과 결별하는 것이 아니라 오히려 가부장제 이론의 초역사적 성격으로 되돌아가고 만다.

좌파 학자들 가운데 아주 많은 사람들이 가족 이론을 발전시키는 데서 보인 한 가지 문제점은 토대와 상부구조라는 개념을 완전히 포기한 것이다. 적어도 부분적으로 이러한 견해는 토대와 상부구조의 관계를 결정론적으로 보는 스탈린주의의 경직된 개념을 거부하면서 생겨났다. 그러나 오늘날에는 특정 사회의 경제적 토대와 거기에서 발전한 관념 사이에 실질적 연관이 **전혀 없다**는 잘못된 생각이 널리 받아들여진다.

토대와 상부구조의 차이에 대한 혼란의 일부는 가족을 상부구조의 일부로 여겨 가족의 경제적 구실이 사라졌을 뿐 아니라 여성 억압의 단위로서 가족의 중요성도 사라졌다는 믿음에서 생겨난다. 이것은 사실이 아니다. 크리스 하먼이 지적했듯이,

토대와 상부구조의 차이는 생산력 변화에 따라 곧장 변할 수밖에 없는 사회관계와 상대적으로 고정되고 변화에 저항하는 사회관계 사이의 차이다. 자본주의 가족은 전자가 아니라 후자의 범주에 속하며, 노동력 재생산이라는 가족의 '경제적' 기능도 마찬가지다.[21]

가족은 매우 중요한 경제적 구실을 한다. 이것은 자본주의 국가와 같은 다른 상부구조 구성체들의 경우에도 마찬가지로 사실이다. 그러나 가족은 자체의 동학을 갖지 않고, 자본주의 생산 동학의 일부도 아니다. 앞서 살펴본 것처럼, 가족은 보수적 힘, 즉 계급사회의 참혹함에서 가족 구성원을 보호하는 방어기제 구실을 할 수도 있다. 그러나 가족의 경제적 구실은 축적 과정에 종속된다. 엥겔스가 이 점을 밝혀냈고, 마르크스도 가족을 비슷하게 설명했다. 사회적 생산의 발전은 동시에 가족 형태의 생산을 쇠퇴시켰다.

처음에는 유일한 사회관계였던 가족은, 필요가 증가하면서 새로운 사회관계가 생기고 인구 증가로 새로운 욕구가 생겨나면, 나중에는 부차적인 사회적 관계가 된다.[22]

가사 노동 논쟁

1960년대 말과 1970년대 초에 마르크스주의자들이 여성 억압에 관한 이론을 발전시키려고 노력했는데, 그때 나타난 한 가지 특징은 자본주의에서 가족의 중요성을 인정한 점이었다. 가사 노동 논쟁은 가정 내 여성 노동이 자본주의 생산 체제에 제공한 경제적 기여에 관한 것이었다. 이 논쟁은 이론적이고 추상적인 것이 특징이었다. 그것은 자본주의 사회에서 벌어지는 여성 억압의 현실을 밝히고 마르크스주의 용어를 써서 억압을 설명하려는 진지한 시도였던 한편, 페미니스트 사상에 대한 양보이기도 했다. 그것은 마르크스주의가 오로지 생산에만 관심이 있고 마르크스주의자들은 항상 가사를 완전히 별개의 영역으로 간주한다는 비판에 대한 응답이었다.

따라서 가사 노동에 관한 일부 저술들은 어느 정도 유용한 통찰력을 보여 줬지만, 그 논의에는 여러 중대한 결함이 있었다.

초기 가사 노동 이론가들은 생산과 재생산의 두 가지 양식을 강조하는 경향이 있었고, 따라서 가사가 별개의 생산양식을 이룬다는 주장을 수용했다.[23] 많은 사람들이 자본주의가 어떤 조건에서도 개별화된 가족 없이는 살아남을 수 없을 것이라고 믿는 기능주의의 함정에 빠졌다. 다른 사람들은 가정에서 여성의 노동이 노동력 상품을 통해 잉여 가치를 생산한다고 주장했다. 따라서 여성들은 가사에 대한 임금을 쟁취하기 위한 투쟁에 이해관계가 있는 독자적 계급이라는 것이다.[24]

이러한 이론들의 문제점은 각기 다른 방법이긴 하지만 모두 사회적 생산에서 가사 노동을 분리한다는 점이다. 첫째로 그들은 가사 노동과 고용주를 위한 임금노동을 같게 봤고, 따라서 가사 노동과 사회화된 상품 생산을 동등하게 생각했다. 둘째로 그들은 가사 노동이 독자적 생산양식이라고 주장함으로써 개별화된 가사 노동이 존속한다고 암묵적으로 가정했다.

이러한 다양한 견해에 대해 몇몇 비평가들은 가사 노동을 임금노동과 동등하게 볼 수 없음을 다음과 같은 방식으로 지적했다.

> 가사 노동과 임금노동을 양적으로 비교하는 것은 비슷한 대상을 비교하는 것이 아니다. 아무리 불균등하게 작동한다 할지라도 상품생산에서 가치 창출의 과정은 임금노동의 경우 추상적 노동의 양에 대해 말할 수 있지만, 가사 노동의 경우에는 그러한 방식이 부적절하다. 따라서 아내의 잉여노동을 추산하기 위해 가사 노동 시간과 임금노동 시간을 합산하는 것은 그 둘이 같은 단위로 잴 수 있는 것이 아니기 때문에 가능하지 않다.[25]

가정주부에게는 노동과 여가가 엄격히 구분되지 않는다. 가정주부는 직접 통제받거나 감시받지 않고, 시장을 위해 생산하지도 않는다. 가정주부는 집단의 일원이라기보다는 원자화돼 있다. 시장의 힘이 그의 노동을 직접 지배하지 않기 때문에, 그 노동력이 당장 필요하든 (늙거나 실업 등의 이유로) 필요하지 않든지 간에 노동력 재생산과 관련된 일들은 수행된다.

그리고 가정주부는 잉여가치를 **직접** 생산하지도 않는다. 흔히 가정주부가 생산하는 것은 사용가치뿐이라는 주장을 한다.

> 가사 노동은 사용가치의 생산인데, 그 생산을 위한 물질적 투입은 남편 임금의 일부로 구입한 상품들이다. 가정주부는 그 상품들을 가지고 즉시 사용가능한 사용가치를 생산한다. 보육은 전업 주부의 노동 가운데 가장 많은 시간을 소비하는 부분이다. …… 보육은 자본주의의

존속을 위해 가정주부가 수행하는 가장 핵심적인 임무다.[26]

가정주부가 단지 사용가치 생산에만 관여한다고 말하는 것은 가정주부가 남편과 아이들의 하인에 불과하다는 것을 암시한다. 그러나 가사 노동에는 사회적 구실이 있다. 보육이 자본주의를 위해 가정 안에서 수행되는 가장 핵심적인 임무인 이유는 그 일과 잉여가치 생산 사이에 관련이 있기 때문이다. 간단히 말하자면, "가사 노동과 잉여가치 생산의 관계는 바로 전자 때문에 후자가 가능하다는 것이다."[27]

가사 노동은 노동력을 직접 생산하는 것을 통해 잉여가치를 **간접적으로 생산한**다고 볼 수 있다. 이러한 특징은 가사 노동 논쟁에서 무엇이 핵심인지를 유념하고 거기에서 올바른 결론을 끌어내는 데 중요하다. 그 논쟁에서 지배적인 두 가지 경향은 실제로 잘못된 결론에 도달한다. 즉, 셀마 제임스가 주창한 '가사 노동에 임금을' 캠페인으로 나아가거나, 가정주부가 생산한 사용가치는 상품생산이나 자본주의와 거의 관련이 없다는 생각으로 나아간다.[28] 어느 쪽 이론이든 이번에도 투쟁에서는 완전한 분리주의로 나아가고 가부장제 이론을 옹호하게 된다.

가사 노동과 자본주의의 연관성은 가치 생산이 아니라 노동력 생산에 있다. 가정주부들은 사용가치만 생산하지만, 이 사용가치가 다시 노동력의 가치에 영향을 미친다.

가사 노동 이론가들 가운데 많은 수는 분리주의적 결론을 의도하지는 않았을지도 모른다. 그들은 자신들의 연구가 마르크스주의와 여성 억압을 이론화하려는 진지한 노력이라고 생각했다. 그러나 가정의 부불노동을 마르크스의 ≪자본론≫의 범주들과 동격에 놓으려는 시도는 커다란 약점을 담고 있다. 그것은 가족과 노동의 연관성을 이해하지 못했다.

모순처럼 보일지 모르지만, 자본주의에서 노동력 재생산의 가장 주된 측면 가운데 하나는 가정과 노동의 분리이다. 그러나 그 둘은 서로를 보완하는 동시에 서로를 반영한다. 가사 노동은 바로 임금노동과 상품생산 때문에 지금과 같은 형태로 존재하는 것이다.

가사 노동 이론가들은 그 대신 가족을 별개의 영역으로 간주했다. 따라서 그들은 여성의 가사 노동이 단지 가족만이 아니라 자본주의 체제에도 마찬가지로 중요하다는 것을 입증하려고 했다. 이 때문에 그 둘을 종합하려는 노력과는 거리가 멀어졌다. 마찬가지로 여성들의 노동이 점점 더 집 밖과 직장에서 사회화된다는 사실을 충분히 고려하지도 못했다. 결국 가사 노동 이론은 여성 억압에 대해 불완전한 해석만을 제공할 수 있었다.

남성의 이익

1970년대 후반에 이르면 가사 노동 이론은 더 공공연히 가부장제 이론에 밀려 입지를 잃고 있었다. 특히 남성이 가정에서 여성을 억압함으로써 어떤 물질적 이득을 얻는다는 견해에서 밀렸다. 노동을 비롯한 여성의 삶의 모든 측면을 남성이 지배함으로써 여성 억압이 유지되는 듯이 보였다. 따라서 다음과 같은 주장이 제기됐다.

결혼을 통해 아내는 자신의 노동력과 출산 능력을 일정 기간, 즉 평생 동안의 생계와 맞바꿔 남편의 통제에 내맡긴다.[29]

마르크스주의는 "성 차별적이지 않다"고 말하는 하이디 하트만은 "가부장제가 근거하는 가장 근본적인 물질적 토대는 남성의 여성 노동력 통제이다"[30]라고 주장함으로써, 가부장제를 분석하는 데서 순수한 관념적 태도보다는 유물론에 가까운 견해를 취하려 했다.

하트만에게 통제란 단지 가족 안에만 존재하는 것이 아니라 자본주의 사회의 구조 전반에 걸쳐 있다. 그 역시 자신의 사상을 전개하기 위해 두 가지 생산양식 분석을 이용하고, 갓 태어난 자본과 모든 계급의 남성이 여성에 대한 통제력을 유지하기 위해 동맹을 맺었다고 단언한다. 노동계급 남성들은 보호 입법과 가족임금을 확보함으로써 여성에 대한 통제력을 획득했다. 이로써 여성들은 집 안에 갇히고, 남성들은 "사치품 소비, 여가 시간, 전속 서비스 등에서 여성들보다 더 나은 생활수준"[31]을 누리게 됐다.

질라 아이젠스테인도 비슷한 주장을 하는데, 그는 여성 억압을 규명하면서 노골적으로 "자본주의적 가부장제"를 언급한다.[32] 이러한 주장의 요지는 앞서 다루긴 했지만, 두 가지 약점은 짚고 넘어가는 게 좋겠다. 첫째로 이러한 주장은 여성 노동자와 노동시장의 관계에 대한 완전한 오해에서 기인한다. 여성 노동자들은 남성 노동자들과 정확히 똑같은 방식으로 자신의 노동력을 시장에 판매한다. 여성 임금노동자와 자본가계급 사이에 위치해 여성이 노동력을 판매할 수 없게 방해하는 중간 구조는 존재하지 않는다. 여성은 남편의 추천서 없이 직접 고용된다.

여성이 노동시장에 관해서 어떤 식으로든 남편과 노예적 관계를 맺고 있다고 주장하는 것은 현실을 완전히 부정하는 것이다. 더 중요하게는 그러한 주장 때문에 가부장제 이론가들이 자본가계급이 계속해서 값싼

여성 노동을 선호하는 이유를 이해하거나 설명할 수 없게 된다.[33]

앞서 살펴봤듯이, 보호 입법과 가족임금은 **계급적 이해관계의 결과**이자 체제가 낳는 최악의 폐해에 대한 계급적 대응의 일부였다. 당시에는 노동자들이 살아가는 끔찍한 조건에 대한 대안이 거의 없어 보였다. 남성 노동자들이 여성 노동자들보다 강력한 위치에 있었던 것도 아니다. 노동조합에서도 오직 소수만이 그러했다. 일부 페미니스트들이 암시하듯이 보호 입법이 여성 노동에 엄청난 피해를 주는 것도 전혀 아니었다. 예를 들어, 20세기에 들어설 때까지 미국에는 그러한 법률들이 거의 없었지만 미국 노동계급 가족의 구조는 영국과 비슷했다.

요한나 브레너와 마리아 라마스는 "여성 억압을 다시 생각하기"라는 기사에서 이 점에 대해 다음과 같이 밝혔다.

> 영국이나 미국에서 성별 분업이나 가족 체계를 결정하는 데서 그렇게 불안정한 사회정치적 체제가 중요한 구실을 했다는 설득력 있는 사례를 찾기는 매우 어렵다.[34]

영국에서 여성과 아이들의 노동시간 단축은 흔히 전체 노동계급에게 이득이 된다고 여겨졌는데, 왜냐하면 그 때문에 1일 노동시간이 짧아지는 경향이 있었기 때문이다. 노동조합이 여성을 노동에서 배제하기 위한 활동을 벌인 경우에도, 많은 경우 그것은 가장 **계급의식적인** 이유 때문이었다. 바로 임금 삭감과 노동조건 악화를 막기 위한 것이었다.

노동조합이 자신들의 직업에 여성들이 진입하는 것에 특히 완강히 반대하는 이유를 설명할 때 이데올로기를 동원하는 것은 완전히 쓸데없는 짓이다. 노동조합이 여성을 배제할 수 없는 경우에 임금이 급속히 하락하고 노동의 전반적인 가치가 떨어지게 되는 것은 명백하다.[35]

하트만의 역사 분석이 일관되지 않음을 지적하는 것은 비교적 쉬울지 모르지만, 그 주장의 **핵심**을 논파하는 것은 훨씬 더 어렵다. 그 주장의 호소력은 역사적 정확성에 의존하지 않기 때문이다. 남성이 가족 안에서 여성의 노동으로부터 실질적인 이득을 얻는다는 생각은 널리 퍼져 있다. 대다수 페미니스트들은 남성이 더 많은 여가, 더 많은 음식, 더 많은 권력 같은 현실적 이득을 얻고, 바로 이 때문에 남성들이 현상 유지를 지지하는 것이라고 주장한다.

이러한 사상이 강력한 이유는 바로 그것이 우리가 사는 사회의 겉모습을 반영하기 때문이다. 어쨌든 사회의 '상식'에 따르면 남자는 차려진 밥상을 받고, 돈을 관리하고, 아내와 아이들을 지배하는 것이 사실이다. 겉으로 보이는 모습이 이러한 것은 분명하고, 페미니스트들은 대부분 이것이 실제 상황이라고 주장할 것이다.[36]

이번에도 논의는 자본주의에서 가족의 역할로 집중된다. 가족의 역할은 노동력 재생산인가 아니면 개별 남성의 이익이 거기에 추가되는가? 후자의 주장이 사실이라면, 이것은 노동계급 남성이 자본주의 체제를 방어하는 데 **물질적** 이해관계가 있다는 뜻인가?

남성이 그러한 이해관계를 갖는다고 주장하게 되면 여성 억압에 대한 계급적 분석은 요원해진다. 노동계급에게 절대적으로 이익이 되는 것은 그들을 착취하는 사회를 전복하기 위해 투쟁하는 것이고 따라서 — 다른 것들과 함께 — 여성해방을 위해 투쟁하는 것이다. 반면에 자본가계급에게 이익이 되는 것은 지금과 마찬가지로 노동력을 개별적으로 재생산하는 것이다. 즉 여성이 집 안과 밖에서 노동하면서 집 밖에서는 낮은 임금을 받고, 가사 노동에 대해서는 아무것도 받지 않는 것, 그리고 남성이 아무리 불충분하더라도 아내와 가족을 부양하는 것이 사회에서 자신의 의무라고 여기는 것은 자본가계급을 위한 것이다.

이러한 상황은 남녀 사이의 불평등한 관계를 낳는다. 그러나 이 때문에 남성이 이득을 얻는 상황이 생기는 것은 아니다. 반대로, 지금처럼 구속적인 관계가 없는 사회에서 살 수 있는 것이 모든 가족 구성원에게 이득이 될 것이다.

흔히 남성의 이익이라는 문제는 단순히 권력 문제로 환원된다. 간단히 말해서, 이 주장은 남성 노동자들이 일하면서 자본가들과 맺는 관계를 통해 착취당하고 소외되고 짓밟히지만 적어도 집에서는 우두머리라는 것이다. 그는 아내와 자식을 괴롭히거나 때로는 신체적으로 학대할 수도 있다. 그렇게까지 하지는 않는 경우에도, 그는 경제적·이데올로기적으로 가정을 지배한다.

그러나 전체로서 노동계급은 권력이 있는 것이 아니라 **권력이 없는** 것이 특징이다. 노동자들은 자신의 노동생산물을 이용할 권리가 없고, 따라서 재산 소유나 자본주의 사회 안에서 실질적인 신분 상승에 접근할 수도 없다. 자본주의에서 노동자의 유일한 가치는 노동력을 팔 수 있는 능력뿐이다. 일단 이 능력이 나이나 질병이나 노동력 과잉 때문에 더는 존재하지 않으면 노동자들은 심지어 노동할 때 얻을 수 있는 몇 조각의 빵 부스러기조차 얻을 수 없다.

몇몇 페미니스트들은 가부장제가 나이 많은 백인 남성들이 정점에 있는 위계적인 피라미드 형태라고 얘기한다. 자본주의 사회에서 진정한 권력을 갖고 있는 사람들이 **부유하고 나이 많은 백인 남성들**뿐이라는 점에서는 이러한 그림이 다른 설명들보다 더 그릇된 것은 아닐 수도 있다. 노동자들이 너무 늙어서 노동력을 판매할 수 없게 되면 자본주의 사회는 그들을 아무 가치도 없다고 평가하는데, 왜냐하면 노동자들이 더는 돈을 벌고 쓸 능력을 갖고 있지 않기 때문이다. 이 점은 가부장제 가족의 가장인 노인들이 흔히 가족 안에서 권력을 독점하는 봉건 사회와 분명히 대조된다. 반대로 자본주의의 결정적인 특징은 노동계급에게 권력이 없는 것이다.

가족 안에서 전권을 가진 지배적인 인물이라는 남성상은 사실 노동계급 남성이 보이는 모습에 대한 전형적인 '앤디 캡'*식 사고방식을 수용한 것이다. 그 사고방식은 가족 안에서 노동계급 여성의 구실을 폄훼하고 여자들과 아이들은 전적으로 수동적이고 순종적이라고 암시한다. 물론 이러한 신화적인 정형에 들어맞는 가족들도 있었지만, 훨씬 더 많은 가족들은 그렇지 않다. 어떤 가족들에서는 여성이 가족의 재정을 관리하고, 또 어떤 가족들에서는 남성과 여성이 행복하게 같이 산다. 또 다른 사람들에게 가족은 각각의 가족 구성원들끼리의 싸움터가 된다.

가족 안의 사회화에서 여성이 흔히 매우 후진적인 구실을 한다는 점을 고려하면 가족이 가부장적 음모라는 생각은 금세 떨쳐버릴 수 있다. 여성들만이 성 역할과 젠더 규정을 강요받는다는 것은 정말로 사실이 아

---

* Andy Capp, 전형적인 영국 노동계급 남성의 삶을 풍자한 만화 시리즈 '앤디 캡'의 주인공이다.

니다. 많은 경우 여성들은 억압적인 성 역할을 가장 심하게 강요하는 사람이다. 예를 들어 엄마가 딸에게 전통적인 성 역할을 순순히 따르라고 강요할 때처럼 말이다.

남성의 이익에 대한 주장은 분명 가부장제 이론을 강화하고 두 개의 독자적이고 자율적인 투쟁 영역을 단정한다. 이는 또 좌파들 사이에서 매우 지배적인 또 다른 주장으로 이어진다. 그것은 가정 내부의 불평등한 상황을 남성과 여성의 역할을 뒤집거나 양성이 수행하는 가사 노동의 양을 동등하게 함으로써 해결할 수 있다는 것이다. 예를 들어 비어트릭스 캠벨과 안나 쿠트는 ≪달콤한 자유≫에서 그러한 주장을 한다.

> 만약 여성이 남성과 평등하게 가사 노동을 분담하려 한다면, 남성들은 부불노동에 소비하는 시간을 늘려야 할 것이다.[37]

평등한 가사 분담이라는 생각에 동의하지 않을 사람은 거의 없을 것이다. 그러나 이러한 정치적 주장은 흔히 이상주의적이다. 그 전략이 개별 여성의 삶의 질을 향상시킬 수 있다고 해도, 그것은 왜 **누군가가** 따분하고 반복적인 힘든 집안일을 해야 하는지에 대한 물음을 제기하지는 않는다. 게다가 가사 분담은 근본적 사회구조에 도전하지 않기 때문에 공상으로 남을 가능성이 높다. 남성들이 더 많은 돈을 벌기 위해 더 오랜 시간 일하도록 사회가 구조화돼 있다면, 가정에서 여성의 임무를 바꾸는 일은 가사 분담보다 훨씬 더 심대한 변화를 요구할 것이다.

오늘날에는 작업장의 노동 형태가 가정의 분업을 강화한다. 남성들이 여성들보다 초과근무를 훨씬 많이 하고 (특히 여성들에게 어린아이가 있을 때 그러한데, 왜냐하면 이 시기에는 여성들이 일할 수 있는 능력이 가장 적기 때문이다) 남성들이 일하러 더 멀리까지 가는 경향이 있기 때문이다. 이것이 중간계급 남성들 — 초과근무를 하지 않고도 적당한 소득을 벌 가능성이 더 높은 사람들 — 이 보육을 분담하기 훨씬 더 쉬운 이유다.

이 점을 이해하지 못하면 미셸 배렛과 메어리 매킨토쉬가 ≪반사회적 가족≫에서 표명한 것과 같은 일종의 편협한 개량주의로 빠지게 된다. 그들은 페미니스트들이 억압적인 관계를 피해 순수한 페미니스트식 삶을 살아야 하고, 따라서 남자에게 잘 보이려는 행동이나 결혼을 하지 말아야 하고, 심지어는 다른 사람들의 결혼식에 가는 것도 멀리해야 한다고 주장한다. 현대 페미니즘의 성격을 가장 잘 드러내 주는 문구 가운데 하나인 다음의 글에서 그들의 진정한 관심사를 엿볼 수 있다.

> 감당할 능력이 있는 사람들에게는 누군가에게 비용을 지불하고 집 안 청소나 요리를 시키는 것이 가족 구성원 한 사람이 그러한 일들을 떠맡는 것보다 더 바람직하다. 많은 사회주의자들은 명백한 이유도 없이 이러한 데 양심의 가책을 느낀다. …… 그것은 배관공을 고용하는 것에 가깝지 하녀를 두는 것과는 다르다.[38]

물론 여성들 대부분은 청소부를 고용하는 사람이 아니라 돈을 받고 청소를 해 주는 사람일 가능성이 높다. 실제로는 아니지만, 비록 그러한 선택이 바람직하다고 할지라도 대부분의 여성 노동자들에게 이것은 조금도 실현 가능성이 없다. 역할 뒤집기는 개별화된 가족과 노동력 재생산에서 가족이 하는 역할에 도전하지 않는다.

그러나 많은 페미니스트들이 그러한 주장을 제기하는 이유가 단지 페미니즘에만 관계가 있는 것은 아니다. 그들의 정치는 기존 체제의 혁명적 전복보다는 개혁에 의존한다. 가부장제 이론은 그러한 견해에 정확히 들어맞는다.

가부장제 개념은 가족이 존재하는 사회의 조건에 상관없이 기존의 개별화된 가족의 존속을 가능하게 한다. 가부장제 이론은 노동당의 점진적 개량과 공존할 수 있다. 이것은 비어트릭스 켐벨 같은 공산당 페미니스트들이 반가워할 변명거리다. 스탈린주의 사상의 영향을 받은 켐벨과 같은 사람들은 1970년대 대부분의 기간 동안 가부장제 이론을 대중화하는 데 중요한 구실을 했다. 그들은 동유럽의 억압적이고 착취를 일삼는 정권들이 만들어 낸 다양한 불평등에 대해 그럴듯한 페미니즘의 해석을 제공함으로써 그들 정권을 계속 지지하는 것을 정당화했다. 그렇지 않고서 달리 어떻게 '사회주의 국가'의 여성 억압이나 쿠바나 동독의 동성애자 차별을 설명할 수 있겠는가? 이러한 나라들이 사회주의와 아무런 관련도 없다는 결론을 내리거나, 아니면 사회주의는 여성해방을 가져올 수 없고, 따라서 가부장제에 맞선 독자적인 투쟁이 필요하다는 결론을 내릴 수밖에 없다.

가부장제 이론을 받아들인 정도는 사회주의 운동과 여성운동 안에서 개량주의 사상의 득세를 보여 준다. 대다수 페미니스트들이 하이디 하트만이 다음과 같이 주장할 때 그와 의견이 일치한 것을 기뻐한다.

나는 소련, 중국, 쿠바가 사회주의가 아니라고 주장하는 사람들에게 동의하지 않는다. 그 나라들이 우리가 원하는 사회주의는 아닐지 모

르지만, 그 나라들은 스스로 사회주의 국가라고 생각하며 다른 나라들도 대부분 그렇게 생각한다.[39]

이 말은 가장 과학적인 분석은 아닐지도 모르지만, 여성운동에서 지배적인 견해를 응축해 놓았다는 장점이 있다.

이것은 많은 가부장제 이론가들 사이에서 흔한 반(反)지성적 접근 방식의 전형이기도 하다. 이러한 생각은 그들이 여성 억압을 이론화하려는 모든 진지하고 엄밀한 시도를 공격하게 만든다. 그래서 제인 험프리스가 "비(非)페미니스트"[40]라고 불리는 한편, 가사 노동 논쟁이 "기능주의"[41]라는 비웃음을 사는 것이다.

그러나 아마도 가부장제 이론의 가장 큰 약점은 그것이 자본주의 사회의 특징인 노동에서 가정을 분리한 것과 동의어가 됐다는 점이다. 대체로 페미니스트들은 여성들이 더는 단지 가정주부가 아니라 노동인구에서 중요한 구실을 했다는 사실을 좀처럼 인정하거나 시인하려 하지 않았다. 많은 페미니스트들은 아직도 이 사실을 받아들이지 않는다. 이러한 분리는 경제투쟁은 작업장에서 벌어지는 반면 정치나 이데올로기 투쟁은 다른 곳에서 벌어진다는 잘못된 주장을 하는 사람들에게 편리한 것이다. 이러한 사람들 가운데 일부는 심지어 육체노동자들만을 프롤레타리아로 분류해 여성 노동자들이 실제로 노동계급의 일부라는 것을 부정하려 한다. 이러한 식으로 남성들은 전형적인 육체노동자로 보는 한편 여성들은 똑같이 전형적인 억압받는 가정주부로 바라본다.

오늘날 노동계급을 고려하면 이것은 중대한 오류다. 여성들은 중요하고 영구적인 노동계급의 일부다. 우리가 알고 있듯이 노동계급 내부에는 커다란 분열들이 존재하는데, 가장 근본적인 분열 가운데 하나가 남성과 여성 사이의 분열이다. 그러나 여성들이 노동계급의 일부라는 사실에는 논란의 여지가 없다. 그들을 분리된 것으로 바라보면 여성 억압에 대해 **불완전한** 이해만을 발전시키게 된다.

완전한 그림을 그리기 위해서는 노동계급을 총체적으로 살펴봐야 한다. 그리고 가족을 계급사회의 일부 — 자본주의 생산양식의 산물 — 로 봐야 한다. 이러한 시각에서 바라보면 가족의 운명이 자본주의의 운명에 달려 있다는 것이 보인다. 여성 억압을 끝장내는 일은 노동계급의 자기해방과 떼려야 뗄 수 없다.

::PART 2

여성과 노동

04 :: 성별 분업

　영국에서 여성 노동자들의 규모는 거의 남성 노동자들만큼이나 크지만, 대부분 남녀가 서로 다른 일을 한다. 직업 분리가 널리 퍼져 있다. 전일제 여성 노동자들 중 58퍼센트가 "여성들만의" 직업에 종사한다. 시간제 노동자들의 경우에는 70퍼센트나 된다.[1] 또 여성은 남성보다 훨씬 더 소수의 직업에 집중돼 있다.
　이러한 성별 분업 때문에, 형편없는 대가를 받고 쉽게 쓰다 버릴 수 있고 자본주의 사회에서 경시받는 직업에 여성들이 종사한다고 생각하는 사람들이 많다. 남성들이 산업에서 유력한 직업들을 모두 차지하는 반면, 여성들은 노동의 주변부로 밀려난다는 주장이 있다.
　그러나 이것은 오직 여성 노동자들 가운데 소수를, 그것도 아주 단순하게 살펴봤을 때에 나올 수 있는 결론이다. 전일제와 시간제 노동자에 따른 여성 고용 형태의 뚜렷한 차이처럼, 여성이 하는 노동에는 큰 차이점들이 존재한다. 특히 전일제 여성 노동자가 하는 노동은 여성의 노동이 경제에서 주변적이라는 생각이 거짓임을 드러내고, 많은 여성들이 체제가 굴러가는 데서 매우 중요한 노동을 하고 있음을 보여 준다.

전일제 여성 노동자 42퍼센트가 사무 관련 직종에서 일하는데, 사무직은 단일 직종으로는 단연 최대 규모의 여성 직종이다. 이 범주에는 은행업과 보험업, 지방정부와 중앙정부, 소매업과 마케팅 같은 업종이 포함된다. 이러한 업종의 노동자들은 대부분 조직 사무 같은 틀에 박힌 업무를 맡고 있다. 둘째로 큰 직종은 교사나 사회복지사, 간호사 등의 교육·복지·보건 관련 전문직이다. 전일제 노동자들 중 19퍼센트가 이러한 노동자들로서, 사무직 노동자 수의 절반에 못 미치는 규모다.[2]

시간제 노동의 양상은 무척 다르다. 시간제 노동자들이 종사하는 최대 직종은 요식업, 청소, 미용 등 개인 서비스업이다. 시간제 노동자의 39퍼센트가 이 부문에서 일하는 반면, 전일제 노동자의 9퍼센트만이 이 부문에 종사한다. 그 외에 전일제 여성 노동자들보다 시간제 노동자들의 비율이 더 높은 직종은 판매업이다.(시간제 노동자는 12퍼센트인 반면, 전일제 노동자는 6퍼센트에 불과하다.)

직종이 아니라 산업에 근거한 분석도 비슷한 양상을 띤다. 전체 시간제 노동자들 가운데 절반 이상이 전문적·과학적 서비스업이나 소매 유통업, 수선업에 종사한다. 전일제 여성 노동자들 중 이 두 산업에 종사하는 비율은 3분의 1에 불과하다.[3]

전형적인 여성 노동자는 요식업이나 청소업보다 사무직이나 전문직(간호, 사회복지, 교육)에서 일할 가능성이 훨씬 더 크다. 실제로 금속 분야에 종사하는 여성의 비율(4퍼센트)은 호텔·요식업에 종사하는 비율(5퍼센트)과 거의 비슷하다.[4] 그러나 통속적인 여성 노동자의 이미지는 금속 노동자보다는 청소부나 주방 아줌마인 경우가 훨씬 더 흔하다.

특정 산업들의 통계들을 보면 이 점이 분명히 드러난다. 여성은 화학 공업 노동인구의 28퍼센트, 기계엔지니어링의 28퍼센트, 전기엔지니어링의 30퍼센트, 식품음료·담배 제조업의 35퍼센트를 차지하고 섬유 산업 노동인구의 절반 가까이를, 신발·의류 제조업 노동인구의 69퍼센트를 차지한다.[5]

여성은 여전히 제조업 노동인구의 상당 부분을 차지하고 있다. 그러나 여성의 일자리가 가장 많이 늘어난 분야는 서비스업이다. 이것은 전반적인 경향의 일부이다. 지난 20년 동안 제조업에서 전체적으로 일자리가 줄어들었고, 남성이 더 심각한 타격을 입기는 했지만 여성의 일자리도 줄어든 것은 사실이다. 반면, 서비스 산업의 일자리는 늘어났다. 그러나 새로운 일자리들이 모두 여성 직업이었던 것은 아니다. 1980년대에 서비스 산업에서 남성의 시간제 일자리는 여성의 일자리보다 (처음에는 더 적었지만) 더 빠른 속도로 늘어났다.[6] 이 시기 서비스 분야에서 가장 확장된 분야 중 하나인 은행·금융·보험에서는 여성 고용이 남성 고용과 거의 같은 속도로 성장했다.[7]

그러나 여성 고용의 전망과 기회에 실제로 차이가 있기는 해도, 성별 분업이 실제로 존재함으로써 특정 직업이 하나의 성에 여전히 폐쇄적이라는 사실은 틀림없다. 이것은 또 특정 직업이 일련의 가치관이나 가정과 연결돼 있음을 뜻한다. 어떻게 이러한 상황이 벌어졌을까? 왜 "남성 노동"과 "여성 노동"이란 표현이 우리의 일상 언어와 경험에서 그토록 흔하게 얘기될까? 답은 자본주의 생산양식이 그 특수한 필요에 적합하게 성별 분업을 변형시키고 틀 지은 특정 방식에서 찾을 수 있다.

분명히 성별 분업은 자본주의 이전부터 존재했다. 마르크스와 엥겔스가 지적한 것처럼, 사실상, 가장 최초의 분업은 성별 분업이었다.[8] 성별 분업 자체는 여성의 사회적 처지 때문에 생겨났다. 생물학적으로 여성이 아이를 낳고 기르는 사람이라는 사실은 여성이 어느 정도 지리적·신체적 제약을 받는다는 것을 뜻했다. 최초의 사회 형태들 가운데 일부에서는 이러한 일은 남성에게, 저런 일은 여성에게 할당됐다. 이러한 구분이 반드시 불평등을 수반하지는 않았다. 사실 이 사회들 중 일부에서는 성별 분업이 별로 중요하지 않았다. 남성과 여성은 모두 양육을 포함해 필요한 일들을 했고, 그 일들은 서로 바뀔 수 있었다.

그러나 중세 후기에 가내공업 제도가 발전하고, 동시에 불평등하고 남성 지배적인 가족 구조가 나타나자 성별 분업이 여성에게 불리한 방식으로 정립됐다. 일반적으로 여성들은 임금을 받지 못하는 노동을 했고, 생계 문제와 끼니를 해결하기 위해 가장에게 의존했는데, 가장들은 보통 남성이었다. 생산이 집 안과 그 주변에서 이뤄졌기 때문에 여성이 가족에게 훨씬 더 매이게 됐다.

이러한 분업이 자본주의에서도 지속돼야 하는 특별한 이유는 없었다. 앞서 살펴본 것처럼, 옛 가족이 파괴되자 그와 함께 가족 내부의 생산 형태도 파괴됐다. 초기 공장 생산의 주요 무대였던 방직업에서는 성별 분업이 말 그대로 거꾸로 뒤집혔다. 그 산업에서 작업의 구분이 뒤바뀌었다. 방직 생산이 가정에 국한돼 있을 때 전통적으로 실 잣는 방적공이었던 여성들이 공장에서는 천 짜는 직조공이 됐다. 뮬 방적기 작업은 전통적으로 가정에서 직조 작업을 했던 남성들에게 돌아갔다.

전통적 분업의 이러한 변화는 새로운 기술의 도입, 특히 제니 방적기와 뮬 방적기를 도입한 결과였다. 기술은 생산과정을 철저히 바꿔 놓아 이전에는 특정 직업에서 일할 수 없었던 사람들 — 특히 여성과 아동 — 이 노동할 수 있게 만들었다. 이러한 변화가 미친 영향은 모순적이었다. 처음에는 적어도 그러한 변화가 광범한 노동자들에게 이득이 되는 것 같았다. 그러나 전통적인 남성 수직기 직조공은 엄청난 고통을 겪었다. 새로운 방식 때문에 그들의 임금과 노동조건이 나빠졌다. 동시에 젊은 여성들은 적당한 임금을 받고 노동할 수 있었다. 이것은 여성들에게 일보전진이긴 했지만, 그렇다고 해도 그들도 형편없는 노동조건에서 오랜 시간 노동했다.

공장 체계가 발달하면서 방직업의 성별 분업은 균등해지기는커녕 더 불평등해졌다. 정말로 급격한 변화는 나폴레옹 전쟁 뒤에 일어났는데, 기술 혁신이 더한층 진행되면서 점점 더 많은 여성과 아동이 노동으로 유입됐다. 대공장들의 생산력 증가는 엥겔스가 1840년대에 아주 생생하게 묘사했던 것과 같은 노동조건을 야기했다.[9]

19세기 중엽에 이르면 면직물 생산 도시들의 노동인구는 압도적으로 어린이들, 그리고 점차 여성들로 이뤄졌다. 1840년대부터 1860년대까지의 스톡포트에 대한 한 연구는 다음과 같은 사실을 보여 준다.

> 조사 대상에서 나이가 10~69세인 면직물 노동자들 중에 여성의 비율이 1841년에 44퍼센트, 1851년에 49퍼센트, 1861년에 55퍼센트였다, 한편 30세 미만 여성들의 비율은 36퍼센트에서 41퍼센트로 증가했고, 20대 여성의 비율은 14퍼센트에서 20퍼센트로 증가했다.[10]

같은 연구를 통해 여성들이 점차 더 숙련된 직업으로 이동했음을 알 수 있다. 그래서 1865년에 이르러 뮬 방적공은 (1841년에 30퍼센트였던 데 비해) 56퍼센트가 여성이었고 동력 직조공은 (1841년에 55퍼센트였던 데 비해) 65퍼센트가 여성이었다.[11]

성별 분업의 붕괴를 다른 식으로 볼 수도 있다. 구빈법 감독관들은 1834년 이후 랭커서 같은 공업 지역으로 가족들이 이주하는 것을 장려했다. 1834~1837년의 불황기에 203가구(1,660명)가 계약을 맺고 이주했다. 그러나 남성들은 많은 경우 아내나 아이들에 비해 소득이 적었고 때때로 마차꾼이나 짐꾼으로 고용됐다. 감독관들이 "이주를 장려하는 과정에서 이주 가족의 규모에 관심을 가진 것은 아동과 청소년 노동이 매우 필요했고 성인 남성의 기회가 제한됐음을 보여 준다."[12] 십대 노동자들의 임금은 그들이 "핵가족에 경제적으로 완전히 의존하지 않아도 되는" 정도였다.[13]

다른 산업들 역시 기계나 새로운 노동 방식 때문에 변모했다. 이번에도 전통적인 분업이 뒤집혔다. 예를 들어, 여성들은 1845년에 기계가 도입될 때까지 스태퍼드셔의 요업(窯業)에서 중요하지 않았다. 그러나 기계 도입 뒤에는 그 산업에서 여성 노동의 비율이 꾸준히 상승했다.[14]

따라서 방직업에서 공장 체계의 발달, 또는 다른 산업들에서 공장 생산의 발달이 전통적인 분업에 타격을 입혔다는 견해를 부정하기는 힘들다.

남성이 배제될 정도로 여성과 아동을 직조공으로 고용한 것은 전통적인 가족 내 성별 분업의 결정적 붕괴를 나타냈다. 아이는 공장에서

아버지가 집에서 직조로 버는 것보다 더 많은 돈을 벌 수 있었다.[15]

초기 자본주의의 발달을 살펴보면 전(前) 자본주의의 분업이 붕괴했다고 생각할 만한 충분한 이유를 알 수 있다. 전성기 때 방직업은 미래 산업 발달의 모범처럼 보였다. 자본가계급은 여성 노동자와 아동을 고용해 가장 값싸고 잘 순응하는 노동력에 대한 자신들의 끊임없는 갈증을 풀었다. 이 과정에서 가부장의 권위의 기초였던 옛 가족관계가 파괴됐다. 자본주의는 임금노동자로서 여성보다 남성에게 호의를 베풀 특별한 필요도 없었고 그러기를 원하지도 않았다.

그러나 방직업에서 확립된 양상은 전형이 아님이 입증됐다. 공장 생산 발달과 그것이 새로운 기술의 노동과정에 미친 혁명적 영향은 불균등했다. 그래서 어떤 산업에서는 전자본주의 시기에 확립된 남성의 지배가 거의 변하지 않은 채 살아남았다.

게다가 여성 노동자들은 면직물 산업에 국한돼 새로이 발전하는 산업들로 진출하지 못했다. 그래서 19세기 내내 여성을 고용한 두 주요 부문은 계속 방직업과 가내 서비스업이었다. 지역적 편차가 크기는 했지만, 많은 여성들이 전일제 정규 노동과 함께 삯바느질, 장사, 농업 같은 계절 노동이나 부정기 노동도 했다. 그러나 여성들은 방직업이 우세한 지위를 잃었을 때 영국 자본주의 발전에 점점 더 중요해지던 많은 노동 분야에서 배제되는 경향이 있었다.

앞서 살펴봤듯이, 19세기 중반에 이르면 채탄업에 종사하는 여성들이 (탄광 입구에서 석탄을 분류하는 일을 하는 소수의 소녀들을 제외하고는) 거의 없었다. 조선업과 대부분의 중공업에도 여성들이 전혀 없었다. 이러한 현상이 벌어진 몇 가지 이유는 쉽게 알 수 있는데, 그것은 보호 입법, 특정 직업에서 여성들을 배제해야 한다고 직업별노동조합들이 강력히 주장했던 것 등이었다.

그러나 이러한 특징들만으로 그 현상을 설명할 수는 없다. 대부분의 산업은 보호 입법이나 노동조합 보호주의의 직접적 영향을 받지 않았다. (심지어 1870년에도 노동조합원은 고작 40만 명으로 노동계급에서 큰 비중을 차지하지 않았다.)[16] 그 답은 자본주의 구조의 변화, 노동자들의 필요와 자본가계급의 필요의 차이, 그리고 그러한 상황에서 여성들이 처해 있었던 불리한 조건에 있다.

특히 두 가지 상황 전개가 노동계급 분열에 영향을 미쳤다. 하나는 자본가계급이 숙련 노동력에 대한 투자를 늘린 것이었다. 다른 하나는 노동계급 가족 내부의 변화, 가족 내 노동력 재생산 비용의 상승과 여성의 출산이 하는 구실이었다.

산업의 성격이 변하면서 더 커다란 공장이 설립되고 자본가계급이 투자를 더 많이 했다. 방직업이 우위를 잃고 중공업이 그 자리를 대신했다. 존 포스터는 면직물 도시인 올드햄에 대한 연구에서 그 과정을 이렇게 묘사했다.

> 면직물 산업이 (공업이 여전히 소규모 장인들의 영역이던) 초기 산업혁명에서 높은 이윤을 창출하는 부문으로서 기능을 했다고 말할 수 있다면, 세기 중반에 이르러서는 두 산업의 지위가 확실히 뒤바뀌었다. 여기에서 결정적 차이점은 면직물 산업은 경쟁이 치열했던 반면, 공업은 한줌밖에 안 되는 거인들이 지배한 것이었다.[17]

그러한 거대 산업은 자본의 엄청난 집중과 대대적인 투자를 기반으로 했다. 1867년 올드햄의 플랫 사(社)가 소유한 자본금은 90만 파운드였는데, 이는 그 지역 전체 면직물 산업의 자본금의 세 배에 달했다.[18]

그러한 기계를 돌려 투자에 대한 최대한의 수익을 보장하기 위해 지배계급은 훨씬 더 고도로 훈련받고 더 영구적인 노동력을 원했다. 끊임없이 다시 공급되는 값싼 아동·여성 노동을 대량으로 흡수하는 것으로는 더는 충분하지 않았다. 대신 기계를 돌릴 수 있는 어느 정도의 기술 — 때때로 일정 기간에 걸쳐 습득한 기술 — 을 가진 일정한 수의 노동자들이 필요했다. 도제 제도를 통해 특정 종류의 노동에 진입하는 것을 제한하는 일이 흔해졌다.

훈련과 도제 제도 문제의 경우, 여성들은 노동시장에서 더욱 불리한 처지에 있었다. 여성의 재생산 기능, 즉 출산 때문에 여성이 완전히 일을 그만두지는 않더라도 쉬는 경우가 많기 때문에 여성들은 영구적으로 일할 가능성이 훨씬 적다고 생각했다. 도제에 기반을 둔 직업들은 남성들의 영역이 됐다. 중노동이나 부두 노동 같은 다른 일들도 남성들만이 할 수 있었다. 그리고 가족의 재건은 이러한 경향들을 당연하게 생각하게 만드는 동시에 강화했다.

고용 형태가 바뀌면서 노동계급의 삶이 일부 나아졌다. 특히, 19세기 중반으로 가면서 공교육이 늘어나 노동력의 성격이 달라졌다. 아이들은 더 늦은 나이에 일을 시작했다. 가정에서 더 많은 시간과 돈이 아이들을 돌보고 재생산하는 데 쓰였다. 이러한 부담을 진 것은 바로 여성이었다.

따라서 가족 — 그리고 가족 내 여성의 노동 — 은 임금노동 내 성별 분업의 성격에 여전히 중요하다. 그러나 가족이 단지 여성 노동의 성격만 결정짓는다고 말하는 것은 지나친 단순화다. 많은 페미니스트 역사학자들이 노골적으로 이러한 주장을 하는데, 그들은 여성의 임금노동이 가족 내 여성의 역할을 복제한 것이라고 본다. 그래서 샐리 알렉산더는 다음과 같이 주장했다. 분업은,

> 생물학이 아니라 이데올로기로 유지되는 분리이다. 그 이데올로기의 구체적 표현은 가족 안에서 구현되고 재생산되며, 나중에는 가족에서 사회적 생산으로 전가된다.[19]

이러한 분석은 과거의 분업을 이해하는 데는 거의 도움이 되지 않고, 오늘날 여성의 임금노동을 이해하는 데는 더더욱 쓸모가 없다. 여성들의 직업이 보육에 맞춰져 있는 것은 사실이다. 그러나 흔히 일하는 엄마들이 보모와 학교시간, 휴일에 맞추기 위해 종사하는 시간제·부정기·임시 직종은 여성 노동력 고용 형태의 전형이 아니다. 이러한 직업들은 19세기 동안 어떤 시점에서도 지배적인 "여성 직업"이 아니었다. 그러한 직업들은 노동시장의 주변부에 있는 여성들의 경우에만 전형적이었다.

19세기에 가내 서비스 업종이 단일 부문으로서 여성을 가장 많이 고용한 것은 사실이지만, 고용의 흡입력은 제한적이었다. 가내 하인이 된 것은 특히 시골 여성들이었다. 많은 경우 그들에게는 선택의 여지가 거의 없었다. 영국이 점차 산업 강대국이 되면서 토지에서 일하는 노동인구는 더 줄어들었다. 19세기 초에 여성 노동자들 중 12퍼센트가 농업에 종사한 반면, 1881년이 되자 그 비율은 겨우 2퍼센트에 불과했다.[20]

많은 시골 여성들이 가내 하인으로 일하기 위해 도시로 이주해야 했

다. "런던 하인들 가운데 4분의 1만이 런던 출신이었고, 링컨·리딩·코번트리·바스는 4분의 3 이상의 하인들이 시골 출신이었고 45~55 퍼센트가 반경 20마일 이내에서 태어난 사람들이었다."[21]

이러한 수치들은 분업이 꼭 성별에 따른 것이 아니라 다양한 노동자 그룹으로 나뉘어 있음을 보여 준다. 가장 적은 임금을 받는 직업들은 시골에서 갓 이주한 노동자들이 차지했다. 가내 서비스업이 농업 노동보다는 임금과 노동조건이 나았기 때문이다. 그러나 다른 방식으로 생계를 꾸릴 수 있는 여성들은 그러한 일을 거부하는 경향이 있었다. 가내 서비스업에 종사하던 여성들도 기회가 생기면 바로 일을 그만뒀고, 아이들을 위해 더 나은 일을 원했다는 증거도 많다. 그래서 1911년까지 인구 조사를 보면 가내 서비스업에서 (그리고 다른 중요한 여성 고용 산업이자, 당시 급속히 쇠퇴하던 방직업에서도) 여성의 수가 두드러진 감소세를 보인다.

그러나 이러한 여성들이 대체로 가정 관련 일로 흡수된 것은 아니었다. 오히려 그들은 새롭게 확장하는 산업들에 진입했다.

이러한 여성들은 주로 사무 서비스업이나 유통 서비스업으로 다시 흡수됐고, 그보다는 적었지만 금속·제지·화학·식음료·담배 업종에도 들어갔다. 이러한 직업들은 1901~1911년에 두드러지게 증가한 노동 여성 수를 충분히 흡수할 정도로 성장했다.[22]

그래서 20세기가 시작될 무렵에도 여성 고용은 익숙한 형태를 취했다. 노동인구와 그 속에서 여성의 구실이 꾸준히 확대되면서 이러한 경향이 굳어졌다. 모든 여성이 그러한 산업들에 고용됐다고 말하는 것은 사실이 아닐 것이다. 여성들, 특히 기혼 여성들이 가족 소득을 보충하기 위해 구한 직업들은 언제나 광범했다. 여기에는 (흔히 부정기적이었던) 의복 제조와 기타 재봉 관련 일들, 모자 제조, 세탁, 청소, 장사 등이 들어간다. 그러나 자본주의 사회가 팽창하면서 노동 여성이 다른 직종들에 대규모로 고용되면서, 이러한 직업들은 점차 중요하지 않게 됐다.

출산과 성별 분업

자본주의 체제가 발전하면서 성별 분업에서 중대한 변화가 일어났다. 자본주의 출현과 초기 발전으로 인구가 엄청나게 증가했다. 인구는 계속 증가했는데, 점차 수명 연장이 그 주된 원인이 됐다. 의학 진보, 위생 개선, 그리고 20세기 복지 지출 증가 등 이 모든 것이 사람들의 수명을 연장시켰다. 이와 동시에 여성이 아이를 더 적게 갖는 쪽을 택하면서 출생률은 꾸준히 낮아졌다. 일반적으로 말해서, 여성이 노동인구에 더 많이 진입할수록 출산율은 낮아진다.

노동계급에서 여성의 출산 형태를 지나치게 단순화하는 것은 잘못일 것이다. 19세기와 20세기 초에 출산율은 지역이나 직업에 따라 무척 달랐다. 예를 들어, 20세기 전반에는 광부 가족의 출산율이 모든 직업들 중에서 가장 높았다. 근소한 차이로 농업 노동자와 미숙련 노동자들이 그 뒤를 잇는다. 반면, 방직 노동자들은 전문직과 중간계급과 거의 비슷하게 낮은 순위였다. 방직 노동자들의 출산율은 숙련 노동자들보다 꽤 낮았다.[23]

지역별 분석도 비슷한 그림을 보여 주는데, 광업 지역인 론다가 혼인 내 출산율이 가장 높은 지역 중 하나인 반면, 방직업 지역인 번리는 가장 낮은 곳 중 하나였다.[24]

이렇게 차이가 나는 이유는 적어도 부분적으로는 다양한 노동계급 가족 내 성별 분업의 성격 때문이다. 광업 지역, 특히 웨일스 남부 같은 시골 비슷한 지역에는 여성 고용이 거의 없다. 여성들은 탄광에서 일하는 것이 금지돼 있었고 지역 특성상 다른 일도 거의 찾을 수 없었다. 따라서 흔히 여성들은 광업 지역에서 이주해 다른 지역에서 (대체로 가내 서비스업에서) 일하고 남성들은 농업 노동에서 광업 지역으로 이주하는 고용 형태를 보였다.

방직업 지역에는 항상 여성들에게 훨씬 더 많은 고용 기회가 있었다. 여성들이 집 밖에서 전일제 노동에 종사할 수 있는 기회가 훨씬 많았다. 그래서 번리의 1911년과 1931년 인구조사를 보면, 15~64세 여성 3분의 2 이상이 일을 하고 있었다. 이들 중 4분의 1은 기혼이었고 15퍼센트를 제외하고는 모두 방직업에 종사했다.[25]

이러한 사실들은 여성들이 집 밖에서 적당한 임금을 받고 노동할 기회가 있다면 그렇게 한다는 것, 그리고 흔히 생각하는 것과는 반대로 오히려 노동 가능성이 기혼 여성의 출산 수준을 결정지었음을 시사한다. 따라서 유급 노동이 가능하지 않을 때 여성들은 더 많은 아이를 낳는 경향이 있었다. 여성들이 일을 구하기 가장 쉬웠던 지역인 랭커셔의 방직업 지역은 낙태율이 다른 지역보다 더 높았다.[26]

그리고 여성들은 유급 노동과 집안일을 쉽게 병행할 수 있을 때 더 많은 아이를 낳는 경향이 있었다. 다이애너 기틴스는 여성 출산에 관한 홍미로운 연구 ≪공평한 성≫에서 다음과 같은 결론을 내렸다.

> 농업 노동이나 밭일 등은 아이를 낳고 기르는 여성의 역할과 충돌하지 않기 때문에 낮은 출산율과 결부되지 않는다. 노동이 가정과 뚜렷하게 분리돼 있을 때만 그것이 낮은 출산율과 관련됐다.[27]

따라서 출산율이 높은 지역에 광산 지역뿐 아니라 게이츠헤드 같은 남성 지배적인 조선업과 공업 지역, 런던의 베스널그린 같은 미숙련 노동계급 지역도 포함되는 것은 놀라운 일이 아니다. 다이애너 기틴스는 이러한 지역의 특징을 이렇게 묘사했다.

> 대부분 …… 일자리는 미숙련직이나 반숙련직이었고, 보통 불안정하고 개발이 덜 돼 있었다. 게다가 이러한 일자리 대부분은 (방직업과 달리) 매우 남성 지배적이었고, 임금은 다른 지역에 비해 낮았지만 그 지역 노동계급 여성이 벌 수 있는 것보다는 훨씬 높았다. 따라서 결혼은 차별적이고 불평등한 관계가 특징이었고, 대가족과 여성이 피임을 책임지는 것을 당연하게 보는 것이 지역 사회 집단에서 전통적인 가치관인 경우가 많았다.[28]

서로 다른 노동자 집단들의 출산율이 다른 것은 가정 내 분업과도 연관이 있었다. 광업 지역에서는 일찍 결혼을 하고 아내는 일을 하지 않았고 아이들을 많이 낳았다. 19세기 후반 프랑스 북부의 광업 도시들에 관한 한 연구는 "석탄 광부나 금속 노동자 가족에서 성에 따른 분업이 특히 뚜렷하다는 것을 보여 준다. 남성들과 남자 아이들은 힘든 일을 하면서 집안일과 멀어졌다. 기혼 여성들은 대체로 집에 머물면서 가사와 출산, 육아를 담당했다."²⁹ 여성들이 집 밖에서 노동을 하지 않았던 이러한 지역들에서 여성의 주된 역할은 의존적인 아내이자 어머니였고, 이것은 온갖 불평등을 낳았다.

> 결혼 후 일하는 여성과 집 안에 있는 여성들의 기본적인 차이점은 가정과 가족, 자녀에 대한 그들의 이데올로기이다.³⁰

다이애너 기틴스는 다양한 노동계급 여성들과 인터뷰를 해서 일하는 여성, 특히 방직업에서 남성들과 함께 일하는 여성들과 일하지 않는 여성들 사이에 두드러진 차이점을 보여 준다. 일하는 여성은 집에서 훨씬 평등을 누렸고, 남편과 아내는 공통점이 훨씬 많아 보였다. 반대로, 가장 불평등하고 고통스러운 관계는 남성과 여성이 전혀 다른 역할을 한다고 생각하는 관계라는 것을 기틴스는 발견했다. 그러한 관계에서 남성들은 집안일을 전혀 하지 않았다. 이와 달리 방직업에 종사하는 여성들은 남편과 아이들이 집안일을 공평하게 분담한다고 얘기했다.³¹

분명히 이러한 식의 연구는 주관적인 기억 등에 의존하기 때문에 확정적일 수는 없다. 그러나 이 연구는 노동계급 가족에 대한 고정관념이 기껏해야 소수의 노동계급에게만 사실이라는 것을 보여 준다는 점에서 중요하다. 나아가 이 연구는 성별 분업이 남성의 가부장적 특권의 결과라는 생각을 약화시킨다. 대신 성별 분업은 물질적 요소에 근거한다는 것을 분명히 알 수 있다. 여성이 노동시장에 진입할 기회를 얻을 수 있었던 곳에서 그 기회를 부여잡은 것은 명백한 사실이다. 그러한 다음에 가정 밖의 분업에 비춰 누가 집안일을 수행할지를 생각했다.

20세기가 진행되면서 노동계급 내 출산율이 균등해지는 징후들이 있었다. 전반적으로 정상 출산의 수가 줄어들었고 가족의 크기도 작아졌다. 그러나 20세기 초만 해도 런던의 여러 지역들의 영아 사망률이 서로 무척 달랐다. 쇼디치의 영아 사망률은 18퍼센트로 햄스테드보다 두 배가 높았다.[32] 명백히 그 차이는 계급적 맥락에서만 설명할 수 있다.

1930년대에 이르면, 가족은 훨씬 더 작아졌다. 여기에는 많은 이유가 있었다. 실업이 노동계급 가족에 영향을 미쳐 가족의 크기를 작게 만들었을 수도 있다(1911~1931년에 출산율이 극적으로 감소한 론다에서처럼). 교육의 증대는 재생산 비용을 올려 가족당 자녀 수를 제한하는 경향이 있었다. 여가 시간의 중요성이 커진 것, 피임이 더 쉬워진 것도 그 이유일 것이다. 이러한 요인들이 섞여 가족이 더 작아졌고, 생물학적 재생산 기능에는 더 적은 시간이 소비됐으며, 여성들의 전반적인 건강 상태가 좋아지고 수명도 늘어났다.(남성보다 훨씬 더 빨리 수명이 개선됐다.)[33] 이러한 변화가 이번에는 작업장에서 성별 분업에 깊은 영향을 미쳤고, 현대 여성 노동계급의 모습이 형성되기 시작했다.

새로운 산업

현대 산업과 오늘날의 성별 분업은 보통 1940년대 후반부터 1960년대 후반까지 이어진 전후 호황에 뿌리를 두고 있다고 얘기된다. 사실, 오늘날의 고용 형태는 양차 세계대전 사이에 시작됐다. 실업률이 높은데도 유급 노동에 종사하는 여성의 수가 꽤 증가했다. 여성 고용 비율은 1923~1933년에 16.7퍼센트 증가했다.[34] 미국에서는 대공황 기간에 영국보다 실업률이 훨씬 더 높았는데도 1930~1940년에 여성 노동인구가 22퍼센트나 늘었다.[35]

여성 노동자 수의 이러한 극적인 증가에서 오늘날까지 이어진 추세가 시작됐다. 그러나 새로운 여성 노동자들은 전통적인 옛 산업 부문에 진입한 것이 아니었다. 대신, 그들은 새롭게 확장되는 부문에서 일했다. 그 이유는 쉽게 확인할 수 있다. 양차 세계대전 사이에 중요한 산업 재편이 있었다. 19세기의 전통적인 여성 노동이던 방직업과 가내 서비스업이 급속히 쇠퇴했다. 석탄 산업과 중공업, 조선업에서 전통적인 남성 노동의 많은 부분도 마찬가지로 쇠퇴했다.

특히 젊은 미혼 여성들이 더는 가내 서비스업에서 일하기를 원하지 않았다. 가내 서비스업에서 일하는 여성의 수도 양차 세계대전 사이에 꾸준히 하락했다. 1930년대에 이르면 가내 서비스업보다 공업 부문에 종사하는 여성들이 더 많아졌다.[36] 동시에 영국의 여러 지역들(미들랜드, 런던, 사우스이스트)에서 "새로운 산업"이라고 알려진 산업들이 성장했다. 자동차, 항공기, 전자 제품, 식품 가공 등이 그것이다. 이러한 변화의 대표적인 특징은 광범하게 여성이 고용된 것이었다. 식품, 음료, 담배, 화학, 금속, 기계, 전기, 은행, 보험, 금융 등 특정 산업들에서 여성 노동인구가 두 배로 늘어났다.[37]

전기엔지니어링 분야의 경우가 제일 대표적이다. 그 산업은 대규모로 확장됐다.[38] 전기·전자 제품 시장의 빠른 성장이 가장 큰 이유였다. 1938년에 이르면 8백만 가구가 전국의 전기망을 이용했는데, 1919년에는 그 수치가 겨우 50만이었다. 이로써 전기 소비재와 기본적인 조명 장치 수요가 엄청나게 늘어났다. 라디오 생산은 1930~1935년에 378퍼센트 증가했다. 1939년에 모피 리처드는 조립라인 기법을 통해 일주일에 5천 개의 전기다리미를 생산했다. 여성은 조명, 전지, 전화, 무선 장치, 진공관, 난방 장치, 그리고 주방 기구 제조에서 중요한 미숙련·반숙련 노동자가 됐다.

1931년에 전기엔지니어링 부문에 종사하는 여성들이 6만 8천 명이었는데, 10년 동안 123퍼센트 증가한 것이었다. 다른 "새로운 산업" 부문과 성장하던 사무직 부문에 종사하는 여성들도 비슷하게 증가했다. 이렇게 새로이 성장하는 산업들에서는 중공업에서 일반적이었던 (그리고 전적으로 소수 남성 노동자들의 영역이었던) 옛 기술이 그리 중요하지 않았다. 대신 반(半)숙련 노동자들이 중요해졌다. 반숙련 노동자들은 때때로 도제 생활 없이 복잡한 기술을 익힌 여성들이었다. 그리고 그들이 숙련 남성 노동자들이 받은 것만큼의 보수를 받지 않은 것은 말할 나위도 없다.

이러한 산업들이 성장하면서 훨씬 더 많은 미혼 여성들을 집 밖으로 나오게 하는 과정이 시작됐다. 동시에 기혼 여성의 고용도 점차 늘었다. 양차 세계대전 사이에 시작돼 1945년 이후에 도약한 여성 노동의 엄청난 팽창을 언급하며, 쉴라 르웨넉은 다음과 같이 설명한다.

> 여성은 생산과정의 일부가 돼 통조림과 냉동식품, 집안일을 덜어 주는 가정 기기들을 만들었다. 또 자신의 집안일 부담을 덜어주고 다른 여성들이 사치품을 만들러 나갈 수 있게 해 준 서비스를 제공하기도 했다.[39]

제2차세계대전이 발발할 무렵에 이러한 추세가 확립됐다. 그러면 왜 여성들이 이러한 산업에 고용된 것일까? 왜 남성들을 고용하지 않은 것일까? 어쨌든, 실업은 양차 세계대전 사이 내내 높았다.

해답의 일부는 산업의 대대적인 재편성에 있다. 중공업이 집중된 지역에서는 대규모 해고와 폐업 사태가 벌어졌다. 많은 노동자들, 특히 젊은 남녀 노동자들이 스코틀랜드 중부, 웨일스 북동부와 남부 같은 지역을 떠났다. 따라서 전반적으로 높은 실업률을 보이는 가운데, 경기가 침체된 지역들이 아닌 곳에 위치한 새로운 산업들은 흔히 노동력 부족을 경험했다. 그래서 고용주들은 실업이 많은 지역에서 이주해 온 노동자들과 여성들을 모두 환영했다. 젊고 성실하고 유연한 노동을 요구하는 그러한 산업에 새로운 여성 노동자들은 완벽하게 부합했다.(1930년대 전기엔지니어링 산업의 노동자들 가운데 절반 이상이 21세 이하였다고 추산된다.)[40]

그리고 여성 노동자들은 흔히 새로운 생산라인 기법을 잘 따랐다. 그들이 봤을 때 이러한 직업들은 많은 이점이 있었다. 그 직업들은 여성들이 할 수 있는 대부분의 다른 일들, 특히 가내 서비스업보다 보수와 노동조건이 나았다. 그래서 불경기 동안 많은 여성들에게 유급 노동이 점차 필수적인 것이 됐다. 실업의 영향으로 많은 가족들에서 남성 임금 손실을 메우기 위해 더 많은 여성들이 노동시장으로 내몰렸던 것 같다.[41]

여성들은 이러한 새로운 고용을 환영했지만, 그들은 사장들에게 유리한 조건에서 출발했다. 그들이 받는 임금은 남성들이 받는 것보다 훨씬 낮았다. 많은 고용주들이 여성을 대다수 남성들처럼 노동조합에 참여해 본 전통이 없는 고분고분하고 다루기 쉬운 '순진한' 노동력으로 여겼다. 따라서 대체로 고용주들은 남성보다 여성을 먼저 고용했다.

오늘날의 상황

노동시장 내부의 성별 분업이 오늘날에도 계속 존재하는 이유를 이해하는 데서 이러한 발전 과정을 살펴보는 것은 중요하다. 분명한 한 가지 정답만 있는 것은 아니고, 특히 가부장제 이론으로는 답을 찾을 수 없다.

전통적 산업에서 성별 분업은 더 엄격하게 유지된 경향이 있었다. 직물·의복·신발 산업에 여성이 종사하고 광업·조선·중장비 업종에는 남성이 종사한다. 그러나 이러한 산업들이 모두 쇠퇴하면서 중요한 변화가 일어났다.

분업이 지속되는 이유가 가부장제가 아니라면, 분업을 어떻게 설명할 수 있을까? 우선 우리는 자본가계급의 필요라는 관점에서 여성 고용을 이해해야 한다. 고용주들은 어느 때나 항상 가장 싸고 가장 고분고분하며 가장 저항하지 않는 노동력을 찾아내려고 노력했다. 자본주의 체제 자체의 본성, 즉 끊임없는 생산수단의 혁신을 수반하는 자본주의 체제의 동학 때문에 자본가계급은 끊임없이 새로운 노동력을 찾아내려고 노력한다.

그래서 지난 50년 동안, 여성과 이주 노동자처럼 전통적으로 경험이 없는 새로운 노동자 집단들이 계속해서 자본주의 생산에 유입됐다. 따라서 분업이 지속되는 가장 중요한 이유는 여성들이 대규모로 노동인구에 진입한 시대에서 발견할 수 있다. 여성은 새로운 산업에서 남성 노동의 가격을 낮추는 값싸고 유연한 노동을 제공했다. 고용주들은 여성을 이러한 산업에 끌어들이기를 조금도 주저하지 않았다.

이러한 과정은 1945년 이후에 더 빨라졌다. 1950년대와 1960년대 초 장기 호황으로 여성은 제조업과, 더 흔하게는 성장하는 사무·서비스 부문에서 대개 시간제 일자리를 얻었다. 여성이 이러한 직업들에 진출한 이유는 바로 여성의 노동 진출이 그러한 직업들의 확대와 함께 일어났기 때문이었다. 동시에, 어떤 직업들은 여성 직업이 되면서 성격이 변하기도 했다. 사무직 노동이 늘어나면서 그것은 낮은 임금을 받는 대규모 하위직 직업이 됐다. 그랬기 때문에, 사무직은 더욱더 여성 노동자와 동일하게 간주됐다. 오늘날 여성들은 사무직 노동인구의 거의 4분의 3을 차지한다. 이것은 사무직의 지위 하락을 동반했다.

> 1911년에 사무직·점원·판매직에서 여성 비율은 거의 전체 노동인구에서 여성이 차지하는 비율과 비슷했다. 그러나 1971년에 이르면 이러한 직업들은 대표적인 여성 직업이 됐다.[42]

사무직 노동이 확대되면서 점점 더 많은 여성들이 노동인구에 진입했고 사무직 일자리 대부분을 차지했다.

그러나 이러한 직업들을 "여성 직업"으로 묘사하는 것은 현실을 크게 왜곡하는 것이다. 그러나 오늘날 사회에서 남성은 '진짜' 일을 하는 반면, 여성들은 가정에서 여성이 하는 역할의 닮은꼴일 뿐인 일을 한다고 믿는 잘못된 생각이 매우 널리 퍼져 있다.[43] 이러한 이론에 따르면, 여성들은 압도적으로 "돌봄 노동"에 종사한다. 즉, 여성들은 간호사로서 아픈 사람들을 돌보고, 구내식당에서 요리를 하고, 사무실을 청소하고, 아이들을 돌본다는 것이다. 여성들이 공장에서 일하는 것도 그들이 가정에서 하는 일을 되풀이하는 것일 뿐인데, 예를 들면 제조업에서 중요한 여성 고용 부문은 식품 가공 산업이라는 것이다.

여성 노동의 현실은 이러한 그림과는 전혀 다르다. 여성 노동자들 대다수는 요리나 청소가 아니라 사무직·전문직·교육·보험·판매 일을 한다. 심지어 여성들이 실제로 그들의 "전통적 역할"과 똑같은 일을 할 때조차 그렇게 하기 위한 기술 능력이 필요하다. 예를 들어, 누군가가 단지 여성이라는 이유로 구내식당 요리사가 될 수 있는 것은 아니다. 그 직업은 일정 수준의 훈련을 요구한다.

그러나 가장 중요한 것은 자본주의 생산과정이 공장과 사무실에서 수행되는 노동을 변화시키는 방식이다. 생산라인에서 식품을 가공하는 것은 가정에서 음식을 준비하는 것과 조금도 관계가 없다. 비스킷 포장이나 완두콩 통조림을 만드는 일과 일요일에 고기를 굽는 일 사이에는 공통점이 거의 없다. 재봉틀에 앉아 하는 일처럼 공장에서 하는 어떤 특정한 일이 집에서 하는 일(또는 원래 집에서 했던 일)과 비슷하다고 해도, 그 노동의 성격은 공장 생산 때문에 바뀌게 된다. 노동은 흔히 생산라인 기법을 이용해 시간의 압박과 감시를 받으면서 수행되고, 일정한 횟수의 엄격하게 정해진 휴식 시간만 허락된다. 공장에서 일하는 여성은 집에서 하듯이 자신의 노동을 아이 돌보기나 요리 같은 다른 일과 결합할 수 없다. 궁극적인 생산물도 그 노동자가 자신을 위해, 아니면 쓰거나 팔기 위해 생산하는 것이 아니다.

실제로 여성 노동은 시간이 지나면서 '프롤레타리아화'의 증가를 겪었다. 이것은 사무직 노동에서 가장 분명히 드러난다. 제1차세계대전이 끝날 때까지 수도 적고 대개 남성 직업이었던 사무직이 확대되자 대량생산 기법과 여성 노동자들의 대규모 채용과 더불어 사무직의 사회적 지위도 떨어졌다. 양차 세계대전 사이에는 타이핑 부서가 생겨났다. 그 뒤로 사무원뿐 아니라 타이피스트와 계산기 기사, 키펀치 기사, 워드프로세서 기사 대다수가 여성이었다. 이러한 노동자들은 흔히 광범하고 엄격한 감독을 받는 사무실에서 일정한 작업 목표량을 갖고 일할 것이다. 대개 그들은 출퇴근 시간을 기록해야 할 것이다. 그들의 노동은 공장 노동보다 확실히 더 깨끗하고 여전히 조금 더 나은 지위를 누릴 가능성이 많지만, 통제를 덜 받는 것은 아니다.

사무직 노동자가 대부분 남성 고용주 개인을 모시는 개인 비서라는 통속적인 시각은 부정확하다. 다른 사무직 노동과 마찬가지로 비서 일도 프롤레타리아화 됐다. 개별 남성을 위해 봉사하는 구실을 하는 (흔히 타이핑조차 별로 하지 않는) 비서들은 사무직 노동자들 중 극소수이고, 보통 최고위급 임원들을 위해서 일할 뿐이다. 오늘날 대다수 비서들은 한 사람이 아니라 여러 명의 고용주들을 위해 일하는데, 그 일은 타이핑과 전화 응답 등으로 규격화돼 있다.

이렇듯 노동에서 여성이 하는 역할을 그들이 가정에서 하는 '여성다운' 역할로 설명할 수 없다면, 그것을 어떻게 설명해야 할까? 많은 사람들은 가부장제 이데올로기에 기대 설명하려 한다. 그 주장은 이렇다. 남성이 여성에 대한 지배력을 유지하기 위해 그들의 직업을 고수한다는 것이다. 그러나 훨씬 더 간단하고 유물론적인 설명이 가능하다. 우리가 살펴본 바와 같이, 여성들은 특정 산업들이 빠른 속도로 확장되는 시점에 값싸고 유연한 노동력의 필요를 충족시켰다.

이 점은 특히 노동집약적 서비스 부문의 경우 사실이다. 시간제로 일하는 여성들은 많은 서비스업 고용주들의 구미에 맞았는데, 그들의 노동시간을 수요가 가장 많을 때와 적을 때에 맞춰 조직할 수 있었기 때문이다. 여성 노동이 아주 값싸다는 점도 고용주 계급에게는 큰 매력이었다. 당연히 이 때문에 서비스 산업의 임금수준이 낮게 유지됐다. 실제로, 전통적인 "여성 노동"은 여전히 숙련 노동자나 블루칼라 제조업 노동자보다 훨씬 더 낮은 임금을 받는 최저임금 직종에 속한다.[44]

이것은 악순환을 낳는다. 규격화된 사무, 하급 소매, 병원 조수 등 같은 특정 노동은 "여성 노동"으로 취급받게 됐다. 남성 노동자는 시간당 보수가 더 높거나 초과근무의 기회가 많이 있는 (또는 둘 다 해당되는) 일, 예를 들어 자동차 산업, 운수업, 통신엔지니어링 등의 업종으로 갈 가능성이 높다. 이러한 직업들에서 여성의 비율이 약간 높아지기는 했지만, 그러한 직업들에 진입하려는 여성의 노력은 별로 성공하지 못했다.

여기서 성별 제약, 이데올로기, 그리고 그에 따른 낮은 기대치가 전부 어떤 구실을 하는 것은 틀림없다. 런던 여성 소방관들이 강요받은 "입사식"[45] 같은 끔찍한 성 차별 사건들이 있는 것도 분명한 사실이다. 그러나 직장에서 성별 분리는 여성과 남성의 노동을 계속 신중히 규정된 것으로 만들고, 일반적으로 여성 노동이 더 나쁜 대우를 받게 만드는 장치를 통해 훨씬 더 많이 구조화된다. 예를 들어, 전기엔지니어링 같은 산업들에서 고용주들이 내린 '기술'의 정의는 "여성 노동"이 쉽고, 유연하고, 미숙련이라는 생각을 조장한다.[46]

모든 여성 노동이 이렇다는 것은 사실이 아니다. 특히 사무직 노동에서 분업이 약화되고 있다는 분명한 조짐이 있다. 그러나 여성이 새로운 직종으로 진출한 것은 흔히 남성과 여성을 모두 희생시켰다.

식자(植字) 노동이 적절한 사례라고 할 수 있다. 이 분야는 전통적으로 높은 임금을 받는 남성들의 영역이었고, 매우 강력한 숙련공 조직에 의존했다. 노동조합 조직과 도제 제도가 파괴되고 노동이 훨씬 더 단순하고 유연해지자, 임금은 낮아지고 노동조건은 악화됐다. 이러한 상황에서 여성이 그 산업에 진입할 수 있었지만, 조건은 불리했다. 미국에서는 식자공 가운데 여성의 비율이 1970년에 겨우 16.8퍼센트였던 반면, 1985년에는 70.5퍼센트였다.[47]

흔히 이러한 조건 악화가 여성이 특정 산업이나 직종에 진입하는 토대가 됐다. 따라서 여기서 문제는 성별 분업을 깨는 것이 아니라, 성별 분업이 발생하는 조건들을 깨는 것이다. 이것이 사회주의자들이 항상 여성이 직업에 평등하게 접근할 수 있도록 싸우면서도, 기존 임금과 조건을 유지하기 위해 투쟁하는 이유다. 이러한 상황에서 여성과 남성이 함께 일하는 것이 전반적인 성 차별적 분열을 깨는 데 결정적일 수 있다. 그러나 고용주들에게 유리한 조건에서 변화가 이뤄진다면, 정반대의 상황이 일어날 수 있다.

그런데 전통적인 분업이 붕괴되는 것처럼 보이는 분야가 또 하나 있다. 바로 전문직과 관리직 계층이다. 지난 20년 동안 여성들은 이 분야에서 크게 약진했고, 여러 가지 상황을 볼 때 이러한 약진은 계속될 것이다. 오늘날 여성들은 관리직 가운데 25퍼센트를 차지한다. 1977년에 이 수치는 18퍼센트였다.[48] 전문직 시험을 통과하는 여성의 수도 비슷하게 증가해 1980년대 중반에 이르면 공인회계사 자격시험 합격자 중 23퍼센트, 법정 변호사 합격자 중 32퍼센트, 사무 변호사 합격자 중 54퍼센트를 여성이 차지했다. 1975년에 각각의 수치는 7퍼센트, 21퍼센트, 19퍼센트였다.[49] 1987년에 런던에서 1년에 1만 5천 파운드 이상을 번 투자상담사 중 15퍼센트가 여성이었던 것으로 추정된다.[50]

여성이 이러한 전문 직종의 최고위직까지 올라가는 데는 현실적인 장벽이 존재한다. 주된 장벽은 많은 여성들이 아이를 낳느라 일을 쉬고 이것이 여성들의 승진 가능성에 나쁜 영향을 미친다는 사실이다. 그러나 실제로 전문직 계급의 소수 여성들에게는 성별 분업을 깨뜨릴 기회가 있는 것도 분명한 사실이다. 여느 때처럼, 이러한 과정은 다른 어떤 곳보다 미국에서 더 많이 진척됐다. 미국에서는 회계사의 44퍼센트와 전체 관리직의 3분의 1을 여성들이 차지하고 있다.[51]

당연히 이러한 선택은 극소수의 여성들에게만 주어진다. 노동 여성의 대다수에게는 그러한 기회가 없다. 대신 여성 노동자들은 낮은 임금, 유연한 노동시간의 필요, 단순노동으로 틀 지워진 노동시장에 갇혀 있다. 이번에는 자본주의 가족에서 여성이 하는 역할이 이 모든 특징들을 낳는 것이다.

05 :: 여성과 산업예비군

앞서 살펴봤듯이, 여성들이 주변적 노동력이라는 일반적인 생각은 잘못된 것이다. 자본주의 역사 내내 다수 기혼 여성을 포함한 수많은 여성들이 집 밖에서 유급 노동을 했다. 그러나 1930년대부터 그 수는 그들의 어머니나 할머니 세대가 꿈도 꾸지 못했던 규모로 증가했다. 그리고 여성들이 노동하는 분야도 점차 경제의 핵심 부문이 됐다.

이렇듯 여성 노동자의 수가 증가한 것은 미혼 여성을 최대한 노동으로 동원하고, 더 중요하게는 기혼 여성을 점점 더 많이 노동인구로 끌어들였기 때문이었다. 이러한 과정은 1930년대에 사무직 노동과 경공업의 확대와 동시에 시작됐다. 그러나 이러한 추세가 강화되고 영속화된 것은 제2차세계대전이라는 예외의 상황이 발생했기 때문이었다.

이 특수한 상황은 자본에게 여성 노동자들이 얼마나 중요한지, 그리고 여성들을 생산에 완전히 끌어들이기 위해 얼마나 애썼는지를 보여 줬다. 기혼 여성들이 노동하는 것을 장려했는데, 처음에는 자발적 의지에 바탕을 뒀다. 처음으로 국가가 여성이 노동하는 장소와 직업을 규제하기 시작했다. 국가는 보육, 장 보는 시간 보장, 직장 내 보건의료 서비스의 형태로 실질적인 지원을 제공했고, 이러한 문제들을 다루기 위해 여성인력자문위원회를 설치했다.

산업 징집과 군대 징집이 남성뿐 아니라 여성에게도 급속히 적용됐다. 1941년 시행된 필수노동(고용등록)령을 통해 이 과정이 시작됐다. 여성들은 더 중요한 노동을 위해 모직물 산업과 소매업 같은 산업을 떠났고, 허가 없이 직장을 바꿀 수 없었다. 1942년에는 더욱 강력한 규제가 시행됐다. 20~30세의 여성들은 공공 직업소개소들을 통해서만 일자리를 구할 수 있었고, 적어도 한 사람 이상을 보살피는 사람들만이 유급 노동에서 면제될 수 있었다. 1943년 후반에 이르면 모든 18~50세 여성들이 고용사무소에 등록됐다. 그리고 전체 여성의 거의 절반이 노동을 하거나 군 복무를 했다.[1]

1943년에는 거의 2백만 명의 여성들이 군수 산업에서 일했는데, 1939년에 그 수는 50만 명이었다.[2] 여성은 조선업과 같이 전통적으로 사실상 남성의 영역이었던 수많은 중공업 분야에 진입했고, 많은 숙련 직업들에서도 남성을 대신해 노동했다. 이러한 상황은 엄청나게 많은 동일임금 요구들이 쏟아져 나오게 만들었다. 1943년 글래스고 근처 힐링턴의 롤스로이스 공장에서는 노동자들이 이 문제를 둘러싸고 파업을 벌였다.(전시법에서 파업은 불법이었다.) 대체로 동일임금은 인정되지 않았지만, 가끔 여성의 임금이 남성에 비해 실질적으로 상승했다.

1939~1944년에 금속·엔지니어링·조선 산업에서 여성의 소득이 남성에 비해 6퍼센트 더 올랐지만, 여전히 남성 임금의 50퍼센트를 약간

웃돌았다. 그러나 같은 기간 이러한 산업들에서 여성의 시간당 임금은 남성 노동자의 시간당 임금의 67퍼센트에서 74퍼센트로 증가했다. 이것은 주당 32실링에서 56실링으로 거의 두 배 오른 것이었다.[3] 이러한 임금 상승은 완전한 남녀평등과는 거리가 멀었지만 대다수 여성들에게는 진정한 진보였음이 분명하다. 임금 상승은 전쟁 전의 많은 "여성 노동", 특히 가내 서비스업의 낮은 임금과는 정말로 뚜렷이 대비됐다.

그리고 전쟁이 초래한 여성의 삶의 두드러진 변화는 중요한 사회적 의미를 담고 있었다. 여성들은 장시간 노동했고, 많은 기혼 여성의 아이들은 피난을 떠났다. 심지어 어머니와 아이들이 함께 사는 데도 며칠이나 심지어 몇 주씩 서로 얼굴도 보지 못하고 지내기도 했다. 전쟁 시기의 모순들 가운데 하나는 당국이 어머니들이 전쟁 노력을 돕게 하기 위해 아이들을 버려두게 만든 것이었다. 수많은 정부 선전 포스터들에는 여성 노동자들이 떨어져 있는 자녀들을 너무 자주 만나지 말라고 선전하는 것도 있었다. 시간을 아이들에게 쏟아 붓는 어머니들에 대한 공식 태도는 평화 시기와는 정반대였는데, 그때는 똑같은 여성들이 아이들을 방치한다고 비난받았을 것이다.

전시에는 여성들이 주되게 가사 일에 신경 써야 한다는 얘기를 듣지 않았다. 실제로 여성들은 흔히 집안일을 많이 하지 않아도 됐다. 국가가 운영하는 식당에서 싼값에 따뜻한 음식을 먹을 수 있었다. 적어도 일부 여성 노동자들은 보육시설을 이용할 수 있었다. 몇몇 공장들은 심지어 전시 노동자들을 대신해 음식을 사거나 줄을 서는 등 대체로 시간이 걸리는 일을 해 주는 사람을 고용하기까지 했다.

이 모든 지원, 그리고 여성들에게 노동을 장려한 광범한 선전 수단들이 자본주의의 주된 자원인 기혼 여성 노동자들을 이용하는 데 도움이 됐다. 여성에 대한 태도는 경제에서 여성이 하는 역할과 함께 변했다.

그러나 많은 사람들이 국가의 이러한 상황이 오직 전시에만 존재한다고, 즉 남자들이 멀리 싸우러 나간 동안에만 여성들이 일을 해야 한다고 생각했다. 전국여성자문회의가 1942년에 제출한 보고서는 기혼 여성이 직장을 그만두는 것을 장려하고 가사 노동에 더 높은 지위를 부여할 것을 요구했다. 영국 노총(TUC)의 여성자문회의는 그해 회의에서 자신들 명의로 그 계획을 거부하기로 결정했다.[4]

그러나 기혼 여성에게 — 그리고 분명 미혼 여성에게도 — 문제가 불거졌다. 전쟁이 끝나기 훨씬 전에 전쟁 후의 고용 전망이 장밋빛이 아닐 것이라는 점이 분명해졌다. 첫째로, 전쟁에 나가 싸웠던 남성들은 법에 의해 복직을 당연히 보장받을 것이었다. 이는 많은 여성들이 해고될 것임을 뜻했다. 노동 여성의 어려움을 덜기 위해 도입된 개혁 조치들 — 공공식당부터 보육시설까지 — 은 전쟁이 끝난 뒤에는 보장되지 않았다.

전후 노동당 정부에서 재무부 장관이 된 스태포드 크립스 경은 여성 노동자들에 관한 자본가계급의 목적을 아주 명확하게 드러냈다. 1943년의 한 연설에서 그는 여성이 가정에서 전통적 역할을 유지하는 **동시에** 집 밖에서도 노동해야 한다고 주장했다.

우리가 전쟁 뒤에도 모든 남성뿐 아니라 아주 많은 수의 여성을 고용할 수 있을 때에만, 이 나라의 국민들에게 적절한 [생활 — 린지 저먼] 수준을 제공할 수 있을 것이라는 점은 분명하다. 물론 심지어 가장 열렬한 평등 옹호자들도 인정할 핵심적인 차이가 하나 있다. 여성들에게는 그들이 무시 못할 또 하나의 책임, 바로 아이들을 낳고 기를 책임이 있다. 여성은 가정주부이며, 또한 가정주부로 남아야 한다.[5]

크립스가 상세히 설명한 일이 실제로 벌어졌다. 여성들은 계속해서 노동력에서 중요한 구실을 했지만, 가사와 육아는 여전히 여성이 책임져야 했다. 그리고 여성이 노동력에서 차지하는 지위는 전시의 지위와는 크게 달라졌다.

전후 호황

1943~1948년에 1백25만 명의 여성들이 산업을 떠났다.[6] 이러한 일자리 축소 중 많은 부분은 당연히 군수품과 기타 전쟁 관련 산업들의 쇠퇴가 그 원인이었다. 그 대부분은 많은 부분 전통적으로 남성의 영역이었던 직업들이었는데, 또다시 남성의 영역이 됐다.

흔히 여성들은 이를 받아들이고 싶어 하지 않았고, 때때로 마지못해 일을 그만뒀다. 전쟁이 끝날 무렵 금속노조 AEU가 금속 산업에 종사한 1천 명의 여성들을 대상으로 실시한 조사에 따르면, 6백63명의 여성들이 그 산업에 남아 있기를 원했다. 이 가운데 50명을 제외한 모든 여성들이 전일제 노동을 계속하고 싶어 했다. 계속 일하기를 원한 사람들 가운데 3분의 1은 기혼 여성들이었다.[7]

이러한 산업들에서 여성의 이탈은 일반적으로 영구적이었다. 그러나 유급 노동에서 여성의 이탈은 — 일어났다고 해도 — 보통 일시적이었다. 1947년에 이르면 노동력 부족이 매우 심각해져 정부가 30만 명 이상의 여성들에게 병원과 운송 부문에서 일할 것을 호소했다.[8] 1948년에는 1939년보다 68만 3천 명이 많은 여성들이 산업에 종사했고, 전쟁 전보다 75만 명 이상 많은 여성들이 노동조합원이었다.[9]

전쟁 직후 여성 고용 양태가 뚜렷하게 확립됐다. 역사상 가장 크고 가장 오래 지속된 호황이 시작돼, 여성들이 급속히 노동인구에 흡수됐다. 이 과정에서, 여성들이 전쟁 같은 예외 상황에서만 노동하게 되는 일시적이고 일회용인 노동자들이 아니라, 노동인구의 영구적 일부라는 점이 분명해졌다. 또 결혼을 일찍 하는 게 늘어나고, 고등교육을 받으며 미혼으로 남아 있는 여성이 증가하고, 여성이 진출할 수 있는 직업이 전반적으로 확대되는 등의 많은 현상들 때문에, 기혼 여성들이 노동하는 추세가 전후 시대에 가속화됐다.

기혼 여성 노동자 수는 1950년대 내내 꾸준히 증가했다. 1950년에는 미혼 여성 노동자 수가 기혼 여성보다 꽤 많았지만, 이러한 상황은 10년 뒤에 역전돼 기혼 여성이 전체 여성 노동인구 약 7백70만 명 가운데 4백만 명 이상을 차지했다.[10] 오늘날에는 미혼 여성보다 기혼 여성 노동자가 두 배 더 많다.[11]

전쟁이 끝난 후 기혼 여성 노동자는 경이로운 속도로 증가했다. 1951년에 이르면 기혼 여성 가운데 고용돼 있는 비율이 20퍼센트를 훨씬 넘어섰다. 이 수치는 20년 전의 거의 두 배였다. 20세기 초 대부분의 시기에 그 수치는 10퍼센트 주변에 머물렀다. 그리고 이후 30년에 걸쳐 그 수치가 꾸준히 증가해 1980년대에 이르면 일하는 기혼 여성의 비율은 50퍼센트가 훨씬 넘었다.[12]

최근 몇 년 사이 여성의 직업은 모든 직업의 일부로서 훨씬 더 크게 성장했다. 실제로 1970년대 초부터 1980년대 중반까지 전체 노동인구 증가는 "1백70만 명이 늘어난 여성 노동인구 증가에서 전적으로 기인했다."[13]

노동하는 젊은 여성들(20~24세)의 수도 1920년대 이후로 꾸준히 증가했다. 그러나 가장 괄목할 만한 고용 증가를 보인 것은 30대 중반에서 50대 중반 사이의 나이 든 기혼 여성들이었는데, 이들의 취업률은 젊은 독신 여성보다 훨씬 빠르게 증가했다. 그 이유를 찾아내는 것은 어렵지 않다. 그것은 어머니이자 아이를 기르는 사람이라는 여성의 역할과 떼려야 뗄 수 없다. 여성의 취업 공백은 보통 20대와 30대 초반, 어린아이가 있어서 학교에 가기 전까지 보살펴야 하는 시기에 발생한다. 따라서 여성 노동의 형태는 가족에서 여성이 하는 역할에 달려 있다. 이는 또 여성 노동의 주된 특징인 시간제 노동을 결정짓는다.

가장 어린 아이의 나이, 특히 5세 미만 아이의 존재가 바로 여성이 집 밖에서 일을 하느냐 마느냐, 그리고 전일제로 일하느냐 마느냐를 결정짓는 주된 요인이다.[14]

시간제 노동

1985년 9백30만 명의 여성 노동자들 가운데 거의 절반이 시간제 노동자였다(시간제는 4백30만 명, 전일제는 5백만 명).[15] 시간제 노동은 꾸준히 증가하는 추세이고, 최근 전체 전일제 여성 노동자의 수는 그에 비례해 감소했다. 최근의 수치는 이것이 더는 사실이 아니고, 시간제에 비해 전일제 여성 노동자들이 약간 다시 늘어났음을 보여 준다.[16] 확실히 1990년대에 예상되는 기술력 부족 때문에 전일제 여성 노동자 비율이 증가할 가능성이 높다. 그러나 시간제 여성 노동자 수는 미래의 추세와 상관없이 매우 증가했고 큰 규모를 유지하고 있다.

시간제 노동이 아주 널리 퍼져 있는 이유는 고용주와 여성 노동자에게 모두 이점이 있기 때문이다. 고용주들은 짧은 시간 안에 더 많은 노동을 짜내서 노동생산성을 향상시키기 위해 시간제 노동을 이용했다. 직접적인 노동 비용은 전통적으로 시간제 노동자들이 더 낮았다.(1960년대에 시간제 노동자들은 국민보험료 전액 지급을 요구하지 않았고, 전일제 노동자들보다 급여 혜택을 덜 받는다.) 가장 단순한 일부 직업들을 시간제로 만드는 것은 노동 이직률을 줄이는 데 도움이 될지도 모른다. 시간제 노동자들은 더 유연하다고 여겨지기도 한다. 그러나 보육 책임, 집 근처에서 일해야 할 필요 등등 때문에 시간제 여성 노동자들은 흔히 덜 유연하고 같은 일을 하는 전일제 노동자들보다 직장을 옮길 가능성도 낮다는 증거가 있다. 많은 경우 여성의 직업은 보육, 학교 시간, 남편의 교대 근무에 맞춰져 있다.

그러나 시간제 노동의 대규모 도입은 노동인구에서 여성이 하는 역할을 고려할 때 커다란 문제를 낳기도 한다. 가장 명백한 문제는 시간제 노동과 모성의 관계다. 일하는 엄마들 가운데 70퍼센트가 시간제로 일하는 반면, 아이가 없는 여성 노동자들 중 겨우 26퍼센트만 시간제로 일한다.[17]

시간제 노동은 또 열악한 노동조건, 취약한 노동조합 조직력, 기회의 부족과 관련이 있다. 최근 여성 노동에 대한 가장 포괄적인 연구인 진마틴과 케리드웬 로버츠의 ≪여성과 고용 — 생애 전망≫에도 이 점이 드러난다.[18] 그들은 전일제 여성 노동자들의 58퍼센트가 "여성만의" 직업에 종사하는 반면, 시간제 여성 노동자들은 70퍼센트가 그렇다는 점을 보여 준다. 전일제 여성 노동자들의 69퍼센트는 직장에서 노동조합에 가입할 수 있었지만, 시간제 노동자들은 절반만이 그럴 수 있었다. 전체 전일제 노동자들 중 절반 이상이 노동조합원이었던 반면, 시간제 노동자들은 4분의 1 정도만이 노동조합원이었다. 주당 16시간 이하 노동하는 시간제 노동자들의 경우에 조직률은 겨우 17퍼센트였다. 전일제 노동자인 여성들, 그리고 남성들과 함께 일하는 여성들은 모두 노동조합원일 가능성이 훨씬 더 높았다.[19]

여성은 산업예비군인가?

남성 노동과 여성 노동의 차이, 그리고 특히 대규모 시간제 여성 노동인구의 존재 때문에 여성들이 산업'예비군'을 형성한다는 가정이 흔히 존재한다. 산업예비군이란 호황기에는 노동인구에 끌어들였다가 경기후퇴 시기에는 집으로 쫓아낼 수 있는, 노동인구 가운데 마음대로 쓰다 버릴 수 있는 부문을 말한다.

이러한 가정은 1970년대 말 많은 페미니스트들의 사고의 바탕이었고, 오늘날에도 여전히 여성운동의 많은 부분에서 '상식'으로 통한다. 그러한 주장이 중요한 이유는 그것이 노동계급의 전반적 성격과 관련이 있고, 남성과 여성 노동자들의 이해관계가 필연적으로 일치한다는 개념에 사실상 도전하기 때문이다.

'예비군'이라는 용어는 마르크스한테서 차용한 것이다. 마르크스는 자본이 끊임없이 새로운 노동자들을 찾아내는 방식을 설명했다. 생산수단의 혁신이란 노동인구에서 옛 노동자 집단을 쫓아내는 한편, 새로운 노동자 집단을 끌어들이는 것을 뜻한다. 이렇게 새로운 노동자들을 찾는 것은 점점 더 많은 사람들을 노동인구로 끌어들이는 것인데, 이러한 노동자들은 어떤 특정 시대에 자본가계급이 이용할 수 있는 다양한 '예비군'에서 나온다.

마르크스는 당시에 세 가지 종류의 산업예비군에 대해 얘기했다. 잠재적 예비군, 유동적 예비군, 정체적 예비군이 그것이다.[20] 마르크스는 잠재적 예비군을 "돌이킬 수 없는" 예비군으로 정의했다. 이들은 자본주의 생산과정에 한번 들어온 뒤에는 이전의 직업으로 되돌아갈 가능성이 거의 없었다. 마르크스가 잠재적 예비군의 주요 모델로 삼은 것은 농업 인구였는데, 당시에 그들이 토지에서 쫓겨나 제조업으로 밀려들어가는 상황이 진행 중이었다. 유동적 예비군은 계절노동을 하거나 가끔씩만 수요가 있는 특정 직업에 종사하는, 따라서 노동에 들어왔다 나갔다 하는 노동자들이었다. 마르크스 시대에 유동적 예비군의 큰 부분을 차지했던 것은 아마도 도로·철도·건물 공사에 종사한 아일랜드계 이주 노동자들이었을 것이다. 정체적 예비군은 영구적인 실업자 집단이었다.

마르크스의 여러 범주를 살펴보면 오늘날 여성 노동자들의 상황에 딱히 적용되는 범주가 없음이 분명히 드러난다. 그런데도 페미니스트들은 여성들이 처분하기 쉬운, 즉 고용주들 마음대로 노동에 끌어왔다가 내버릴 수 있는 노동력이라고 주장하기 위해 마르크스의 범주들을 이용한다. 우리가 알고 있듯이, 여성의 고용 형태는 실제로 이러한 유형에 들어맞지 않는다. 그러나 그 이론에는 우리가 좀더 면밀히 살펴봐야 할 두 가지 중요한 측면이 있다.

하나는 임금에 관한 문제, 즉 여성들이 다른 노동자들의 임금을 떨어뜨린다는 의미에서 예비군 구실을 하는지의 문제다. 분명히 어떤 면에서 이것은 사실이다. 여성 임금은 전체적으로 남성 임금의 4분의 3에 못 미친다. 많은 산업에서 여성 노동자들이 유입되면서 임금이 떨어지는 현상이 나타났다. 아마 가장 최근의 사례는 식자공일 것이다. 새로운 기술 도입으로 그 산업이 여성에게 개방됐는데 이는 역시 전반적인 임금 하락으로 이어졌다. 여성 임금이 흔히 남성 임금보다 낮다.

하지만 여기서도 상황은 그렇게 단순하지 않다. 여성 임금이 여전히 남성 임금보다 훨씬 낮기는 하지만, 둘 사이의 격차는 1970년대 초 동일임금법 도입 이후로 꽤 좁혀졌다.[21] 또 흔히 여성들로 대표되는 산업들에서는 더 나은 기술을 갖춘 많은 여성들이 남성과의 임금 격차를 좁히거나 심지어 없앨 수 있었다는 증거도 있다.

그렇지만 그 상황은 어느 정도 사실이다. 노동과정에 대한 해리 브래이버먼의 연구는 1970년대 초에도 미국에서 여성들이 가장 많이 집중돼 있는 노동 분야 — 서비스직과 사무직 — 가 최저임금 직종과도 일치한다는 점을 지적했다.[22]

여성들이 산업예비군이라고 하는 주장에서 둘째로 고려해야 할 사항은 처분 가능성이다. 기혼 여성 노동이 엄청나게 증가하고 시간제 노동 비율이 높기 때문에 이러한 결론이 나온다. 이러한 특징은 실제로 여성 노동자들, 특히 기혼 여성들이 산업예비군을 **구성했다**는 것을 보여 주지만, 처분 가능성이 있는 것은 전혀 아니다. 15년 동안의 경기후퇴의 경험이 이 점을 증명한다.

어찌 됐든 여성이 쉽게 처분할 수 있는 노동력이라는 가정이 사실이라면, 경기후퇴와 공공 지출 삭감은 노동시장에서 여성의 지위가 심각하게 후퇴한 것임을 뜻할 것이다. 실제로는 정반대의 상황이 벌어졌다. 여성의 지위는 사실상 모든 면에서 더욱 강해졌다. 1975~1986년의 경기후퇴 시기에 대한 통계를 보면, 전반적으로 남성 직업이 여성 직업보다 훨씬 더 심한 타격을 입었다. 1971년 통계치를 100으로 놓을 경우, 1986년 전체 여성 고용은 114.8인 데 반해 남성 고용은 86.5로 떨어졌다. 여성은 1986년에 노동인구의 44.8퍼센트를 차지했는데, 1971년에는 그 비율이 38퍼센트였다. 여성의 전일제 고용은 거의 변함이 없었지만, 시간제 고용은 1971년 100에서 1986년 145.5로 증가했다. 이렇듯 이 시기 여성 고용의 증가는 사실상 시간제 노동의 증가가 그 원인이었다.[23]

실업률의 경우도 마찬가지다. 남성 실업률은 계속 여성 실업률보다 높았다. 그래서 1985년에는 남성 노동인구의 15.9퍼센트가 실업 상태인 데 비해, 여성 실업률은 9.9퍼센트였다.[24] 많은 기혼 여성들이 등록을 하지 않기 때문에 여성 실업률 추산이 더 어렵다고 해도, 이 수치들은 여성 실업률이 남성보다 높지 않았음을 시사한다.

어떻게 이러한 상황이 벌어지는 것일까? 1930년대 대공황기에 여성이 노동시장에 참여했던 경험에서 일부 원인을 찾아낼 수 있다. 그 경험은 매우 모순적이다. 한편에서, 특히 기혼 여성을 향한 선전들 중 기혼 여성 노동에 맹렬히 반대하는 주장들이 많았다. 두 가지 견해가 강력하게 제기됐다. 여성은 아내와 어머니 역할에 완전히 전념해야 한다는 것, 그리고 만약 일자리가 부족하다면 — 양차 세계대전 사이에 실제로 그랬던 것처럼 ― 그때는 남성과 미혼 여성에게 우선권이 있다는 것이었다.

영국에서는 1929~1931년 노동당 집권기에 노동당 정부 장관 마가렛 본드필드가 자산 조사*를 도입해 실업 급여에 심각한 타격을 입혔다. 보험에 가입된 여성 노동자들 가운데 3분의 1이 기혼이었고, 따라서 그들의 급여가 삭감된 경우가 많았던 것으로 추정된다.[25] 여성 공무원들 중 일부는 결혼이 금지됐다. 미국에서도 비슷한 상황이 있었는데, 직업별 노조동맹인 AFL은 있는 힘을 다해, 필요하다면 여성을 희생시켜서라도 남성 직업을 지키려고 했다. 그들은 일자리를 가진 남편을 둔 기혼 여성을 차별하는 데 찬성했다.[26]

그러나 고용 형태는 정반대의 현상이 일어났음을 보여 준다. 미국에서는 여성 노동자 수가 엄청 증가했다.

1930년부터 1940년까지 노동인구에서 여성이 차지하는 비율은 22퍼센트 증가해, 미국 역사상 그 어떤 시기보다 크게 증가했다. 1965~1975년의 19퍼센트 증가도 이 시기에는 한참 못 미쳤다.[27]

영국에서도 마찬가지로 여성 노동자 수가 양차 세계대전 사이에 꾸준히 증가했다.

여성은 집 안에 있어야 한다는 이데올로기와 밖에 나가 일하는 여성

---

* Means Test. 공적 부조의 범주에 속하는 사람들이 실제로 혜택을 받기 위해 거치는 자산에 대한 조사. 이때 자산이란 수입·재산·저축은 물론 친척과 친지의 도움까지 생활 유지에 기여할 수 있는 모든 것을 포함하며 그 평가 결과에 따라 지급 범위가 결정된다.

이 증가한 현실 사이의 모순을 어떻게 설명할 수 있을까? 그 이유는 바로 경기후퇴로 노동계급 가족이 겪게 되는 가혹한 현실이다. 콜코는 노동계급 여성들이 노동시장에 진입할 가능성이 가장 큰 시기는 바로 경기후퇴 시기라고 주장한다. 그 이유는 단순하다.

> 전통적으로 남성 노동자의 수입에 의존한 가족들에게 실업이나 경제적 어려움이 닥치면, 그 가족의 여성들은 자본주의 노동과정으로 끌려들어가게 된다.[28]

여성은 경제적 이유 때문에 일할 수밖에 없다. 그들이 낮은 임금을 받으면서도 기꺼이 일하려는 자세가 여성의 노동인구 진입을 촉진한다.

> 여성을 위한 일자리보다 일하려고 하는 여성이 언제나 더 많다는 사실 때문에, 경기후퇴나 불황의 시기에 여성 노동자가 더 빨리 흡수된다.[29]

최근 경기후퇴의 경험도 이 점을 입증한다. 콜코는 OECD 보고서에서 조사한 15개 나라 가운데 10개 나라에서 1974~1975년의 경기후퇴 시기에 노동인구 중 여성 비율이 증가한 사실을 보여 준다.[30]

그러면 왜 이러한 직업들에서 남성이 여성을 대체하지 않는가 하는 문제가 남는다. 남성이 여성 노동을 대체하는 것은 기혼 여성 노동 문제에 대한 부르주아 이데올로기 공세와 부합할 것이다. 그러나 그러한 일이 일어났다는 증거는 거의 없고, 오히려 그 반대가 사실이다. 고용주들은 성이나 결혼 여부와 상관없이 싼 노동을 추구했다.

어떤 사람들은 노동계급 내 성별 분업이 너무나 엄격해서 한쪽 성의 노동자가 다른 쪽 성을 대체하는 것은 사실상 불가능하다고 주장한다. 루스 밀크먼은 이러한 주장을 사용해 1930년대에 여성 고용이 그토록 빠르게 증가한 이유를 설명하면서, 여성의 저임금이 아니라 그러한 요인이 여성이 계속 고용되는 결정적 이유라고 주장한다.[31]

문제는 여성 노동자가 분명히 남성을 **대체했다**는 점이다. 그러나 그것은 보편적인 현상은 아니었고, 일관된 과정은 더더욱 아니었다. 예를 들어, 여성은 우리가 앞장에서 살펴봤듯이 새로운 직업들, 특히 사무직과 서비스직에 압도적으로 고용돼 있다. 이들 가운데 일부는 새로이 생겨난 직업들이다. 나머지는 새로운 기술이나 현대적 생산방식이 적용된 오래된 직업들이다. 이러한 직업들 중 일부에서는 분명히 여성이 남성을 대체했다. 식자, 은행 사무가 대표적인 사례다. 다른 산업들, 특히 쇠퇴하는 산업들에서는 사실상 어떤 대체도 없었다.

하나의 단순한 이론으로 이러한 변화를 설명할 수는 없다. 변화를 좌우하는 많은 요소들이 있다. '새로운' (여성 또는 이주) 노동자들에 대한 접근 가능성, 특정 산업의 확장이나 축소, 노동조합 조직이 임금이나 노동조건 침해에 저항할 힘을 가졌는지 여부, 노동의 성격과 노동에 대한 대중의 인식 등이 그러한 요소들이다. 전후 시기에 서비스 산업이 제조업에 비해 상대적으로 확장된 점도 여성 고용이 타격을 덜 입는 데 일조했다.

여성을 **처분 가능한** 산업예비군으로 보는 시각은 따라서 완전히 잘못됐다. 전체적으로 여성들은 남성들보다 실업자가 될 가능성이 더 낮다. 그리고 여성들은 노동인구의 **영구적** 일부이다. 미래 고용 예측에 따르면,

여성은 모든 노동시장 성장의 주된 부분이다. 1995년에 이르면 노동인구는 90만 명 증가할 것으로 추정되는데, 이 중 80만 명이 여성일 것으로 예상된다.[32]

1990년대 여성 고용 전망

여성의 미래 고용 전망은 따라서 매우 밝고, 여성들이 집중된 산업은 계속해서 급속히 확장되고 있다. 공공 지출 삭감이나 상점 노동이나 사무직 노동 같은 분야에서 새로운 기술 도입은 대체로 여성 노동 전망에 부정적 영향을 미치지 않았다.

그러나 여성이 경제에서 주변적이라는 생각은 여전하다. 심지어 여성들이 산업예비군이라는 생각에 동의하지 않는 사람들조차 흔히 이원적인 노동시장이 존재한다거나, 부정기적이고 유연하고 낮은 임금을 받는 주변에 둘러싸인 '핵심' 노동력이 존재한다고 생각한다. 두 경우 모두 여성은 불리한 처지에 있는, 유연하고 마음대로 처분할 수 있는 노동력으로 간주된다.

이러한 생각이 유지되는 부분적 이유는 여성 노동자들이 어쩔 수 없이 유연한 노동자들 가운데 상대적으로 높은 비중을 차지한다는 것이다. 여성은 여전히 그리고 앞으로도 계속해서 시간제 노동자들의 다수를 차지할 텐데, 이것은 보육의 필요 때문이다. 마찬가지 이유에서 젊은 엄마들은 대개 '유연한' 일자리를 갖기를 원할 것이다. 예를 들어, (간호와 같은) 숙련노동을 할 수 있는 훈련을 받은 여성들이 엄마가 되면 집이나 학교 근처에서 일하기 위해서, 또는 유연한 노동시간을 확보하기 위해서

자신의 기술 수준보다 낮은 직업을 구한다는 것을 암시하는 증거가 있다.[33]

그러나 지배계급의 많은 부분은 점차 이러한 상황에 불만족스러워 한다. 여성 노동자 교육과 훈련에 막대한 돈을 투자하는데 고작 몇 년 뒤에 그 훈련이 쓸모없는 일이 된다는 것은 그들에게 말도 안 되는 일이다. 그래서 오늘날 많은 고용주들이 기혼 여성을 더욱 영구적인 노동으로 끌어들이기 위해 기혼 여성을 위한 방학 휴가(딕슨과 부츠), 일자리 나누기 경영(부츠), 직장 보육시설(미들랜드 은행)을 도입하고 있다.[34]

여기에서 고용주들의 이해관계가 오늘날 삶의 대부분 기간에 전일제 노동을 하게 될, 따라서 남성과 평등하게 기술과 훈련에 접근할 수 있기를 바라는 많은 여성 노동자들의 이해관계와 일치한다. 취업에 대한 여성들의 기대는 급속히 커지고 있다. 이 점을 보여 주는 요소들에는 여성 이직률 하락, 자격증을 취득한 여성 급증, 여성 조합원 증가 등이 있다.[35]

이러한 경향들은 더 잘 조직되고 더 지속적인 여성 노동자 부문들, 특히 전일제 노동을 하는 여성 노동자들 사이에서 두드러진다. 이것은 현재 상황을 강화하고, 심지어는 대다수 여성 노동자들의 고용 조건은 악화되는 한편, 전통적으로 남성 노동자에게 주어지던 노동시장의 기회와 특징을 더 많이 획득하는 여성들이 늘어나는 것과 같이 여러 형태의 여성 노동 사이에서 분열을 증대시킬 수도 있다.[36]

이렇게 여성의 고용 양상은 대부분의 페미니스트들이 제시하는 모습과는 무척 다르다. 오직 남성 노동자들만이 고임금을 받는 영구적인 핵심

노동력을 형성하고, 여성 고용은 주변부에 머무르는 것이 전혀 아니다. 노동 현장에는 모순된 경향들이 존재한다. 어떤 여성들은 경제에서 주변적이거나 심지어 특정 시기에 쉽게 쓰다 버릴 수도 있지만, 점점 더 많은 수의 여성들이 더 많은 기술을 획득하고 노동시장에서 더욱 중요해지고 있다.

그래서 1971~1981년 여성 고용의 변화에 관한 수치들은 미숙련 개인 서비스 직업 종사자 비율은 겨우 1.3퍼센트 높아진 반면, 사무직 노동 종사자는 6퍼센트, 전문직은 6.7퍼센트, 관리직은 9.5퍼센트 증가했음을 보여 준다.[37]

이러한 수치가 여성 조직의 미래에 관해 시사하는 바는 명백하다. 여성은 핵심적으로 중요한 노동에 종사하는 영구적 노동자다. 자본주의 역사에서 이전에는 이러한 상황이 한 번도 없었다. 그리고 이러한 사실들은 여성들이 노동조합에 가입하고 파업을 벌이는 등 전통적으로 남성 노동자들이 했던 것과 똑같은 방식으로 자신들의 조건을 방어하는 상황으로 이어진다. 시간제 노동자들은 전일제 노동자들과 함께 일할 때 그렇게 할 가능성이 많다. 노동시장에서 상대적으로 유리한 지위를 지킬 수 있게 해 주는 여러 가지 기술을 가진 여성들도 소수지만 꽤 있다.

그러나 여성들의 노동조합 조직과 파업 행동 형태는 다양하다. 그 이유를 이해하기 위해서는, 노동조합의 일원이 되는 데서 여성이 직면했던 역사적 문제들과 오늘날까지 지속되는 노동조합 관료와 여성의 관계에 대한 문제들을 살펴봐야 한다.

06 :: 여성과 노동조합

　자본주의에서 노동계급 여성의 역사는 언제나 그들이 남성들과 함께 계급의 일부로서 조직됐음을 보여 준다. 노동계급 투쟁이 벌어졌을 때 여성들은 그 투쟁에 참여했고, 투쟁이 쇠퇴할 때는 노동계급 조직에서 여성들의 참여도 줄어들었다. 그러나 노동조합운동 안에서는 성에 따른 분열이 거듭해서 나타났다. 남성과 여성 노동자들은 직업, 임금, 그리고 노동조합 자체의 문제에서 너무나 자주 서로 경쟁했다.

　이러한 분열 때문에 여성들이 자신들의 특수한 요구를 관철시키기 위해 노동조합 안에서 독자 조직을 건설하려고 노력하는 경우가 많았다. 오늘날 그러한 독자 조직들은 흔히 여성을 조직하는 유일한 방식으로 여겨진다. 그러나 독자 조직은 강력한 여성 노동조합을 만들어 내지 못했고, 남성과 여성이 함께 조직을 건설한 귀중한 전통이 존재한다.

　19세기 초 수십 년 동안 노동조합이나 '결사'가 불법이었는데도, 여성들은 매우 큰 구실을 했다. 1815년 나폴레옹 전쟁이 끝난 뒤 몇 년 동안 여성들이 많이 고용된 산업들은 결사가 널리 확산된 산업들이기도 했다.[1] 1824년 노동조합이 합법화된 뒤 노동조합 활동이 증가해, 곧 조직화를 제한하는 조치가 뒤따랐지만 많은 노동자들이 결사에 동참했다.

'탈퍼들의 순교자들'*이 "불법 서약을 했다"는 이유로 추방된 해인 1834년, 런던의 한 회의에서 전국노동조합대연합(GNCTU)이 설립됐다. 이것은 공상적 사회주의자 로버트 오언의 꿈꾸던 것으로, 처음부터 여성을 가입시켰는데 그들은 흔히 여성 지부로 조직돼 있었다. GNCTU 신문 <개척자>에는 여성 지면이 있었다.[2] 그러나 한때 50만 명의 남녀 노동자들을 조직하기도 했지만 GNCTU는 단명하고 말았다.

당시 노동자들 대부분은 전혀 조직돼 있지 않았다. 조직돼 있는 경우라도 그 노동조합은 매우 전문적이고 지역적인, 특수한 직능에 따라 조직된 경우가 많았다. 19세기 대부분의 기간에 지배적이었던 노동조합 조직에 대한 이러한 개념은 많은 여성들을 포함한 미숙련 노동자들 다수를 명백히 배제했다.

게다가 고용주들은 끊임없이 잘 조직된 노동자 집단들의 임금과 노동조건을 약화시킬 방법을 찾아내려고 애쓰고 있었다. 노동자들 가운데 다수가 노동조합에 가입하지 않은 상태로 있을 때 그렇게 하기가 상대적으로 쉬웠다. 그래서 19세기 초 많은 분쟁들은 그 직업의 통상 임금을 낮추기 위해 여성 노동자들을 끌어들인 것에 대한 남성들의 반대가 중심이었다.

---

* Tolpuddle Martyrs, 영국의 탈퍼들이라는 마을에서 노동조합을 결성했다는 이유로 1834년 3월 7년 동안의 오스트레일리아 유배형을 선고받은 6명의 농업 노동자들을 말한다.

가장 악질인 사장들 가운데는 성서와 기타 종교 책자 출판업자들이 있었다. 그래서 한 예로 런던제책기능공조합은 1825년 그리스도교지식보급회가 부당하게 임금을 삭감한 것에 항의했다. 1834년에도 이 조합은 접지와 실매는 작업을 하는 여성 직공 2백 명이 영국성서공회의 임금 삭감에 맞섰을 때 그들을 지지했다. 15년 뒤 성서공회의 제책 노동에 항의해 파업이 분출했다. 조합은 파업을 지지했고, 조합의 파업위원회는 파업기금으로 6백50파운드를 모았다. 그러나 조합이 여성 쟁의에 기금을 사용하는 데 반대한 한 지부 — 마무리 작업을 하는 직공 1백50명 — 를 축출하기 전에 결국 파업은 패배하고 말았다.[3]

이 사건은 같은 해인 1849년 에든버러 인쇄노조들의 상황과는 확연히 달랐다. 그해 여성 인쇄 노동조합인 에든버러인쇄노조여성회가 설립됐다. 여성들이 낮은 임금을 받고 일하는 것이 불공정한 경쟁에 대한 남성들의 반발을 불러일으켰다. 1870년대에 이르면 여성들이 도시의 남성 경쟁자들의 파업을 파괴하는 데 동원되기도 했다. 이렇게 여성들은 남성들에 맞서 행동할 태세가 돼 있었기 때문에 그 산업에서 입지를 확보할 수 있었다. 19세기 말에는 에든버러에서 활판인쇄업에 종사한 여성들이 잉글랜드 전체에서보다 많았다.[4] 한편 스코틀랜드에서는 1916년까지 주요 활판인쇄공 노동조합이 여성을 받아들이지 않았다. 이러한 상황은 성 차별과 반동적 태도의 자양분이 됐다.

당시 노동조합의 성격 때문에 파업이나 다른 행동이 서로 다른 부문의 노동자들 사이에서 일반화되기가 어려웠다. 점차 남성 조합원들은 여성과의 경쟁을 제한하려는 시도가 자신들의 생활수준을 방어하는 최선의 길이라고 봤다. 1840년대에 그러한 시도들 — 흔히 여성이 조작할 수 있는 새로운 기계에 반대하는 형태로 ― 이 셰필드의 금속가공 산업, 장화와 신발 산업, 리본 제조업,[5] 그리고 요업(窯業)[6]에서 벌어졌다.

런던 재봉 산업에서도 1834년에 비슷한 투쟁이 벌어져 9천 명의 남성 재봉사들이 임금 인상, 노동시간 단축, 능률급(노동생산량에 따라 임금을 지급하는 것과 가정 내 노동 철폐를 요구하며 파업을 벌였다. 분명히 드러난 것은 아니었지만, 그 파업은 여성들의 노동 진출에 대한 항의였다. 얼마 안 가 여성들이 파업 파괴자로 채용됐다. 조합 안의 오언주의자들은 여성을 노동에서 배제하자는 데 반대했다. 재봉사들은 결국 일터로 돌아갈 수밖에 없었고, 그 산업에서 고역과 능률급, 여성 노동의 시대가 시작됐다.[7]

GNCTU가 소멸한 뒤에는 성별에 따라 노동조합을 분리해 조직하는 경향이 이어졌고, 그 때문에 노동계급 내부의 분열이 강화됐다. 바버러 테일러가 지적했듯이, 이러한 분열은 "산업의 재조직화와 숙련 기술의 가치 하락 때문에 여성 노동자들이 숙련 남성 노동자들에게 점차 큰 위협이 되면서, 점증하는 남성과 여성 사이의 긴장"을 반영했다.[8]

1830년대와 1840년대 차티스트 운동이 성장하면서 계급투쟁이 급증했을 때 많은 여성들이 남성들과 함께 정치 활동에 참여했다. 그러나 이것은 장기적인 조직화로 이어지지 않았다. 1848년 이후 차티스트 운동의 패배는 노동계급 운동에 중대한 영향들을 미쳤다. 그 한 가지는 노동계급의 노동조합 조직과 정치 단체가 편협한 방식으로 나아간 것이었다. 그것은 숙련 노동자들이 여성과 이주 노동자 등의 미숙련 노동자들을 버리고 갔음을 뜻했다.[9]

이 상황에서 예외는 오직 하나였다. 랭커셔 방직업의 직조공 조합들은 19세기 내내 남녀가 같이 가입돼 있는 조직이었고 높은 수준의 평등이 실현됐다. 그래서 19세기 중반 결성된 블랙번동력기직조공조합과 북동랭커셔통합조합은 모두 여성들도 평등하게 받아들였다. 1876년 직조공 조합에서 여성 조합원은 조합원의 절반에 가까운 1만 5천 명이었고, 1891년에는 조합원의 62퍼센트가 여성이었다.[10]

남성과 여성 직조공의 분리된 조직들 사이의 경쟁은 전혀 문제가 되지 않았다. 조합은 남성과 여성을 모두 이롭게 하는 힘을 갖고 있었다. 여성 노동조합운동이 번영하기 시작한 것이 1850년대와 1860년대라고 주장할 수도 있지만, 1874년까지는 분리된 노동조합을 결성하기 위해 여성들이 조직적으로 노력하지는 않았다.[11]

남성 수직기 직조공들의 낡은 직업별조합주의 사상은 오래 전에 그들의 일자리가 파괴되면서 파탄났다. 제조업의 침입에 대항한 방어책으로서 여전히 자신의 숙련 기술을 고수한 사람들에 비해, 공장 직조공들은 조직화의 문제에서 낡은 엘리트주의 사상에 훨씬 덜 집착했다.

불행히도 직조공들은 19세기 끝 무렵까지도 예외로 남아 있었다. 1851년에 숙련 기술자들로 구성된 통합금속노동자협회(ASE)와 같은 "새로운 형태의" 노동조합들이 점점 더 전형이 됐다. 비슷한 조직들이 주철 제조공들, 목수들, 벽돌공들 사이에서 생겨났다. 많은 산업들에서 여전히 지역이나 교구별 노동조합 조직이 두드러졌다. 광산업이나 재봉 산업, 신발 제조업 분야에서는 이러한 형태가 적합했다.[12] 여러 가지 면에서 새로운 형태의 노동조합들은 떠오르고 있던 전국적 노동조합운동과 (1868년에 결성된) TUC에서 큰 영향력을 행사했다. 그것들의 특징은 정치적 보수주의와 극도로 협소한 시야였다.

여성 노동조합운동의 발전은 이러한 보수주의와 협소함의 거울 이미지였다. 그것은 투쟁을 반영하기보다는 계급협조와 중간계급 자선의 역사를 반영했다. 훗날 여성노동조합동맹(WTUL)이 되는 여성보호검약동맹(WPPL)의 역사만큼 이 점을 분명하게 보여 주는 것은 없다.

여성보호검약동맹(WPPL)

엠마 패터슨이라는 한 여성이 이 WPPL을 설립하고 몇 년 동안 지도했다. 그는 런던의 한 교장의 딸이었고 잠시 제책공 견습을 받았다. 그는 또 얼마 동안 (노동자들을 돕기 위해 중간계급이 만든 단체인) 노동남성협회연합에서 일했고, 그 뒤 1873년 가구 제작자 토마스 패터슨과 결혼하기 전까지 여성참정권협회에서 일했다. 그는 미국으로 간 신혼여행에서 여성 노동조합이 필요하다고 확신하게 됐고, 1874년 7월 WPPL을 창립했다. WPPL은 찰스 경과 레이디 딜크 부부, 아놀드 토인비, 찰스 킹즐리를 포함한 많은 저명인사들의 후원을 받았다.

처음부터 WPPL은 노동조합이 아니었다. 이것의 목표는 단지 여성들 사이에서 노동조합운동을 촉진하는 것이었다. 따라서 WPPL은 무엇보다 먼저 중간계급에게 지지를 호소했다. "엠마 패터슨은 노동계급 여성들에게 직접 호소하는 실수를 저지르지 않았다. 노동 여성들의 전국적 노동조합을 세우기 위해서 …… 그는 먼저 중간계급의 지지를 얻으려고 했다."[13] 그리고 WPPL은 어떤 종류의 계급 대립도 목표로 삼지 않았다. 그와는 정반대로 "[WPPL의] 위원회는 특히 고용주들의 반감을 사는 일을 피하고 싶어 했다."[14]

이러한 접근 방식은 WPPL이 발표한 목표에 반영됐다. 그 목표는 다음과 같았다. 즉, 회원들의 이익을 보호한다, 부당한 임금 삭감을 막고 노동시간을 평준화하기 위해 노력한다, 질병 기금과 실업 기금을 제공한다, 취업 안내소 활동을 한다, 고용주와 노동자 사이에 분쟁이 벌어지면 중재를 담당한다.[15] 따라서 파업 기금이나 공장폐쇄에 대비한 기금을 전혀 준비하지 않았다. WPPL은 여성 일반노동조합 사상을 선호했고, 이는 1874년 브리스톨노동여성전국연합 결성으로 이어졌다. 나아가 이것은 지역 노동조합들과 협회들을 결성했다.

그러나 그 조직은 계속 소규모에 머물렀다. 1874~1886년(엠마 패터슨이 죽은 해)에 WPPL은 전국적으로 30~40개의 여성 협회가 있다고 주장했다. 그러나 쉴라 르웨넥이 지적했듯이,

> 회원이 1백 명이 넘거나 3~4년 이상 유지된 협회는 많지 않았다. 절반 정도가 설립된 지 1년 안에 사라졌다. 1886년 여성 협회들만의 전체 회원 수는 십중팔구 2천5백 명 미만이었던 것으로 추정된다. 그 가운데 적어도 절반은 런던 지역에 있었다.[16]

그리고 협회들은 숙련·반숙련 여성 직종들(숙련 재봉·제책·모자 제조 등)에서 주로 조직되는 경향이 있었고, 런던 지역에 집중돼 있었다.[17] 그래서 1886년 WPPL 총회에서 보고된 바에 따르면, 런던에서는 원래 열 개의 협회가 세워졌지만 다섯 곳만이 성공적이었고, 한 곳이 분투

하고 있었고, 네 곳은 실패했다. 살아남은 여섯 개 협회의 총 회원 수는 고작 6백에서 7백 명 사이였다. 21개 지방 협회들 중에서는 아홉 곳만이 살아남았고, 총 회원 수는 1천8백 명이었다. 이것은 같은 시기에 남녀가 같이 가입돼 있는 방직노조에 3만 명의 여성들이 조직돼 있었던 것과 대비된다.[18]

WPPL의 규모는 여전히 작았지만, 영향력은 꽤 컸다. 엠마 패터슨은 1876년 TUC 대의원이 됐고, 이듬해부터 대의원대회에 참석했다. 1877년 TUC 대의원대회에서 TUC 지도부 다수와 패터슨과 WPPL 내 그의 추종자들 사이에 분열이 드러났다. 그때 패터슨은 여성 보호 입법에 완전히 반대한다고 주장했다. 그가 제기한 주장은 겉으로는 매력적이었다. 보호는 온정주의적 입법이 아니라 고용주들과 협상할 만한 힘을 가진 노동조합 조직에서 나와야 한다는 것이었다. 그러나 "1870년대 여성들의 조직 수준이 낮았기 때문에 여성 노동자 대부분이 받은 유일한 보호를 계속해서 제공한 것은 의회였다."[19]

게다가 참정권 운동의 활동가들을 비롯한 많은 페미니스트들의 그런 주장은 결국 오래된 자유당식 방임주의 방식이나 마찬가지였다. 즉, 고용주와 노동자 사이에는 그 어떤 간섭도 있어서는 안 되고, 만약 여성이 평등을 원한다면 남성과 똑같이 경쟁해야 한다는 것이다. 조직된 노동조합운동의 남성들은 이러한 견해에 매우 적대적인 편이었다. 몇 가지 이유에서 그들은 보호 입법이 전체 노동계급의 노동조건을 개선한다고 봤다. 마리안 라멜슨은 이 문제에 대한 그들의 생각을 다음과 같이 묘사했다.

진정한 문제들이나 그 문제들을 해결하는 것과 아무 관계도 없는 페미니스트들의 견해를 내세우는 사람들이 최초의 TUC 여성 대표들이었다는 것은 안타까운 일이다. 모든 사람이 1847년 하루 10시간 노동법이 헤아릴 수 없는 혜택이었고 모든 사람의 노동시간을 줄이는 성과를 냈음을 알고 있을 때, 여성과 아이들의 노동시간을 제한하는 입법에 반대하는 태도를 취한 것은 말도 안 되는 짓이었다. 조직이 입법에 반대하는 태도를 취하게 한 것은 완전히 억지였고 위험스러울 정도로 잘못된 것이었다. 나아가 노동 남성들은 대부분이 평생 동안 한 번도 산업에서 일해 본 적이 없는 그러한 여성들을 괘씸하게 생각했다. 그 여성들은 노동 남성의 가족이자 동료인 다른 여성들에게 무엇이 좋고 나쁜지에 대해 자신들만이 옳다는 식으로 말했다. 남성들은 올바르게도 그러한 태도 전체를 거부했다.[20]

보호 입법에 대한 이러한 반대는 WPPL 정치의 약점과 모순된 성격을 반영한 것인데, 자유무역을 옹호하는 자유당 정치가 그것의 정치를 지배했다. 한편에서 그들은 여성 노동자들을 보호하기를 원했고, 그것이 애초에 WPPL을 설립한 이유였다. 그러나 다른 한편에서는 일부 WPPL 후원자들의 계급적 이해관계 때문에 제약 없는 자본주의를 지지하는 것으로 나아갔다. 예를 들면, 페미니스트인 밀리센트 포셋은 브라이언트앤메이 성냥공장 주주였고, 따라서 흰인* 사용 규제에 반대했다.[21]

WPPL이 상대적으로 성공하지 못했던 원인은 이러한 정치, WPPL의 중간계급 여성 활동가들의 경계심, 낮은 수준의 노동자 투쟁이 결합됐기

---

* 황린이라고도 한다. 연한 노란색을 띤 고체상의 인으로서 화학 작용이 강해 공기 중에서 발화하며 독성이 강하다.

때문이었다. 게다가 WPPL 내부에 이견이 있었다. 약간 더 높은 수준의 활동을 요구하는 결의안이 1886년 총회에서 통과됐다. 엠마 패터슨 역시 상근직 제의를 받았지만 거절했다. 그는 그 결의안과 관련해 WPPL 서기직을 계속 유지할 것인지 여부에 대해서 견해를 밝히는 것도 거부했다. 같은 해 그는 사망했다.

독자적인 여성 노동조합을 조직한다는 사상은 엠마 패터슨과 함께 죽지 않았다. 그러나 짧으나마 몇 년 동안은 새로운 형태의 노동조합운동이 그 사상을 대신했는데, 그것은 바로 처음으로 파업에 돌입한 수천 명의 여성 노동자들을 포함한 미숙련 노동자들의 분출이었다.

신(新)노동조합

신노동조합의 발단은 1888년 성냥 여공 파업이라고 할 수 있다. 런던 동부 보우 지역에서 브라이언트앤메이 공장의 노동조건이 처음으로 대중의 관심을 끈 것은 애니 베전트가 발행한 신문 〈링크〉를 통해서였다. 어느 페이비언 협회 모임에서 그 공장의 상황을 토론한 뒤에 베전트는 1888년 6월 "런던의 백인 노예제"라는 제목의 기사를 실었다. 그는 명예훼손으로 고소하겠다는 위협을 받았는데도 공장에 전단을 뿌렸고, 주주들이 받는 엄청난 배당금을 들춰내 거듭 비교하며 그곳 여성들의 끔찍한 조건에 이목을 집중시켰다. 마침내, 7월 5일 6백72명의 여성들이 파업을 일으켰다.[22]

파업은 신속히 승리를 거뒀는데, 엄청난 기부금과 런던노동조합회의의 중재 때문이었다. 임금이 인상되고, 증오의 대상이던 벌금과 공제액이 폐지됐으며, 여성들은 성냥제조노동조합을 결성했다. 약 8백 명의 조합원을 거느린 이 노동조합은 그 당시 최대의 여성 노동조합이었다. 더 중요한 것은 이 파업과 파업의 성공이, 사장들뿐 아니라 오래된 직업별노동조합과 TUC 자체까지도 뒤흔든, 다음 해까지 이어진 파업 물결의 시작을 알렸다는 점이다.

이 파업 물결이 최고조에 달한 것은 이듬해 톰 만이 이끈 런던 항만노동자들의 파업과 다른 많은 소규모 파업들이 벌어졌을 때였다. 항만노동자 파업은 특히 여성 노동자들에게 의미가 있었는데, 런던 이스트엔드의 가장 가난한 임시직 노동자들 수천 명이 그 파업에 참여했다. 그들은 자신들이 조직하고 승리할 수 있음을 입증했고, 이것이 수만 명의 다른 미조직 노동자들에게 용기를 줬다. 가스 노동자들의 노동조합 추진도 비슷한 영향을 미쳤다. 1889년과 1890년에는 런던 동부의 실버 케이블 회사(엘리너 마르크스가 최초의 가스노조 여성 지부를 조직한 곳이다)부터 이스트햄의 크로스앤블랙웰 공장에서 양파껍질을 벗기던 여성들까지 광범한 산업들에서 파업이 벌어졌다.[23] 그리고 파업은 런던에 국한되지 않았다. 1889년 리즈 여성 재봉사들의 파업은 몇 주만에 2천 명으로 성장한 노동여성협회의 결성으로 이어졌다.[24] 리버풀에서도 1889년에 수많은 여성 노동조합들이 설립됐다.[25]

결과적으로 19세기 마지막 10년 동안 노동조합운동이 급속히 확산됐다. 1886년 노동조합에 3만 6천9백 명의 여성들이 있었는데, 그 중 3만 4천5백 명이 방직노조 소속이었다. 1896년에는 전체 노동조합에 총 11만 7천8백88명의 여성들이 있었다. 여전히 방직업(10만 6천5백40명)이 지배적이었지만, 의복·식품·담배·사무직 노동조합에서 그 수가 증가하고 있었다. 1906년이 되면 이러한 추세가 더욱 분명해졌다. 16만 6천8백3명의 여성 조합원들 가운데 주로 앞에서 언급한 분야들과 유통, 일반노동, 공공 사무직에서 조합원 수가 많이 늘었다.[26]

전반적인 상황은 명백하다. 이러한 미숙련 노동자 파업의 추동력 때문에 남성뿐 아니라 여성들 사이에서도 장기적이고 영구적인 조직이 만들어졌다. 그것은 심지어 방직업처럼 산업 행동에 많이 참여하지 않았던 분야에도 파급 효과를 미쳤다. 그리하여 노동조합이 모든 사람에게 개방된 것이다. 여성 지부나 협회가 설립된 곳에서는 점차 중앙 노동조합과 밀접히 연관 맺거나 통합돼 갔다. 전반적으로 신노동조합들은, 일반노동조합의 형태든 '양복쟁이' 노동조합(사무직과 '품위 있는 직업')의 형태든, 처음부터 여성들을 받아들인 경우가 많았다.

파업이 노동조합에 대한 접근 방식을 이렇듯 바꿔 놓은 것은 그다지 놀라운 일이 아니다. 아래로부터 산업 투쟁의 분출은 편협한 직종과 성별 분열을 뛰어넘는 연대라는 사상을 낳았다. 신노동조합의 많은 지도자들은 이전 세대에 사회주의 사상을 통해 급진화한 이들이었다. 톰 만, 윌쏜, 존 번스, 엘리너 마르크스가 그러한 경우였다. 그들은 대규모 일반노동조합이라는 사상을 강조했고, 오래된 노동조합들을 끈질기게 따라다니던 편협한 직업별조합주의를 거부했다.

이러한 접근 방식뿐 아니라 저임금 미숙련 노동자들에게 가입을 개방함으로써 그들은 곧 낡은 방식을 고수한 TUC 지도자들과 충돌하게 됐다. 1890년 리버풀 TUC 대의원대회에서 몇 가지 문제들이 불거졌다. 이 대의원대회는 이전 대회들보다 대표성이 훨씬 더 컸다. 이 대회에는 2백11개 조직, 거의 1백5십만 명의 노동자들을 대표하는 4백57명의 대의원이

참가했는데, 그 전 해에는 88만 5천55명을 대표해 절반이 안 되는 수의 대의원들이 참가했다.[27]

신노동조합과 기존 노동조합의 충돌은 피할 수 없었다. 기존 노조 지도자들은 톰 만, 윌 쏜, 존 번스를 무시했다. 쏜은 "미숙련 노동자들의 대의원들을 전혀 고려하지 않고 있다고 항의하며, 발언 기회를 요구했다."[28] 엘리너 마르크스는 가스노조 총회에서 대표로 선출됐는데도 대의원대회에서 인정받지 못했다. 대표 자격을 인정받지 못한 이유는 엘리너가 노동여성이 아니라는 것이었다. 그러나 엘리너 마르크스가 지적했듯이, 여성노동조합동맹(WTUL)의 클레멘티너 블랙과 레이디 딜크는 모두 대의원대회 참가가 허용됐다.[29]

기존 노동조합운동의 구조는 모든 진정한 투쟁을 억누르고 있었다. 투쟁 수준이 높을 때 이것은 별 문제가 되지 않았다. 그러나 투쟁이 가라앉았을 때, 그리고 때맞춰 사장들이 노동계급을 공격했을 때, 모든 통제권은 다시 옛 노동조합들과 그 지도자들에게 돌아갔다. 신노동조합들도 자리를 잡아가면서 마찬가지로 관료화된 구조를 발전시켰고, 그 지도자들도 점차 현장 조합원들과 멀어지게 됐다. 이 과정은 1890년대에 속도를 더했고, 1880년대 투쟁의 지도자들 다수가 우경화하는 일도 함께 벌어졌다. 결국 20세기 첫 10년 사이에 확실히 자리 잡은 관료제를 갖춘 거대한 일반노동조합이 설립되면서, 이러한 움직임이 확고해졌다. 이 과정에서 패배자는 현장 조합원들, 특히 수많은 여성들을 포함한 미숙련 노동자들이었다.

그렇지만 신노동조합 물결은 여성들 사이에서 노동조합운동이 자리 잡는 데 도움이 됐다. 그러나 직업별노동조합이 지배하던 오래된 분야는 여전히 여성들에게 개방돼 있지 않았다. 요업(窯業)이나 인쇄업 같은 분야에서는 1890년대까지도 낮은 임금으로 남성의 일자리를 위협하는 여성들에 대한 논쟁이 벌어졌다. 때때로 옛 남성 직종에 여성이 들어오지 못하게 하는 것보다는 여성을 조직하는 것이 해결책으로 여겨졌다.[30] 런던 식자공협회는 1892년에 처음으로 여성 회원을 받아들였는데, 그 이유는 그 여성이 "직업임금"을 받았기 때문이었다.[31] 그러나 다른 경우들에는 여성이 노동의 영역에 들어오는 것을 정말로 꺼려했고, 그래서 1890년대에 "여성 금속 노동자와 목공 노동자들 사이에서 노동조합운동이 가장 뒤처졌다."[32] 20세기가 밝아오고 자동화와 대량생산 기술 때문에 미숙련 여성들이 흔히 전통적인 기술의 지위를 약화시키던 시점에 이러한 사실은 중대한 의미를 내포했다. 금속노조의 편협함과 여성에 대한 반감 때문에 계급적 노조 조직화는 훨씬 더 어려워졌다.

따라서 여성 노동조합운동의 근거가 여전히 존재했다. 엠마 패터슨이 죽은 뒤에도 WTUL은 독자적 조직화 운동을 계속했다. 그러나 이것은 가장 계급협조적인 측면들을 일부 버렸다. 1886년에 엠마 패터슨에게 골칫거리를 안겨줬던 좌파적 결의안이 통과된 뒤, WTUL의 연례 대회는 더는 자본과 노동의 '화친협약'을 칭찬하지 않았다. WTUL은 남성들이 값싼 여성 노동으로부터 보호받기를 원한다는 이유로 그들을 공격만 하려는 태도를 경계했다. 그리고 중간계급 자선가가 아니라 노동조합운동에 좀 더 호의적인 사람들로 보이려고 신경 썼다.[33]

이번에는 공식 운동이 WTUL의 요구와 여성 노동조합운동에 대한 강령적 접근 방식과 일맥상통하는 요구들을 채택했다. TUC 대의원대회는 1888년 여성 동일임금을 지지하는 표결을 했다. WTUL의 클레멘티너 블랙이 결의안을 제출한 뒤였다.[34] 엠마 패터슨은 주요 TUC 회의 동안 여성 문제를 토론하는 WTUL이 주도하는 모임들을 만들어서 여성 TUC의 전신을 효과적으로 확립해 놓았다.[35] 1885년 그는 독자적인 여성 노동조합 회의를 제안하기도 했다.[36]

여성 노동조합운동은 여전히 미약했다. 부분적으로 이것은 사장들의 공세의 결과였다. 그 공세는 1892년 브래드퍼드의 매닝엄 파업과 같은 분쟁을 촉발했는데, 그 파업은 패배해 1892~1893년 면화산업의 공장폐쇄로 이어졌다. 그것은 여성의 투쟁을 분리된 것으로 보는 견해의 산물이기도 했다. 그러한 견해가 바로 WTUL의 존재의 이유였지만, 남성 노동조합운동에도 영향을 미쳤다. 그래서 한 예로 1896년 글로스터의 식초 공장에서 남녀 노동자들이 벌인 파업은 여성들이 파업을 계속하는 동안 남성들은 공장으로 돌아가는 것으로 끝이 났다. 소년들이 파업을 파괴하기 위해 동원됐다. 그 지역 항만노조가 여성들을 지지했고, 여성들이 계속해서 그들이 자신들을 대표하는 것에 동의했다. 그러나 항만노조는 스스로 여성들을 조직하지 않고 WTUL이 여성들을 조직하라고 요구했다.[37]

메어리 맥아더와 여성노동조합동맹(WTUL)

메어리 맥아더는 노동조합운동에 참여한 여성들 가운데 가장 잘 알려진 인물 중 한 명이다. 그는 23살의 나이에 WTUL의 서기가 됐다. 그의 아버지는 에어에서 포목점을 운영했고, 그는 그곳에서 일했다. 메어리는 1901년 점원조합에 가입해 1902년 노동조합 대의원대회에 참석했고, 1903년에는 WTUL의 서기직에 올랐다. 그는 이 무렵에 독립노동당(ILP)

에 가입했다.

WTUL이 노동조합이 아니었기 때문에 메어리 맥아더는 곧 남성 노동조합이 여성들을 받아들이지 않을 때 여성들이 가입할 수 있는, 일반노동조합 사상에 입각한 특정 형태의 조직이 필요하다는 것을 깨달았다. 1906년 그는 전국여성노동자연맹(NFWW)을 결성했다. NFWW는 여성 일반노동조합이었고 "초창기 일반노동조합의 사상과 투쟁성에 뿌리를 두고 있었다. 그것은 임금·노동조건 향상 투쟁에서 대체로 파업이 그들이 쓸 수 있는 유일한 무기라는 것을 깨달았다."[38] 1909년 무렵에 NFWW 조합원은 4천 명이었다.[39]

그러나 NFWW는 단순히 여성 노동자들을 조직하는 수단만은 아닌 듯했다. 그것은 또 다른 목표를 갖고 있었다. 그것은 바로 공식 노동운동 안에 있는 일단의 여성들에게 발언권을 주는 것이었다. 쉴라 르웨넥은 다음과 같이 썼다.

> 전국여성노동자연맹(NFWW)의 설립 덕분에 연맹에서 일하는 목소리 큰, 교육받은 중간계급 여성들이 영국 노총(TUC)에 참석할 수 있었다.[40]

그리고 NFWW는 이러한 여성들이 여성 노동자들에 대한 최악의 "혹사"를 폐지할 법률 제정을 압박할 수 있게 했다. 메어리 맥아더는 혹사 산업에 반대하는 운동을 조직했다. 그는 사회의 모든 부문을 자신의 지지자로 끌어들이는 데 아무런 거리낌이 없었다. 그래서 1906년에 그가 조직한 혹사 산업 반대 전시회에서는 비어트리스 공주가 개회를 선언했다.

노동계급을 대변한 대표자들은 조지 랜즈버리와 램지 맥도널드뿐이었다.[41] 이러한 끈질긴 노력으로 혹사반대동맹이 결성됐다.

NFWW가 모든 계급에게 지지를 호소하는 것을 지향하기는 했지만, 투쟁에 대해서는 훨씬 더 전투적으로 접근했다. 그래서 메어리 맥아더는 1908년 런던 남부 투팅 지역의 코루겐저 공장에서 임금 삭감에 맞서 파업을 벌인 여성 상자 제조공들을 지지하는 시위를 조직했다.[42] 인정 많은 중간계급 개혁가들의 최저임금 쟁취 시도가 비록 법 개정에 치중되기는 했지만, 맥아더는 기꺼이 그것을 행동으로 뒷받침하려 했다.

이 점은 1909년 자유당 정부가 통과시킨 노사위원회법 때문에 분명히 드러났다. 그 법에 따라 4개 산업에서 최저임금을 정하기 위한 위원회를 설치했다. 자본가계급 일반은 이러한 발전을 지지했지만 특정 고용주 집단들, 특히 해당 산업인 체인·상자·레이스·의류 제조업의 고용주들은 적대적이었다. 웨스트미들랜즈 지역의 체인 제조 산업 사장들은 협정의 6개월 유예 조항을 이용해 여성 노동자들에게 새로이 정해진 임금을 지급하지 않았다. 일부는 노동자들을 설득해 6개월 동안 예전 임금을 받고 일한다는 계약서에 서명하게 만들었다.

메어리 맥아더는 새로운 임금을 즉각 적용할 것을 요구했다. 1910년 8월 대중 회합은 새로운 임금을 적용할 때만 일하기로 결의했다. NFWW는 여성들을 지지하는 일을 책임지고서 파업 기금, 시위, 다른 노동조합원들의 지지를 조직했다. 결국 노동자들은 크래들리 히스 지역의 자본가들을 때려눕히고 최저임금을 쟁취했다. 그들의 승리는 잠시뿐이기는 했지만 강력한 노동조합 조직화라는 성과도 거뒀다.[43]

이러한 운동들이 NFWW의 성장에 도움이 됐다. 1907년에 설립된 기관지 <여성 노동자>는 1909년에 발행 부수가 3만 2천부에 달했다.[44] NFWW 조합원은 첫해 2천5백 명에서 1914년 2만 명으로 증가했다.[45] 이러한 성장은 1910년부터 분출된 투쟁에 힘입은 바가 컸다.

1910~1914년은 대혼란기였다. 노동자들은 10년 동안 실질임금이 하락한 것에 엄청나게 높은 투쟁성으로 대응했다. 처음 파업이 벌어졌을 때부터 여성들이 참가했다. 여성들은 투쟁의 아주 큰 일부였다. 1910년과 1911년에는 특히 런던 남부와 동부에서 놀라울 정도로 광범한 여성 노동자들이 파업을 벌였다.

연쇄반응과도 같이, 1911년의 뜨거운 여름에 런던 여성들, 잼과 피클 노동자들, 넝마주이, 비스킷 제조공, 병 닦는 사람, 주석상자 제조공, 코코아 제조공, 증류주 제조공 — 일주일에 5~10실링을 버는 혹사 공장 노동자들 모두 — 임금 인상 파업에 돌입했다. 거의 대부분이 1~4실링의 임금 인상을 따내는 데 성공했다. 많은 곳에서 NFWW 지부들이 결성됐고 노동조합이 인정됐다. 모든 파업에 WTUL은 NFWW를 돕기 위해 조직자를 파견했다.[46]

파업은 버몬지에서만 약 1만 5천 명의 여성들과 25~30개 회사에 영향을 미쳤다. 여성들은 주로 항만 노동자 가족 출신이었다. WTUL의 보고에 따르면, 1911~1912년에 벌어진 21건의 파업 가운데 18건이 만족할 만한 성과를 거뒀다. 1913~1914년에도 비공식 파업이 엄청나게 많았다.[47] 다른 종류의 파업이 밀월(Millwall) 지역에 있는 머캐너키스 잼 공장에서 1911년에 벌어졌는데, 그곳 여성들은 어린 소녀들이 여성들의 일을 하는 것을 막기 위해 파업을 벌였다. 일주일 만에 4천 명의 여성들이 노동조합으로 조직됐는데, 80퍼센트가 기혼이고 아이들이 있었다.[48]

모든 파업이 승리한 것은 아니었다. 세인트팽크라스의 이드리스 공장 여성들의 파업이 대표적이다. 그 파업은 남성 파업 파괴자들 때문에 패배했다.[49] 그러나 이 시기의 전반적인 분위기는 여성들이 노동계급의 일부로서 자신들이 힘을 가졌다고 느꼈다는 것이다. "여성 노동자들은 갑작스레 자신감이 솟아나는 듯한 느낌을 받았다."[50]

이러한 자신감은 노조 조직화 수치에서 드러난다. 1906년 노동조합에 가입된 여성들은 16만 6천8백3명이었다. 이 수치는 1914년에 35만 7천9백56명으로 급증하는데,[51] 대부분 대혼란기의 성공적인 활동의 성과였다. WTUL뿐 아니라 메어리 맥아더와 NFWW가 이러한 발전에서 중요한 구실을 했다. 노동조합원 수와 파업 수준 때문에 영국 지배계급 사이에서 위기감이 커졌다. 이러한 문제들에 여성참정권과 아일랜드 자치 같은 문제들이 더해졌다. 한 가지 쟁점을 둘러싸고 투쟁하는 사람들 가운데 점점 더 많은 수가 다른 두 가지 문제들과의 연결 지점을 이해하기 시작했다.

그러나 1914년 제1차세계대전 발발과 함께 정부의 위기는 해소됐다. 노동당과 노동조합 지도자들 대부분이 적어도 어느 정도는 전쟁을 지지했다. 심지어 노동당과 노동조합 좌파들도 전쟁 지지 분위기에 다소 휩쓸렸다. 메어리 맥아더는 전쟁 기간 동안 자본과 노동 사이를 중재하는 데서 중요한 구실을 하게 됐다. 그렇게 하기 위해서 그는 대혼란기의 전투적 정책들과 거리가 먼, 훨씬 더 심각한 계급협조를 향해 WTUL과 NFWW의 방향을 틀었다.

전쟁 초기 메리왕비여성노동기금이 조성한 작업장들은 실업 여성들에게 일자리를 제공하고자 했다. 1915년 1월에 이 기금은 9천 명의 여성들에게 일자리를 제공했지만, 노동조건은 메어리 맥아더가 몇 년 동안 반대 운동을 벌인 혹사 공장들보다 더 나을 것이 없었다. 실비아 팽크허스트와 런던동부여성참정권연맹은 그 계획을 "메리 왕비의 혹사 공장"이라고 부르며 주당 1파운드의 최저임금을 지급하라고 요구했다. 그러나 메어리 맥아더 등 다양한 여성 노동조합 지도자들로 구성된 기금 위원회는 주당 11실링 6펜스의 최고임금을 옹호했다. 그것이 여성 평균 임금에 비해 향상된 것이라는 주장이었다.[52] 이는 1914년에 메어리 맥아더가 받은 3백50파운드의 연봉과 극명히 대조된다.[53]

메어리 맥아더는 노동조합 활동가들이 왕족의 개입에 대해 가질 수 있는 모든 우려를 가라앉혔다. 그는 WTUL 동료들에게 이렇게 말했다. "여왕님은 노동조합의 시각에서 본 상황을 모두 이해하고 계신다. 나는 분명히 여왕님에게 계급간 불평등과 그 부당함에 대해 설명해 드렸다."[54]

그러나 그 작업장들의 효과는 그리 오래가지 못했는데, 전시 생산의 필요 때문에 실업이 빠르게 해소됐기 때문이다. 실제로 1915년 초에 이르면 여성 노동에 대한 수요가 대단히 커졌다. 이전에 조직돼 있지 않았던 수많은 미숙련 여성들이 산업에 유입됐다. 그 즉시 그들은 1915년 군수물자법으로 제약받았는데, 그 법은 파업과 공장폐쇄를 불법화했다. 그러나 곧이어 그들은 또 전쟁 기간 내내 금속과 군수 산업에서 벌어진 거대한 투쟁, 즉 [노동] '희석'* 반대 투쟁에 직면했다.

---

* Dilution, 숙련노동을 미숙련노동으로 대체해 노동조건이나 임금 등을 저하시키는 것.

직장위원과 노동 희석

사장들은 전쟁을 이윤 증대의 수단이자 새로운 관례를 도입하고 임금을 삭감함으로써 강력한 노동조합 조직의 힘을 약화시키는 방편으로 생각했다. 이러한 과정은 전쟁 훨씬 전부터 진행되고 있었다. 자동화와 대량생산 기술, 특히 생산라인은 숙련 기술을 파괴하고, 흔히 생산량이 아니라 시간을 기준으로 한 더 낮은 임금 단가를 도입하는 데 이용됐다. 생산량이 아니라 노동자가 특정 업무를 수행하는 데 걸리는 시간에 따라 노동을 평가한 것은 개별 노동자의 생산에 대한 통제력을 축소시켰다.

숙련공들은 이러한 변화를 저지하기 위해 있는 힘을 다했고, 그들의 힘과 통제력을 침해하는 모든 시도에 맞서 치열한 방어전을 펼쳤다. 이러한 투쟁은 전쟁 초기에 전시라는 허울 아래 더 심각해진 공격에 맞서는 매우 강력한 직장위원 운동을 탄생시켰다.

전쟁이 발발했을 때 금속 노동자들이 여성 노동을 반대했다는 잘못된 추측이 때때로 제기된다. 실제로 그들은 군수품 공장에서 여성의 노동조건 전반에 대해 문제를 제기했는데, 이것은 그들 자신의 노동조건 악화를 막으려는 것이었다. 그들은 그렇게 하지 않으면 초래될 수 있는 기술의 '희석'이 매우 위험한 것이라고 생각했다. 그래서 1914년 비커스크레이포드 사(社)가 협의 없이 남성 임금의 절반 정도를 주고 탄피 제조 공정에 여성들을 채용했을 때 노동 희석을 둘러싸고 최초로 커다란 노사분규가 벌어졌다. 고용주들과 금속노조의 협약에 따르면, 여성들은 숙련 남성을 대체할 수 없었고 자동화된 기계에 국한돼 일해야 했다.[55]

여성 노동자들에 대한 그들의 태도가 지닌 성격은 직업별노동조합의 한계를 잘 드러냈다. 고용주들과 ASE가 맺은 탄피·신관(信管)협약은 이 분야에서 희석을 받아들이는 조건을 정한 것인데, 여성이 이전에 남성이 하던 일을 하는 경우에는 동일임금을 받아야 하지만 이것은 전쟁 기간에만 적용된다고 규정했다. 게다가 군수 산업에서 동일임금은 능률급에만 적용되고, 고정급이나 보너스에는 적용되지 않았다. 따라서 여성 임금은 (그리고 미숙련 남성 임금도) 여전히 숙련 남성 임금에 훨씬 못 미치는 경우가 대부분이었다.

메어리 맥아더가 의장을 맡은 여성전쟁노동자위원회가 1915년 4월 여성의 전시 노동조건을 규정한 것은 숙련 노동조합과 사장들의 분열을 막기 위한 것이었다. 여기에는 노동조합 가입 자격, 동일노동 동일임금, 혹사 금지, 실업자 훈련, 여성들로 채워졌던 직업에서 전쟁 후 남성에게 우선권을 주는 것 등이 포함됐다.[56]

마지막 사항은 단지 메어리 맥아더의 잘못이 아니라 NFWW 정책의 문제였다. 즉, "NFWW는 ASE가 임금 협상에서 그들과 공동 대응하기로 합의한 것에 대한 보답으로, 전쟁이 끝나면 ASE가 요구하는 모든 직업에서 자신의 조합원들을 철수시키기로 합의했다."[57] 제임스 힌턴이 지적하듯이, ASE의 방해에도 불구하고 여성들은 NFWW보다는 일반노동조합에 가입하는 경우가 많았지만, ASE는 일반노동조합들보다 NFWW와의 협약을 선호했다.[58]

그러나 여성의 군수공장 진출은 임금, 기대치, 노조 조직화를 향상시켰다. 특히 1916년 클라이드노동자협약은 여성들이 최악의 임금과 노동조건에서 일하는 것을 방지했다.

전시 노동의 희석과 관련된 모든 협약들 가운데 클라이드노동자협약은 노동자들을 위한 최상의 조건을 쟁취했는데, 이것은 주로 클라이드에서 새롭게 탄생한 직장위원 운동이 강력했기 때문이었다.[59]

그러나 사라 보스턴은 "대부분이 여성인 [노동] 희석자들을 위해 동일임금이나 직업임금을 쟁취하려는 완강한 투쟁"은 여성 노동자들에게 이익이 되기보다는 남성의 지위를 보호하기 위한 것이었다고 주장한다.[60] 그의 주장은 일정 정도 옳기는 하지만, 희석 반대 투쟁의 이중적 성격을 고려하지 못하고 있다. 그것은 특정 노동자들을 보호하려는 편협한 투쟁이었다. 그러나 직장위원 운동이 낳은 투쟁의 강력함 덕분에 사장들의 노동 침해를 저지하고 그들에 맞서 반격할 수 있었을 뿐 아니라, 그 과정에서 미숙련 노동자들의 노동조건을 개선할 수 있었다.

따라서 숙련 남성 노동자들이 이기적으로 자신들만의 이익을 위해 투쟁했다는 것은 사실이 아니다. 실제로 여성 노동자들을 방어하는 데서 그들이 거둔 성적은 독자적인 여성 노동조합인 NFWW보다 여러 면에서 나았다. 글래스고의 파크헤드 제철소에서 NFWW 노조 조직은 1백 퍼센트가 ASE 직장위원들 덕분에 조직됐다. 글래스고에 있는 비어드모어 사(社)의 이스트호프스트릿 공장에서 태업이 벌어진 뒤 4명의 소녀들이 해고됐을 때, 노동자들은 그들의 복직을 요구하는 파업에 돌입했다. 그러나 남성 노동조합과 여성 노동조합의 태도는 무척 달랐다. NFWW가 파업과의 관계를 부정한 반면, ASE 조합원들은 파업을 지지했다. 파업이 확산되고, 클라이드노동자위원회는 모금을 벌였다. 어느 순간 총파업이 임박한 듯했다. 그러나 그 문제는 중재로 끝났다.[61]

이러한 노동자들의 태도는 그 노동조합운동 형태가 가진 엄청난 힘을 보여 줬지만, 동시에 직능의 이해관계를 뛰어넘을 수 있는 능력에 한계가 있다는 것도 드러냈다. 그러나 숙련 노동자들은 종종 사용자들이 하고 싶은 대로 하지 못하게 막아냈고, 따라서 그 과정에서 **전체** 노동자를 위한 어지간한 노동조건을 유지하는 데 기여했다. 전쟁이 끝난 뒤 이어진 산업적·정치적 고양기에 숙련 노동자들은 자본주의 질서 전반에 도전한 노동계급의 가장 선진적인 부위였다.

전쟁이 여성 노동조합운동에 미친 영향은 경이로웠다. 1918년에는 여성 조합원이 1백만 명이 넘었다. 그들은 대부분 직업별노동조합이 아니라 거대한 일반노동조합에 가입했다. 일반노동조합에 속한 여성들은 1914년 2만 3천5백34명에서 1918년 21만 6천 명으로 증가했다. 운송노조는 1914년 겨우 6백50명에서 1918년 5만 4천 명으로, 의류노조는 2만 6천 명 이하에서 11만 9천 명으로 여성 조합원이 늘어났다. 유통과 사무 노동조합들에서도 여성 조합원이 급격히 증가했다.[62] 단지 여성이 남성의 자리를 대신한 산업뿐 아니라 전통적인 여성 산업과 새롭게 성장한 산업들에서도 여성 조합원이 증가했다.

많은 노동조합에서 조합원 수는 전쟁이 끝난 뒤에도 계속 유지됐다. 일반노동조합의 "1919년 말 전체 여성 조합원 수가 전쟁이 끝났을 당시에 비해 줄지 않았다는 것이 거의 확실하다."[63]

NFWW 조합원 수는 전쟁이 끝났을 무렵 8만 명이었다. 메어리 맥아더는 다양한 정부 위원회에서는 기꺼이 일하려고 하면서도, 일단 전쟁이 끝나자 너무 좌파로 보이는 것은 피했다. 그는 1918년 선거에서 스타워브리지 지역 노동당 후보로 출마했는데 팽크허스트 부인한테서 빨갱이라는 비난을 받았다. 그는 서작(敍爵) 명단에서 제외됐는데, 로이드 조지가 메리 왕비에게 그와 그의 남편이 너무 급진적이라고 말했기 때문이었다![64]

전쟁이 끝난 바로 이듬해 독자적인 여성 노동조합들은 공식기구에 완전히 편입됐다. NFWW는 전국일반노동자노조와 통합했고, 1921년부터 NUGW의 여성 지부가 됐다. TUC는 여성부를 창설했고 중앙위원회에서 여성에게 2석을 배정했다.[65] 메어리 맥아더가 1921년에 사망하고, 같은 해 WTUL은 TUC의 일부가 됐다.[66] 마가렛 본드필드는 1923년에 TUC 최초 여성 위원장이 됐다. 그러나 그는 노동당 의원으로 당선돼 임기 중에 위원장을 그만뒀다.[67]

대규모 노동조합들의 등장은 양차 세계대전 사이 기간의 특징이었다. 그러나 그러한 노동조합들이 노동자들의 높은 투쟁 수준을 나타내는 것은 아니었다. 사실, 그 시기에는 높은 실업률과 사장들의 공세가 특징이었다. 이러한 공세를 뒤집으려는 시도로서, 광범한 지지를 받았지만 단명하고 말았던 총파업이 1926년에 벌어졌는데, 노조 지도자들의 소심함 때문에 실패했다. 총파업의 패배는 노동조합 조직화 전반에 흔적을 남겨, 그 뒤 10여 년 동안 노동조합 조직은 심각하게 약화됐다. 정치적으로는, 노조 지도자들이 우경화해 계급투쟁보다는 자제를 역설했다.

또다시, 여성 정책은 이러한 사상의 영향을 받았다. TUC는 여성 조직화에 관해 지배적인 사상 전반에 거의 도전하지 않는 견해를 채택했다. 이를테면 기혼 여성을 특정 형태의 고용에서 제외해야 한다는 생각(일부 공공 부문과 지방정부의 일자리에서 이러한 일이 벌어졌다)이나 여성은 뭐니 뭐니 해도 가사 노동에 가장 적합하다는 생각을 받아들였다. 실제로 TUC와 노동당은 높은 실업률을 해결하는 수단으로서 여성들이 가내 서비스업으로 가야한다는 생각을 조장했다. 그러나 이렇듯 실업이 만연한 데도, 그들은 일단 다른 곳에서 일해 본 경험이 있는 여성들이 형편없는 임금과 끔찍한 노동조건의 가내 서비스업에 종사하도록 설득하는 데 실패했다.

총파업 패배 뒤 운동에서 우파가 오랫동안 우위를 점했다. 공산당이 소수파운동(노동조합에서 좌파와 투사를 조직하려는 시도)을 통해 여성 노동자에게 이익이 될 계급적 요구를 제기하려고 노력했다. 그러나 소수파운동의 구성원들 대다수는 흔히 마녀사냥을 당하거나 기껏해야 무시당했다. 노동조합원 수도 줄었는데, 이 점은 특히 여성 노동자들에게 나쁜 영향을 미쳤다.

1939년에 TUC 소속 노동조합들에서 여성 조합원이 50만 명이었는데, 이는 1918년의 절반에도 미치지 못하는 수였다. 그러나 사실 노동인구에서 여성 노동자가 차지하는 비율은 1923년 약 27.4퍼센트에서 1939년 30퍼센트 이상으로 증가했다.[68]

여성 조합원을 모집하려는 시도는 계속됐지만, 활동이나 투쟁이 아니라 일반적인 호소에 기초를 둔 것이었다. 1930년대 후반에 전투성이 고양됐을 때조차 TUC는 여전히 노동조합운동이 건강과 아름다움을 증진시킨다는 주장으로 신입 여성 조합원을 끌어들이려고 애썼다![69]

그러나 1930년대 후반에 투쟁 수준이 높아지고 실업이 줄어들면서 작업장에서 노동조합 조직화가 더 쉬워졌고 이것이 다시 더 많은 여성 노동자들을 노동조합으로 끌어당겼다. 노동력 부족 때문에 1935년 런던 시의회는 교사와 의료 노동자들에 대한 결혼 제한(이 직종들에서 기혼 여성 노동자 고용을 금지하는 제도)을 철폐했다. 1930년대 중반부터 다시 성장한 노동조합들에서 가장 중요한 핵심 쟁점으로 떠오른 것은 동일임금이었다. 동일임금 문제는 그때부터 40년 동안 주요한 "여성 쟁점"으로 남아 있게 된다.

동일임금 운동

1888년에 TUC는 원칙적으로 동일임금에 찬성했다. 제1차세계대전 뒤 정치적 합의를 구체화해 놓은 베르사유조약에는 직업임금제가 보장돼 있었다. [그러나] 대다수 여성들에게 이것은 현실과 동떨어진 이야기였다. 심지어 남성과 똑같거나 비슷한 일을 하는 경우에도 여성 육체노동자들의 임금은 여전히 남성 임금보다 훨씬 적었고, 대개 절반에도 못 미쳤다. 이 문제가 양차 세계대전 사이에 활발하게 제기된 것은 화이트칼라 직종 — 대부분 교육이나 사회 서비스 같은 '전문직' — 에서였다. 이 분야에서는 특히 결혼 제한이 흔히 적용됐기 때문에, 스스로 생계를 책임져야 했던 독신 여성들이 독신 남성들보다 더 적게 받는 것이 부당하다고 여겨졌다.

그러나 1930년대에 이르면 육체직 노동조합들도 동일임금 요구를 내걸었다. 그 요구는 '직업임금'으로 정식화됐다. 특정 직업은 그것을 수행하는 사람의 성이 아니라 어떤 직업이냐에 따라 가치가 매겨져야 한다는 것이다. 금속노조 AEU는 1935년에 동일임금을 요구하는 결의안을 통과시켰다. 이것은 AEU가 여성 조합원을 받아들이기 8년 전 일이었다![70]

1936년에 하원은 '하위직' 공무원들의 동일임금을 가결하는 데까지 나아갔다. 보수당 총리 스탠리 볼드윈은 그 즉시 투표 결과를 따르기를 거부했다. 그러나 여성 노동자들이 겪는 불평등의 가장 기본적인 문제를 제기하는 운동이 시작됐다.

이 운동은 노동조합의 여성 조합원 수의 증가에서 어느 정도 자극을 받았다. 1939년에 여성 조합원 수가 1백만 명을 넘어섰다.[71] 여성 조합원 수는 일반적인 신규 모집뿐 아니라 1930년대 후반 작업장에서 늘어난 노조 조직화를 반영했다. 1939년 이후 전시 상황에서 동일임금 문제가 첨예하게 부각됐다. 여성은 제1차세계대전 때 그랬던 것처럼 군수 산업과 전쟁 산업에서 남성 직업에 종사했지만, 여전히 대부분 남성 임금의 절반 정도를 받았다. 이것은 두 부문에서 반발을 샀다. 즉, 여성은 남성이 받던 것과 같은 임금을 받아야 한다고 요구했고, 남성 역시 낮은 임금을 받는 여성이 자신의 임금을 깎아 내리고 결국 일자리를 빼앗는 것을 두려워해 '직업임금'을 요구했다.

다시 한 번 남성 노동조합들이 동일임금 요구의 최선두에 섰는데, 보통 모든 노동자의 적정 임금을 지키려는 우려에서 나온 것이었다. 1943년에 글래스고의 힐링턴에 있는 롤스로이스 사(社)에서 이 쟁점을 둘러싼 파업이 벌어졌다. 1944년 TUC 대의원대회는 '직업임금'을 요구하는 결의안을 통과시켰고, 같은 해 정부는 동일임금위원회를 설치했다.

여성 노동자들은 1945년에 집권한 노동당 정부에게서 더 나은 것을 기대할 수 없었다. 재무장관 휴 돌턴은 위원회의 보고가 있을 때까지 동일임금에 대한 결정을 미뤘다. 1946년 위원회가 보고서를 발표했을 때, 이 위원회는 '하위직' 공무원 노동자를 제외하고는 동일임금을 거의 권고

하지 않았다. 다른 한편 동일임금이 시행되면 남성이 여성을 대체할 것이라는 생각이 있었다. 노동당 정부는 경제적 이유로 위원회의 권고조차 이행하기를 거부했다.[72]

그러나 안타깝게도 전쟁 기간 동안 노조 지도자들은 계속해서 여성의 지위에 대한 후진적 사상을 고수했다. 1942년 TUC 여성자문회의는 전후 계획안에 기혼 여성들이 일을 그만두도록 장려하고 가사 노동의 지위를 높여야 한다는 내용을 포함시켰다.[73] 다행히도 대의원들은 이 안을 부결시켰다. 그러나 전후 노동당 정부와 함께 동일임금이 실현될 것이라는 모든 기대는 금방 깨졌다. TUC는 1944년 직전에는 동일임금에 전념했지만, 노동당 정권의 임금 동결을 지지함으로써 자신의 약속을 어기게 됐다.

이렇게 동일임금 문제는 다시 정치의 주변으로 밀려났다. 그러나 공공 부문에서는 동일임금 요구가 적어도 서류상으로는 현실화되고 있었다. 1950년대에 교사와 공무원 노동자들은 마침내 남녀 동일임금을 쟁취했다. 그 사이 유럽에서는 1959년 로마조약의 일환으로 유럽경제공동체(EEC)가 국제노동기구(ILO) 협약 제100호, "동일 가치 노동에 대한 동일임금"에 관한 협약을 채택했다. 이것은 최초 6개 회원국에서 여성들이 적어도 서류상으로는 동일임금을 보장받았음을 뜻했다. 영국은 1960년대 후반과 해럴드 윌슨의 노동당 정부 말기까지[1976년] 계속 잡음을 내며 그 문제를 질질 끌었다. 동일임금·성차별금지 법안은 1968년에 입안됐다. 이와 함께, 같은 해 포드 여성 재봉공들이 동일임금을 요구하며 파업을 벌였다. 이듬해, 노동부 장관 바버러 캐슬이 새로운 동일임금 법안을 제출했다.

법률은 처음부터 형편없었다. 해럴드 윌슨은 TUC 대의원대회에서 파업을 줄이면 동일임금을 양보할 수 있다고 말했다. 바버러 캐슬을 방문한 TUC 대표단은 동일임금을 단계적으로 7년에 걸쳐 시행할 것이고, ILO 협약 제100호를 현재는 비준하지 않을 것이며(그래서 동일 가치에 대한 동일임금이라는 개념의 법률에 매이는 것을 피하려 했다), 동일임금은 어찌됐든 남성 임금을 희생할 때만 도입할 수 있다는 얘기를 들었다.[74]

바버러 캐슬은 자신의 말에 충실했다. 동일임금법은 1970년에 통과됐지만 1975년까지 실시되지 않았다. 그에 따르면 남성과 동일하거나 '비슷한' 노동(직업평가기구가 이 '비슷한' 노동을 결정할 것이었다)이라는 매우 편협한 정의에 따라 동일임금이 지급됐다. 이러한 식으로 동일임금을 정하는 것은 말 그대로 남성들과 함께 일하지 않는 수많은 여성들을 당장에 법 테두리 밖에 방치해 둔다는 뜻이었다. 단계별 시행은 차별적인 등급제를 통해 고용주들에게 법을 빠져나갈 시간을 벌어주기도 했다.

그러나 동일임금법 통과는 많은 여성 노동자들에게 작지만 의미 있는 변화를 가져다줬다. 1970년 여성의 시간당 총 수입은 남성의 63.1퍼센트였다. 그 비율은 1975년에 72.1퍼센트, 1976년에 이르면 75.5퍼센트가 됐다. 1978년부터 그 수치는 73~74퍼센트 주위를 맴돌아 그 수준에 머무르는 듯하다.[75] 주당 소득 수치도 (남성들이 더 긴 시간 일한다는 점을 고려하면) 여성 임금의 비율이 올라갔음을 보여 줬다. 이것은 의심의 여지없이 법안 통과와 거기에 더해 동일임금을 요구하고 많은 경우 파업을 벌인 여성 노동자들의 기대 상승 때문이라고 할 수 있다. 임금 부문에서 여성들의 지위 향상은 오늘날 노동인구에서 더 확고해진 여성의 지위를 반영하는 것이기도 하다.

1970년대 초에는 중요한 동일임금 파업이 많이 벌어졌다. 여기에는 공식 노동조합 기구들의 태도가 중요했다. 금속노조 AUEW와 기계설계사노조 TASS가 동일임금을 쟁취하는 데 열의를 보였기 때문에 소속 노동조합들에서 수많은 동일임금 파업들이 벌어졌다. 이 파업들 대부분이 여성들을 또다시 밑바닥에 붙들어놓는 등급제에 항의했다. 몇몇 사례가 사장들이 동일임금을 회피하는 더러운 수법을 보여 준다. 블레츨리의 테틀리티백스 사(社)에서 벌어진 2주 동안의 공장점거는 남성 생산직 노동자들이 지게차를 몰아야 하는 상황이 있을 수 있다는 이유로 1파운드의 특별수당을 받는 데 항의하는 것이었다. [그러나] 남성 노동자들은 한 번도 그 일을 하지 않았다. 던롭 사(社) 코번트리 공장의 노동자들은 여성들을 가장 낮은 직급에 배치한 새로운 '통합' 등급제에 반대해 4주 동안 파업했다.[76]

1975년 3월 스톡포트의 네틀 부품회사에서 벌어진 AUEW 파업이 같은 지역의 프리드랜즈 사(社)와 보브로스 사(社) 파업으로 이어진 것처럼, 파업의 성공은 흔히 그 지방에서 더 많은 파업들을 촉발시켰다.[77] 파업이 성공하느냐 실패하느냐는 대부분 외부의 지지에 달려 있었다. 랭커셔의 헤이우드에 위치한 SEI 사(社)에서 8주 동안 벌어진 파업과 공장점거가 패배한 것은 파업에 참여한 여성들이 외부의 지지, 특히 지역의 남성 조합원들의 지지를 얻는 데 실패했기 때문이다. 그러나 리버풀의 윙그로브 앤로저스 사(社)에서 일어난 비슷한 파업은 승리했는데, 왜냐하면 연대를 이끌어 냈기 때문이다.[78] 지역 노동조합 지도부가 승리를 이끄는 데 핵심 역할을 했다. 이것은 서로 다른 지역에서 투쟁이 불균등한 이유를 설명해 준다.

1970년대 초에 상대적으로 동일임금 투쟁이 많이 벌어진 배경은 전반적으로 높은 계급투쟁 수준이다. 1969~1974년은 계급투쟁의 고양기였고, 노동계급은 중요한 승리들을 쟁취했다. 여성 노동자들은 특히 임금을 둘러싸고 전례 없는 규모로 행동에 나섰다.

그러나 이러한 상황은 오래가지 않았다. 1970년대 중반에 런던 서부에서 벌어진 트리코 쟁의 같은 인상적인 장기 파업들이 있기는 했지만, 그러한 파업들은 점점 더 승리하기 어려워졌다. 바즐던의 야들리 사(社) 여성들의 파업은 산업분규심판소가 파업 노동자들에게 불리한 판결을 내린 뒤 결국 패배했다.[79] 노동조합 상근 간부들은 동일임금 투쟁을 점점 더 심판소로 넘겨버렸다. 그러나 파업 행동이라는 강제력이 없으면, 여성들은 흔히 약자의 위치에 있게 된다. 심판소에 의지하면, 여성들은 불공평하고 불리한 처지에 놓이게 된다. 동일임금 심판소에 관한 최근의 한 연구는 첫 두 해 뒤에 소송 청구가 대대적으로 기각되면서 심판소가 전혀 쓸모없다는 것을 스스로 입증했음을 보여 준다. 동일임금 심판소는 대부분 원고(노동자)에게 불리한 판결을 내렸다.[80]

대다수 여성들은 여전히 낮은 임금을 받았다.[81] 대다수 여성들은 자신들에게 불리한 제도에 직면했을 때, 소송을 제기하기를 포기했다.[82] 노조 상근 간부들은 흔히 여성들이 그렇게 하도록 부추겼다. 소수의 개인들은 동일임금법이 더 폭넓은 유럽경제공동체(EEC)의 규정에 맞도록 개정된 사실을 이용해 소송에서 승리할 수 있었다. 그러나 잔느 그레고리의 연구는 소송에서 이기는 데 노동조합이 도움이 된 경우도 많았지만 "쓸모없는" 경우도 많았음을 보여 준다.[83]

"페미니스트 소득정책"

이렇게 대다수 관료들이 동일임금 소송에서 싸워 이기는 데 소극적인 이유는 산업 투쟁을 바라보는 그들의 편협한 시각 때문이다. 그들은 산업 투쟁을 단순히 부문의 시각으로 바라보기 때문에, 더 넓은 **정치적 시각**을 갖지 않는 한 구조적 불평등에 도전할 수 없다. 그 구조적 불평등은 직업 차별과 같은 장치들을 통해 유지된다. 그들은 위기 투성이인 체제의 우선 순위에도 도전할 수 없다. 그 체제는 여성들에게 동일임금을 주는 것을 피하기 위해 있는 힘을 다할 것이다. 노조 지도자들은 그 주제에 대해 1969년에 인사관리협회가 내놓은 소책자와 똑같은 말들을 너무나 자주 되풀이한다. 즉,

> 여성 동일임금은 임금 격차가 해소될 때까지 여성이 남성보다 더 큰 인상액을 받는 경우에만 이뤄질 수 있다는 것을, [그리고 — 린지 저먼] 여성이 더 많이 받으려면 남성은 더 적게 받아야 한다는 것을 받아들 이도록 노동조합을 설득해야 한다.[84]

노조 지도자들은 한정된 양의 돈만 나눠줄 수 있다는 사장들의 주장을 받아들이기 때문에, 지금의 임금 구조에 진정으로 도전하려 하지 않는다. 최근 몇 년 사이에는 "페미니스트 소득정책" 요구가 그들의 주장에 페미니스트 색조를 가미해 그들의 제한적 접근 방식을 정당화하는 데 도움을 주고 있다. 비어트릭스 캠벨은, 나중에 후퇴하기는 했지만, 남성 임금에 대한 여성 임금의 향상 수단으로서 페미니스트 소득정책을 제기했다. 이것은 소득정책(그것이 한 번도 저임금 노동자들에게 이득이 된 적

이 없었다는 점, 심지어 그러한 수사로 치장했을 때조차 그랬다는 점)에 대한 몰이해를 드러낸다. 게다가 그 주장에 담긴 단 하나의 철학은 여성이 남성의 희생을 통해서만 이익을 얻을 수 있다는 것이었다.[85]

이 주장은 동일임금 투쟁의 실패를 반영한다. 그리고 현상 유지를 받아들이고, 따라서 오직 주변적인 변화만을 획득할 수 있다고 믿는 분위기를 보여 준다. 입법 개혁의 실패는 역설적이게도 동일임금에 대한 개량주의 사상, 특히 지난 20년 사이에 발전한 개량주의 페미니즘을 강화했다.

그러나 동일임금이 쟁점이 되고 법안이 도입된 사실은 제2차세계대전 이후 노동조합이 어떻게 변했는지를 다소 보여 준다. 전후 호황기에 여성들이 노동인구에 진입하면서 대규모로 노동조합에 가입했다. 여성 조합원 수는 1951~1974년에 두 배 증가해 2백5십만 명을 넘어섰다.[86] 그리고 1960년대 말과 1970년대 초에 여성들은 계급투쟁의 상승 조류에서 중요한 역할을 했다. 포드 재봉공들의 동일임금 파업이나 1971년 야간 청소부들의 조직화 투쟁처럼, 여성들이 참여한 파업들 가운데 일부는 매우 유명하다. 그보다 잘 알려져 있지는 않지만 1969년 이후부터 벌어진 교사 파업들, 수많은 동일임금 파업들, 그리고 아시아계 여성 노동자들이 맨스필드 호저리 사(社)나 임페리얼 타이프라이터즈 사(社)(이곳에서 여성들은 백인 노동조합원들과도 싸워야 했다) 같은 곳에서 벌인 중요한 투쟁들이 있다.

노동조합 가입은 남성들보다 여성들 사이에서 계속해서 더 빠르게 증가했다. 그러나 여성들 사이에서 노조 조직화는 불균등하다. 시간제 노동자들과 여성 사업장의 노동자들은 노동조합에 잘 가입하지 않는 경향이 있다.[87] 여성 조합원 수는 민간 산업보다 공공 부문에서 훨씬 높다. 그러나 공공 부문에서 사업장 규모에 따라 노조 조직화에서 결정적 차이가 생긴다. 1천 명 이상 사업장에서는 전일제 여성 노동자의 58퍼센트가 조합원인 반면, 25명 미만 작업장은 17퍼센트만이 조합원이다.[88] 오늘날 공공노조(NUPE), 교원노조(NUT), 지방정부공무원노조(NALGO), 공무원노조(CPSA), 상점노동자노조(USDAW) 같은 노동조합의 조합원 다수가 여성이다.

여성 노조 조직화의 성장은 지난 30~40년 사이에 노동조합운동 내의 세력 균형을 꽤 바꿔 놓았다. 화이트칼라 노동조합들은 TUC에서 중요한 역할을 한다. 그들이 앞으로 노동조합이 성장하려면 여성이 매우 중요하다고 생각하기 때문에 최근 몇 년 동안 상징적으로나마 평등을 추구하는 움직임이 뚜렷해졌다. 흔히 이러한 변화에 대한 압력은 노동조합 상층부보다는 현장 조합원들에게서 나온다. 1970년대에는 많은 화이트칼라 노동조합에서 비공식 현장 조합원 조직들이 여성을 조직하는 데서 중요한 구실을 했다.

오늘날 많은 노동조합들이 여성 훈련 프로그램을 조직하고, 여성 간부를 임명하고, 여성위원회를 선출하며, 적어도 말로는 보육과 동일임금 요구를 지지한다. 전국낙태권캠페인(NAC)이 광범하게 노동조합들의 지지를 얻어 내는 데 성공한 것은 적어도 부분적으로는 노동조합원 수가 증가했기 때문임이 틀림없다.

여성 현장 조합원들의 수는 엄청나게 많은 반면, 노동조합 기구의 최고위직을 차지한 여성들은 극소수였다. 여성 조합원이 25만 명인 운수일반노동조합(TGWU)에는 집행부 39명 가운데 여성이 딱 1명뿐이었고, 여성 상근 간부는 (전체 5백2명 가운데) 10명뿐이었다. 최근 몇 년 사이에 많은 화이트칼라 노동조합들에서 이러한 상황이 바뀌기 시작했는데, 그것은 부분적으로는 할당제 때문이었다. 오늘날 일부 노동조합에서는 노조 집행부에서 여성 비율이 꽤 높다. 한 예로, [공공노조인] NUPE에서는 집행부 26명 가운데 10명이 여성이다.[89]

이러한 불균형 때문에 페미니스트들이 주도해서 노동조합 내부의 적극적 조치나 긍정적 차별 도입을 많이 제기하게 됐다. 여성 사무총장이나 더 많은 여성 상근 간부들이 노동조합에서 여성들의 지위를 모든 측면에서 향상시킬 것이라는 생각이 매우 강력하다. 오늘날 대부분의 화이트칼라와 육체직 노동조합에는 몇몇 형태의 적극적 조치 규정이 있다. 그러나 이러한 제도를 제정함으로써 여성 조합원들의 상황이 크게 나아졌다는 증거는 거의 없다. 그러한 제도들은 보통 페미니스트인 소수 여성들을 위한 영역으로 남는데, 그들은 "노동조합에서 일하면서 연구 부서들을 늘리고, 비전임(非專任) 활동가로서 정책 개발에서 일정한 역할을 한다."[90]

이러한 여성들은 그들이 대변하려 한다는 현장 조합원들과 동떨어져 있다. 그들은 노동조합 기구들을 통제하고 자본가와 노동자 사이를 중재하는 관료라는 특권층의 일부이다. 이러한 집단의 일부로서 그들의 이해관계는 여성으로서 그들이 가질 수도 있는 여성 노동자들과의 공통의 이해관계보다 중요하다. 이 때문에 그들은 결국 그들과 같은 위치에 있는 남성들과 똑같은 방식으로 행동하게 된다. 여성 상근 간부와 집행부는 여성해방 투쟁을 발전시키는 데 도움이 될 여성 노동자들의 투쟁을 고무하기는커녕 여성 노동자들을 희생시켜서라도 협상하고 타협하기 위해 최선을 다한다.

노동조합 상층부에서 여성이 별 영향을 미치지 못한 사실은 노동조합 조직의 보수성과 그 조직이 현 상태에 도전하기를 꺼린다는 것을 보여 준다. 그러나 여성들의 노조 조직화에는 이중의 면이 있다. 조직 여성의 수, 교사부터 간호사와 청소부에 이르는 다양한 여성 노동자들의 대규모 투쟁 등 이 모든 것은 여성들이 노동조합운동의 일부가 되면서 이룩한 거대한 전진을 가리킨다. 동시에, 그들의 투쟁이 폭발해 흔히 관료들의 바람과 필요를 넘어서면, 관료들은 투쟁을 억제하려고 온 힘을 다한다.

노동조합의 한계는, 정치적으로나 경제적으로 모두, 노동조합에서 여성에 대한 남성의 일반적인 태도를 설명하는 데 매우 도움이 된다. 적어도 관료층과 지역 활동가들 사이에서는 여성을 차별하는 낡은 사고방식, 예를 들면 여성들이 용돈벌이나 하려고 일한다는 생각이 많이 깨졌다. 그러나 이러한 생각은 흔히 "우리가 대신 해줄게"라는 선심 쓰는 척하는 방식으로 대체됐다. 이것은 거의 1세기 전 WTUL의 정치의 특징이었다. 이러한 선심 쓰는 듯한 태도가 남성들에게만 해당되는 것도 아니다. 많은 페미니스트들이 비슷한 견해를 취한다. 게다가 페미니스트들의 주장은 흔히 노동운동 내에서 우경화를 가리기 위한 핑계거리로 이용된다. 노사간 자율 교섭에 반대하는 주장이나 작업장에서 여성의 이익이 남성의 이익과 다르다는 생각이 바로 그러한 경우다.

노사간 자율 교섭에 반대하는 주장은 그것이 위계적이고, 임금 격차를 유지하고, 가족임금을 암묵적으로 지지하는 것이며, 이러한 이유들 때문에 여성을 차별하는 것이라고 본다. 비어트릭스 캠벨은 1970년대에 ≪붉은 깃발≫에 노동조합을 공격하는 연재 기사를 시작하면서 이러한 주장을 누구보다 강하게 제기했다.[91] 그는 1982년에 ≪달콤한 자유≫에서 한층 더 나아가 이렇게 주장했다.

그러나 노동조합 교섭 — 임금과 임금 격차 유지에 초점을 둔 — 의 전통적 우선순위는 여성을 낮은 임금의 늪에서 빠져나오게 하거나 여성의 가사 의무를 줄이는 데 도움이 되지 않았다. 그렇기는커녕 '노사간 자율 교섭'이라고 알려진 과정은 주로 남성 노동자들의 이익을 방어하는 것이다.[92]

이러한 주장의 문제점은 단순하다. 노사간 자율 교섭과 일반적인 노동조합의 관행은 제한적이고 자본주의 체제의 우선순위 자체에 도전하지 않는다. 그러면 대안은 무엇인가? 그 대안은 둘 중 하나다. 즉, 그 하나는 자본주의 체제의 혁명적 전복을 위한 투쟁으로서 이것은 단지 부문적이거나 생디칼리즘적인 도전만이 아니라 정치적 도전을 요구한다. 다른 하나는 심지어 노사간 자율 교섭의 제한된 성과에서도 후퇴해 일종의 위로부터 페미니스트적 강제로 나아가는 것이다.

당연하게도 캠벨은 후자를 선택한다. 그는 노동조합이 정치화하고 페미니스트화해야 하며, 여성 임금을 향상시킬 방법은 "페미니스트 소득정책"이라고 주장한다. 그러나 1970년대의 경험은 1970년대 중반에 남성에 비해 여성 임금이 상승한 것은 대부분 수많은 파업들을 포함한 동일임금 쟁취 투쟁 덕분이었음을 말해 준다. TUC와 노동당 정부가 합의한 소득정책인 '사회협약'의 결과로서 임금이 동결됐는데, 당시 임금심의회의 보호를 받는 노동자들은 2년 넘게 최소 목표액인 주당 30파운드보다 낮은 임금을 받아야 했다.[93] 소득정책은 임금 억제라는 미명하에 특히 최저임금

노동자들의 실질임금을 저하시키는 경우가 많았다. 노사간 자율 교섭에 대한 어떤 근거 없는 믿음 때문이 아니라, 이러한 이유 때문에 많은 사회주의자들과 페미니스트들은 페미니스트 소득정책조차도 반대한다.

그러나 페미니스트 소득정책이 많은 페미니스트들조차 소화하기 버거울 수 있는 것인데도, NUPE와 같은 노동조합들에서는 그 주장에 힘이 실렸다. NUPE는 단체교섭의 대안이자 여성의 전진을 위한 방법으로서 최저임금제를 강조한다. 이번에도 역시 여성 노동자들이 적당한 임금을 위해 스스로 투쟁하는 것보다는 자비로운 (노동당) 정부가 여성들에게 최저임금제를 선사하는 데 강조점이 있다. 그러나 최저임금을 쟁취하기 위해서는 투쟁 이외의 방법은 없다. 사장들은 절대 자진해서 최저임금을 주지 않을 것이고, 따라서 최저임금을 얻어 내지 못할 것이 뻔하다. 모든 증거들이 여전히 보여 주는 것은 가장 의미 있는 여성들의 임금 인상은 바로 1970년대 초와 같은 시기에 이뤄졌다는 것이다. 당시는 흔히 더 잘 조직된 남성 노동자들도 투쟁하고 승리하던 때였다.

노동조합에 대한 페미니즘 전략을 원하는 비어트릭스 캠벨과 같은 사람들의 또 하나의 중대한 오류는 다음과 같은 생각이다.

> 남성과 여성의 우선순위는 임금의 정치에서뿐 아니라 시간의 경제에서도 달라진다. 여성들의 경우 시간은 특별한 의미에서 귀중하다. …… 남성 조합원들은 쉬는 시간을 좀처럼 긍정적인 이득으로 여기지 않는다.[94]

이러한 주장은 19세기의 거듭된 노동일 단축 투쟁들 같은, 노동계급 역사에서 가장 위대한 투쟁들 일부를 무시하는 것이다. 여성들은 삶의 질에 관심이 있는 반면 남성들은 임금 투쟁만 한다고 암시하는 것은 완전히 그릇된 것이다. 그러나 일자리나 노동조건을 지키기 위한 최근의 많은 투쟁들과는 다른 공세적 투쟁은 사실 대부분 임금 투쟁이다. 진정으로 논의해야 할 것은 임금 투쟁을 억제하는 방법이 아니라, 어떻게 여성들을 더 많이 이러한 종류의 투쟁에 참여시키고 이를 통해 자신감을 끌어올리고 조직을 건설할 것인가 하는 것이다.

위에서 언급한 것과 같은 페미니스트 사상이 오늘날 노조 지도자들을 꽉 잡고 있다. 그러한 사상은 파업은 승리할 수 없다는 생각, 협상만이 유일한 길이라는 생각, 여성들은 일터에서 활동보다는 오직 노동조합이 제공하는 서비스 때문에 노동조합에 가입할 것이라는 생각에 꼭 들어맞는다. 이러한 사상은 집단적 투쟁에서 멀어지게 만든다. 그리고 필연적으로 노동조건 개선 투쟁 — 낮은 파업 수준에도 불구하고 여전히 계속되는 투쟁 — 에서 여성 노동자들의 구실을 경시하게 된다. 심지어 1980년대 같은 시기에도, 얼마 안 되는 파업들이 여성 노동자들의 노조 조직화를 증대시켰다. 국민보건서비스(NHS)와 BBC에서 벌어진 파업을 그 예로 들 수 있다.

이러한 사태 전개에 놀라서는 안 된다. 노동계급 운동의 역사는 공세적 투쟁이 벌어질 때 여성 노동자들이 노동계급의 일부로서 남성들과 함께 투쟁에 참여하는 경향이 있음을 보여 준다. 19세기 초, 신노동조합 운동 기간, 대혼란기[1910~1914년], 1930년대 미국에서 산업별조합회의(CIO) 조직화 운동의 성장, 그리고 1960년대와 1970년대 영국의 경험이 바로 그것이었다. 이러한 일이 다시 벌어질 때, 우리는 다시 한 번 노조

지도자들의 좁은 테두리를 넘어 그들 자신을 위해 행동할 수 있는 여성 노동자들의 잠재력을 보게 될 것이다.

:: PART 3

해방을 위한 투쟁

07 :: 여성, 노동당, 선거권

 페미니스트 사상이 확고한 여성들이 노동당에 가입한 것은 비교적 아주 최근의 일이다. 1960년대와 1970년대 초에 여성해방을 위해 투쟁하기를 원한 여성들은 대부분 당이 거의 무의미하다고 생각했다. 당은 구식의 남성 지배 조직으로 여겨졌다. 1970년대 말이 되면서 그러한 생각은 완전히 달라졌고, 오늘날 그 페미니스트들 가운데 많은 수가 여성의 어떤 종류의 변화라도 쟁취할 수 있는 유일한 공간이 당이라고 주장한다.
 그들은 노동당이, 개인적으로든 노동조합을 통해서든, 다른 어떤 당보다 더 많은 여성들을 조직한 대중적 노동계급 정당이라고 주장한다. 그리고 노동당은 — 적어도 부분적으로는 — 페미니스트 사상에 개방적이다. 특히 여성 부문, 여성을 대상으로 하는 연례 여성총회나 다른 다양한 당 조직들이 페미니스트적 변화를 위한 수단으로 여겨진다. 페미니스트들은 이러한 기구들을 방어하며 당의 초기 역사를 언급하는데, 그때도 일정 수준의 페미니스트 활동이 있었다.

초기 노동당과 독립노동당(ILP)에는 영향력 있는 여성들이 꽤 많이 있었다. 그러나 노동계급 여성과 그들의 투쟁에 연관 맺는 것은 전혀 중요하지 않았다. 노동당은 노동계급의 생활수준을 향상시키기를 원했지만, 그 당의 여성 문제에 대한 성적은 언제나 형편없었다. 그 이유를 이해하려면 노동당 역사를 살펴볼 필요가 있다.

초기 : 여성협력협회와 독립노동당(ILP)

노동당은 20세기와 함께 탄생했다. 그러나 노동당이 존재하기 전에도 노동계급 여성들을 정치적으로 조직하려는 시도가 있었다. 1884년에 여성협력협회가 결성됐다. 이 협회는 수많은 노동계급 여성들의 더 나은 삶을 위해 협력과 검소한 집안 살림이라는 사상을 장려하는 데 관심을 뒀다. 그러나 여전히 협회 지도부는 전부 중간계급이었다. 1889년 이후 협회 사무총장은 마가렛 르웰린 데이비스였는데, 그는 중간계급 출신으로 거튼의 캠브리지대학을 다녔다.

그러나 협회 회원들은 주로 사회적으로 인정받는 노동계급 출신인 경우가 많았다. 협회는 "육체직 임금노동자 집단의 상층에 치우쳐 있었다. 초기 협회 회원들은 대부분 기혼이었고, 다수는 유급 노동을 하지 않았다."[1]

협회의 캠페인은 이러한 편향을 반영해 (1911년부터) 출산 수당 같은 쟁점들을 매우 강조했다. 협회는 보통 정치적으로 온건했지만, 1920년대에는 좀더 정치적인 태도를 취하기 시작했다. 이는 여성참정권 확장과 노동당과 협력 정당들의 성장 둘 모두와 연관이 있었다.[2]

19세기 말에 정치적으로 훨씬 더 중요했던 것은 ILP였다. 1893년에 결성돼, 그 뒤 40년 동안 노동당 내에서 유력한 좌파 그룹이었던 ILP에는 항상 목소리 큰 페미니스트 경향이 있었다.* ILP에는 기층 여성 활동가들도 있었고 1890년대와 1900년대 초에 새로운 지부 결성을 위해 전국을 순회한 걸출한 여성 연설가들도 있었다.[3] 당내에서 이러한 여성들은 과소 대표됐지만, 적어도 여성 평등에 대한 공식적인 결정을 촉진할 수 있었다.[4]

ILP의 여성들은 매우 인상적이었다. 그러나 그들의 사상에는 다양한 사상이 뒤섞여 있었다. 특히, 자기 자신을 노동운동 내의 지적 혁신파로 생각하는 페이비언주의자들의 점진적 접근법이 ILP에서 부각됐다. 사회 변화에 대한 페이비언 사상은 철저히 온건했다. 그들은 노동계급을 동정했고, 어떻게 노동계급을 해방시킬 것인지에 대해 본질적으로 엘리트주의 시각을 갖고 있었다.

ILP 주변의 여성들은 많은 쟁점들에 관심을 가졌지만, 우선 관심사는 언제나 선거였다. 노동자대표위원회(LRC)가, 그리고 나중에는 노동당이 어떻게 의회 의석을 얻고 마침내 정부를 구성할 것인지에 관심을 뒀다. 이 때문에 그들의 주된 활동은 지역과 전국 수준에서 선거 관련 운동을 벌이는 것이었다. 여기에는 ― 그 핵심에는 ― 여성참정권에 대한 논의가 포함됐다.

여성참정권은 19세기 후반 내내 당면한 문제였다. 존 스튜어트 밀은

---

* 1900년에 독립노동당·페이비언협회·사회민주연맹·노동조합 등이 노동자대표위원회를 결성했고, 1906년 총선에서 29석을 획득하면서 이것이 노동당으로 개명했다. ILP는 노동당의 모체가 됐고, 이후 노동당에서 중요한 영향력을 미쳤다.

이미 1860년대부터 제한된 여성참정권을 지지하는 주장을 했고, 잇따른 법안들이 소수 여성들이 선거권을 얻는 것을 목표로 했다. (언제나 재산 기준에 따른 것이기는 했지만) 남성 선거권을 확대하는 일련의 법률들이 통과됐는데도, 여성에게는 똑같이 전국 선거에 참여할 수 있는 권리가 부여되지 않았다.

1890년대에 이르면 상황이 이전과는 눈에 띄게 달라졌다. 중간계급과 상층계급 여성들은 남편, 아버지, 형제, 아들에게는 선뜻 주어진 권리가 자신들에게는 주어지지 않자 큰 충격을 받았다. 1851년 인구조사에 따르면, 20~40세 여성들 중 42퍼센트가 미혼(독신)이었기 때문에,[5] 많은 사람들이 남편을 통해 정치권력이나 높은 지위에 접근할 수도 없었다.

그러나 이 문제가 주로 중간계급의 관심사이기는 했지만, 노동계급 여성들도 많이 끌어당겼다. 이름에서 알 수 있듯이, 다양한 참정권 결집체들의 연합체인 여성참정권협회전국연합(NUWSS)이 1897년 결성됐고, 1903년에 이르면 참정권 탄원서가 랭커셔 면직물 산업 지역 곳곳에서 돌고 있었다. 이것은 영국 북서 지역 전체에서 광범하게 벌어지던 선동의 일부일 뿐이었다.[6]

가장 유명한 여성참정권 투쟁 조직은 단연 여성사회정치동맹(WSPU)으로, 이들은 여성참정권론자들로 널리 알려져 있었다. 이 조직은 1903년 맨체스터에서 결성됐다. WSPU는 노동운동에서 생겨났기 때문에, 처음에는 단체명으로 여성노동자대표위원회를 고려했다.[7] WSPU의 창설자인 에멀린 팽크허스트는 오래된 ILP 당원이었고, 북부 ILP의 지도적 인물 중 한 사람인 고(故) 리처드 팽크허스트 박사의 부인이었다. 당시 맨체스터에서 학교를 다니던 그의 큰딸 크리스타벨 역시 ILP 당원이었다.

WSPU의 전술과 운동 건설 방식은 매우 새로웠다. 처음에 그들이 유명해진 것은 크리스타벨과 랭커셔 공장 노동자인 애니 케니가 1905년 10월 자유당원인 에드워드 그레이 경의 자유무역회관 집회를 방해해 중단시킨 사건 때문이었다. 두 사람은 모두 구속됐다. 이 사건으로 대중의 관심이 쏠리고 지지가 늘어났다.

언론 보도에도 불구하고, 맨체스터 대중의 정서는 대체로 두 수감자를 지지하는 것이었다. 대규모 인파가 감옥 앞에서 그들을 맞이했다. 에스더 로퍼와 에바 고어 부스가 그들에게 꽃다발을 선사했다. 전국의 선거권을 가진 계층들 사이에서는 그들의 행동에 대한 의견은 나뉘어 있었다. 일부는 우호적이었지만, 아무런 움직임도 보이지 않았다. 다수는 관망하는 태도를 취했다. 10월 20일의 자유무역회관 집회 소동으로 두 수감자는 거의 모든 사람에게서 환대를 받았다.[8]

이때부터 전투적인 전술이 본격화했다. 운동은 일련의 이목을 끌기 위한 행동과 활동을 시작했고, 1906년 정부를 구성한 자유당 정권의 장관들을 점차 겨냥했다. 그 과정에서 WSPU는 완전히 달라졌다. 약간 좌파적인 지방 조직에서 런던에 기반을 둔 전국적 운동으로 변모한 것이다. 동시에 WSPU의 노동계급 기반과 노동당 기반은 훨씬 더 약화됐다.

1906년 1월 당시, WSPU는 여전히 소규모 지역 운동이었고, 재정적 지원 …… 관심 …… 청중의 대부분을 ILP에 의존했다. 1906년 자유당이 압승한 뒤에 WSPU는 북부의 노동당 정치라는 다소 폭 좁은 세계

에서 벗어나기 위한 행보를 취하기 시작했다.[9]

여성참정권 운동이 이러한 특정 방향으로 나아가는 데서 크리스타벨이 점차 선두에 나서게 됐는데, 그는 런던에 도착하자마자 WSPU 수석조직자 직책을 넘겨받았다. 노동운동에 대한 그의 태도는 1906년 8월 코키마우스 보궐선거 운동을 하면서 이내 분명해졌다.

여성참정권론자들의 전술은 단순했다. 즉, 자유당 후보를 공격하는 것이었다. "크리스타벨은 자신은 유권자들이 보수당에 투표하든 노동당에 투표하든 조금도 개의치 않는다는 것을 매우 분명히 강조했다."[10] 그의 태도는 노동당 지지자들 사이에서 원성을 샀다. ILP 맨체스터 지부와 샐퍼드 지부는 그와 터리서 빌링턴 그레이그를 조직에서 제명하기로 투표로 결정했지만,[11] 그들이 다른 지부에 속해 있었기 때문에 직접적인 효과는 별로 없었다.

그러나 선거에 대한 크리스타벨의 접근 방식은 우연한 것이 아니었다. 그는 WSPU와 조직 노동자의 관계가 너무 가깝고, 너무 노동계급 여성에게 의존하고 있으며, 그 때문에 중간계급의 지지를 잃고 있다고 생각했다.[12] 따라서 ILP와의 단절은 단지 시간 문제였다. 이듬해 4월 더비에서 당이 회합을 열었을 때, 데스퍼드 부인과 코브던 샌더슨 같은 지도적인 여성들은 선거에서 노동당을 지지하라고 요구했고 열렬한 박수갈채를 받았다. 에멀린 팽크허스트와 크리스타벨 팽크허스트는 둘 다 그 직후 ILP를 떠났다.[13]

이 시점부터 WSPU는 자유로이 모든 계급의 여성들에게 지지를 호소했다.

노동당 조직을 지지하지 않던 부유한 기증자들이 접근할 수 있는 길이 이제 열렸다.[14]

이러한 분열의 이데올로기적 기초는 크리스타벨이 단지 자신과 WSPU가 그 초창기 특징이었던 노동운동과의 유대에서 벗어나기를 원했던 것 이상이었다. 서로 다른 견해를 가진 여성운동과 노동당에서 성인참정권과 여성참정권을 둘러싼 논쟁이 점차 치열해졌다.

모든 참정권 조직의 목표는 남성과 똑같은 기준으로 여성도 선거권을 얻는 것이었다. 기존 상황에서 이것은 재산 자격을 뜻했고, 동시에 대부분의 선거권이 노동계급이 아닌 여성들에게 주어진다는 뜻이었다. 대다수 노동계급 여성과 많은 남성 노동자들은 WSPU의 기준에 따르면 계속 선거권이 없게 된다. 이러한 접근 방식은 즉각 많은 노동당 지지자들에게 의심을 불러일으켰다. 부분적으로 그들은 비(非)노동계급에게 더 많은 참정권 부여하는 것이 노동당의 선거 승리에 도움이 되지 않을 것이고, 어쩌면 그것을 제약할 것이라는 점을 우려했다. 또 다른 측면으로 그들은 그 문제를 계급 문제로 생각했고, 자신들의 과제가 사회에서 가장 불리한 처지에 있는 사람들을 돕는 것이라고 생각했다.

분명히 당시 터리서 빌링턴 그레이그와 마가렛 본드필드 사이에서 벌어졌던 여성참정권이냐 재산 자격을 없애는 성인참정권이냐 하는 논쟁은 계급 문제였다. 터리서 빌링턴 그레이그는 여성들이 보편적인 경제적 억압 때문에 하나의 성적 계급을 이룬다고 주장한 반면, 마가렛 본드필드는 여성참정권은 경제적 불평등을 무시하기 때문에 진정한 평등이 아니라고 대응했다.[15]

ILP의 많은 사람들은 직감적으로 여성참정권 요구를 지지하려 했다. 그들이 그렇게 생각한 것은 여성참정권 운동, 특히 WSPU와 밀접히 연관된 페미니즘의 잔재와, 성인참정권을 요구하는 사람들 중 일부가 여성들에게 선거권을 주는 것에 진지하지 않다는 생각이 결합됐기 때문이었다. 성인참정권론자 비판에 앞장선 사람은 하원의원 케어 하디였는데, 그는 일반적으로 전체 노동당 내에서는 소수파였다.

ILP의 시각이 [노동자대표위원회(LRC)의 — 린지 저먼] 그 문제에 대한 초기 의견을 지배했다. 그러나 1904년부터 LRC는 성인참정권 요구를 옹호한 지도적인 [사회민주주의연맹(SDF) 회원들과 — 린지 저먼] 노동조합 활동가들 때문에 반대하는 쪽으로 돌아섰다.[16]

겉보기에 그 문제는 간단한 듯했다. 실제로 많은 페미니스트들이 실비아 팽크허스트가 제시한 견해를 받아들였다.

성인참정권은 여성참정권을 진정으로 바라지 않고 전투적인 전술을 싫어하는 사람들의 주된 도피처였다. 당의 활동적이고 선진적인 소수는 전국 곳곳에서 당 사업에서 중요한 몫을 했고, 어떤 대가를 치르더라도 여성참정권을 쟁취하기 위해 사실상 케어 하디를 지지하면서 단결하고 있었다.[17]

하디 자신도 이러한 견해에 공감하며 지도적인 노동당 인사들이 지지하는 성인참정권동맹이 "훼방꾼"[18]에 불과하다고 단언했다.

하디 같은 사람들은 남성과 같은 기준으로 여성에게 참정권을 주는 법안이 어찌 됐든 다수 노동계급 여성들에게 이로울 것이라고 주장했다. 주요 정당들을 설득해 보통 선거권을 획득할 가능성이 전혀 없고, 따라서 부분적인 여성참정권이라도 전혀 없는 것보다는 낫다는 것이었다.

노동당 내 논쟁은 제1차세계대전 때까지 계속됐는데, 가장 달아올랐던 때는 1905~1907년이었다. 이 시기는 WSPU가 전국적 영향력을 가진 조직으로 성장한 시기와 일치했다. 1906년 코커마우스와 허더즈필드 보궐선거에서 크리스타벨 팽크허스트와 다른 WSPU 활동가들의 행동은 성인참정권론자들의 가장 큰 우려를 확인시켜줬다.

1907년 벨파스트 노동당 당대회에서 단순히 여성참정권을 지지하는 데에서 성인참정권을 지지하는 쪽으로 큰 변화가 일어났다. 크리스타벨 팽크허스트는 당대회 바로 며칠 전에 정부를 공격하면서 WSPU는 보수당과 노동당을 구별하지 않을 것이라고 공개적으로 선언했고, 이것이 여성참정권론자들에 대한 노동당의 심기를 언짢게 만들었다. "그의 도발적인 언사는 성인참정권을 주장하는 편에게 더할 나위 없이 이로운 것이었고, 결정을 내리지 않고 있던 대의원들을 여성참정권에서 멀어지게 만들었다."[19]

랭커셔의 넬슨 출신이고, 노동계급 여성참정권론자이며, 질 리딩턴의 책 ≪존경받는 반항아≫의 주인공인 셀리나 쿠퍼는 성인참정권을 지지하면서도 동시에 여성이 즉각 남성과 같은 기준의 선거권을 획득해야 한다고 요구하는 동의안을 발의했다. 그는 여성참정권 획득 요구가 어쨌든 가까운 미래에 얻어 낼 수 없을 성인참정권에 대한 일반적인 요구 속에 묻힐 것을 우려했다. 사회민주주의연맹(SDF)의 해리 켈치는 일부 남성들이 계속 선거권을 박탈당한 상태에서 여성의 제한된 참정권을 요구하는 것은 "퇴보"라고 비판했다. 그의 주장은 다수의 지지를 받아 통과됐다.

1907년 당대회는 광범하게 영향을 미쳤다. 여성참정권을 지지한 사람들은 반감을 가졌다. 그들은 당대회 결정이 여권(女權)의 패배라고 느꼈다. 하디는 몹시 실망해서 노동당 탈당까지 언급했다.[20] WSPU에게 당대회 표결은 여성참정권에 대한 지지를 획득하기 위해 노동당에 기대서는 안 된다는 신념을 굳히는 계기가 됐다. 그들은 심지어 성인참정권과 여성참정권 사이의 간극을 메우려고 노력한 하디에게까지 적대감을 드러냈는데, 이것은 WSPU 지도부가 옛 동지와 관계를 끊는 것이 가져올 결과에 개의치 않고 자신들의 방침에서 벗어나지 않으려 했다는 것을 보여 준다.

노동당과 여성참정권을 둘 다 지지한 여성들에게 당대회 결과는 혼란스러운 것이었고 많은 사람들이 사기 저하됐다. 질 리딩턴은 확실히 셀리나 쿠퍼가 노동당과 WSPU 둘 다에게서 거리감을 느꼈다고 주장한다. 그는 노동당 선거운동에서 더는 과거만큼 적극적으로 활동할 수 없다고 느꼈다.[21]

이 논쟁은 어떤 면에서는 노동당의 개량적이고 점진적인 성격을 잘 드러낸다. 의회 안의 노동조합 대변인이라는 당의 기원 때문에 노동당은, 노동자들의 선거권을 쟁취하려면 총파업이 필요하다는 생각이 뿌리내린 많은 유럽 사회주의 정당들과는 아주 다른 방향으로 나아갔다. 혁명가들의 투쟁, 예를 들면 프러시아의 선거 제도에 맞서 로자 룩셈부르크가 이끈 투쟁은 개혁을 쟁취하기 위해 **스스로** 투쟁하는 노동자들에게 주의를 기울였다. 반면, 노동당의 접근 방식은 원칙이 아니라 다음과 같은 기회주의에서 출발했다. 즉, 무엇이 선거에서 당에 가장 이득이 될 것인가?

노동당이 선거권 문제를 계급적 관점에서 바라봤다는 것은 이러한 의미에서였다. 노동당은 노동계급 남성들에게 계속 선거권이 없는 상태에서 중간계급과 상층계급 여성들에게 선거권이 주어지는 것을 원하지 않았다. 노동당 지도자들은 당이 보통·성인 선거권을 통해서 — 그리고 특히 자유당이 손해를 봄으로써 — 이득을 얻을 수밖에 없음을 이해했다. 단지 정권 창출을 보장하기 위해서, 노동당은 보통 선거권을 지지해야 했다. 그 과정에서 노동당은 성인참정권과 동시에 여성참정권을 요구하는 등 많은 타협을 했다. 그러나 당시에 사회주의자들이 노동당의 기회주의를 인식했다고 해도, 성인참정권에 반대해 여성들의 제한된 참정권을 지지할 수 있었다고 보기는 힘들다.

많은 페미니스트들은 성인참정권론자가 여성의 선거권 획득에 진정으로 관심을 갖지 않았다는 점을 주장함으로써, 여성참정권을 지지하는 주장을 정당화한다. 그러나 성인참정권을 주장한 사람들 대부분이 진심이었다는 증거도 있다. 콘스턴스 로버가 지적하듯이,

> 처음부터 …… [노동당은 — 린지 저먼] 성인참정권을 지지한다고 단언했고, 자주 그 용어가 남성과 여성에게 선거권을 부여한다는 뜻이라는 점을 분명히 했다.[22]

물론 많은 사람들이 기회주의 때문에 이러한 견해를 지지한 것은 사실이다. 그리고 그들은 근본적으로 여성 차별적인 이유에서 여성참정권 조직들을 지지할 필요가 없는 상황을 선호했다.[23] 그러나 성인참정권을 표방한 사람들 가운데 많은 수가 — 많은 노동계급 여성들을 포함해 —

여성 평등에 찬성했다는 것도 똑같이 명백한 사실이다.[24]

진정으로 중요했던 것은 계급 문제를 둘러싼 정치적 차이였다. 크리스타벨 팽크허스트는 여성들이 어떤 정당에도 특별한 지지를 보낼 필요가 없다는 견해를 가장 강하게 주창한 핵심 인물이었다. 실천에서 이것은 점차 우익 사상을 지지하는 쪽으로 이어졌다.

조만간 일부 좌파 비평가들이 WSPU가 보수당을 지지한다고 생각하게 됐다. 여기에는 팽크허스트 부인과 크리스타벨이 점점 더 보수당 경향을 보인 것이 일정 부분 실질적 근거를 제공했다.[25]

WSPU에 대한 좌파들의 회의감은 그 조직의 태도 때문에 더 정당화됐다. 1906년부터 WSPU는 노골적으로 모든 계급의 여성들에게 지지를 호소했다. 그해 10월 의회 밖에서 벌인 WSPU 최초의 전투적인 대규모 시위에서

WSPU의 노동계급 여성에 대한 거의 배타적인 의존이 끝났다는 점은 대표단 문제에서 드러났다. …… 1906년 가을에 WSPU는 노동운동의 현장 조합원들보다는 교육받은 부유층들한테서 큰 지지를 받았다.[26]

이 시점부터 WSPU와 노동당은 점차 다른 길을 걷게 됐다. 그러나 노동당은 여성의 권리 문제를 해결하라는 상당한 압력을 받았다. 1906년 램지 맥도널드의 아내 마가렛 맥도널드가 여성노동동맹을 설립했다. 적어도 몇몇 사람들은 그것이 여성참정권 운동에 대한 지지가 높아지는 것

을 막으려는 시도라고 생각했다. 실비아 팽크허스트와 케어 하디가 그러한 견해를 갖고 있었다.[27]

노동당이 일부 당 활동가들한테서 압력을 받은 것은 확실하다. 한 예로, 셀리나 쿠퍼는 1907년 당대회 뒤 여성노동동맹에서 일하는 것을 거절했는데, 왜냐하면 선거권에 대한 당의 노선 때문이었다. 이 사건으로 그가 의장으로 있던 여성노동동맹 지부가 와해됐다.[28] 1907년 당대회 이후에 상황이 달라지기 시작해 선거권 문제가 노동당에게 더 중요해졌는데도, 여성노동동맹 자체는 계속 소규모 — 1910년에 5천 명 — 였고 구성도 주로 중간계급 위주였다.[29]

그러나 WSPU가 노동당에서 멀어질수록 여성참정권협회전국연합(NUWSS)으로 조직된 '입헌' 참정권론자들이 노동당과 더 가까워졌다. 점차 NUWSS는 노동당 후보 지지를 표명했고, 1912년에는 보궐선거에서 노동당의 승리를 지원하기 위한 선거 자금을 마련했다. 이것은 많은 중간계급 페미니스트들조차 자유당을 버렸음을 뜻했는데, 자유당이 여성참정권 문제에 대한 태도가 달라지지 않을 것임을 드러냈기 때문이었다. 반면, 노동당 지도부는 그 운동에 더 우호적인 태도를 취하기 시작했다. 노동당은 그 어느 때보다 강력하게 성인참정권을 지지했지만, 1912년 당대회 결의안은 여성참정권을 분명히 성인참정권의 일부로 여긴다는 점을 강조했다. 그 결과 1912년부터 1914년 전쟁 발발에 이르기까지 몇 년 동안 여성참정권론자들과 노동당은 더 유익하고 우호적으로 협력했다.(그러나 이것은 여전히 보궐선거에서 노동당의 의석 획득으로 이어지지는 않았다.)[30]

한편 이 시기에는 WSPU의 고립과 분열이 증대했다. 최초의 중요한 분열은 1907년에 샬롯 데스퍼드와 터리서 빌링턴 그레이그와 같은 지도적 여성들이 훗날 여성자유동맹으로 불리는 단체를 결성했을 때 일어났다. 논쟁의 발단이 아주 분명하지는 않지만, 적어도 부분적으로는 WSPU 내부의 비민주성과 팽크허스트 일가의 독재자 같은 행태가 원인이었다.[31]

그 뒤 4년 동안 에멀린과 크리스타벨 팽크허스트, 그리고 에멀린과 프레드릭 페틱 로렌스 부부가 운영한 WSPU는 인상적인 시위들을 많이 기획했다. 시위의 형태는 다양했다. 그 중에는 수천 명의 여성들이 국회의사당 광장에 몰려와 건물 안으로 들어가려고 한 의회 '진격'과, 망치를 손에 든 여성참정권론자들이 정부 건물과 웨스트엔드의 상점과 사무실을 일제히 공격한 유리창 깨부수기 항의 시위도 있었다. 이러한 행동들의 목적은 대체로 대규모 체포를 통해 대중의 관심을 이끌어 내는 것이었다. 자유당 정부는 여성참정권론자들을 제압하기 위해 무자비한 경찰 진압과 투옥 전술을 주저 없이 승인했다.

여성참정권론자의 전술은 점점 더 입헌 참정권론자의 전술과 멀어졌고, WSPU는 WSPU 회원이 되기 위해 필요한 헌신의 수준을 끊임없이 높이는 활동을 반복하고 있었다. 그것은 불법 행동, 빈번한 수감, 그리고 흔히 건강을 해치는 결과를 낳았다. 그 결과 WSPU는 그 정도로 헌신할 수 있는 시간과 에너지가 있는 — 확실히 노동계급 여성들은 아닌 — 여성들에게 점점 더 의존했다.

1912년에 WSPU는 실제로 위기를 겪고 있었다. 기습적인 대규모 유리창 깨부수기 운동 때문에 크리스타벨은 비밀리에 파리로 강제 추방됐다.[32] 그때부터 전쟁 발발까지 여성참정권론자의 활동은 거의 전적으로 방화와 건물 파손 같은 행동들에 집중됐다. 체포된 사람들은 단식투쟁에 들어갔고, 그러면 강제로 음식을 먹였다. 이에 대한 응답으로 자유당 정부는 악랄하고 억압적인 "고양이와 쥐의 법"(Cat and Mouse Act)을 통과시켰는데, 이 법안은 당국이 단식투쟁으로 심각하게 건강이 나빠진 사람들을 풀어주고 나서, 일단 그들의 상태가 좀 나아지면 다시 구속할 수 있도록 하는 것이었다. 단식투쟁을 하는 사람들은 반영구적으로 건강이 안 좋아졌고, 대부분 회복할 수 없을 정도로 몸이 나빠졌다.

이러한 활동의 부담은 조직에 해를 입혔다. 앤드루 로젠은 1909~1910년에서 1913년 사이에 회원들의 회비 납부가 격감했음을 보여 준다.[33] 조직 방침이나 특히 크리스타벨 팽크허스트의 독재자 같은 행동에 도전하는 사람은 누구든 밀려났다. 페틱 로렌스 부부는 1912년에 북미 여행에서 돌아와서 WSPU 사무실이 이사했고 그들의 자리도 없어진 것을 발견했다.[34] 1912년부터 런던의 이스트엔드에서 선동을 시도했던 실비아 팽크허스트는 노동운동을 그만두거나 아니면 WSPU를 탈퇴하라는 얘기를 들었다.

런던동부여성참정권연맹

런던동부연맹은 많은 면에서 가장 인상적인 여성참정권 조직이었다. 확실히 아주 많은 사회주의 페미니스트들이 노동계급 여성들을 페미니즘 정치로 조직할 수 있음을 보여 주는 한 예로 런던동부연맹을 든다. 이 연맹은 노동계급 대중과 관련된 문제들을 중심으로 조직하려고 진지하게 노력한 점에서 주요 조직인 WSPU와 무척 대조된다.

런던 이스트엔드*에 WSPU 지부들을 설립하던 실비아 팽크허스트의 목표는 노동계급 여성들이 선거권 문제에 관심을 갖게 만드는 것이었다. 1912년 말에 베스널그린, 포플러, 라임하우스, 보우에 WSPU 사무소가 개설됐는데 이 시기는 WSPU의 노동당에 대한 공식적인 적대감이 다시 한 번 드러난 보궐선거 시기와 일치했다.

유명한 여성참정권 지지자이자 이스트엔드 선거구 브롬리·보우 지역의 노동당 하원의원인 조지 랜즈버리는 여성들에게 선거권이 주어질 때까지 노동당 하원의원들이 정부에 반대해 투표하자는 제안을 했다. 그는 노동당의 공식적인 지지를 얻지 못하자 의원직에서 사퇴하고 보궐선거에서 ILP 후보로 출마해 주로 여성참정권 문제를 제기했다. WSPU가 그의 입후보를 지지하기는 했지만, 실제로 그들의 개입이 특별히 친노동당적이지는 않았다. 선거 당일, 부유한 WSPU는 처음에는 심지어 랜즈버리 지지자들이 유권자들을 투표소로 데려오기 위해 그들의 자동차를 쓰는 것조차 허락하지 않으려 했다.[35] 랜즈버리는 낙선했다.

이 사건은 한편으로는 랜즈버리와 하니와 같은 여성참정권에 우호적인 노동당 의원들의 접근 방식, 그리고 다른 한편으로는 WSPU의 대다수의 접근 방식이 실비아 팽크허스트의 접근 방식과 근본적으로 어떻게 다른지를 부각시켰다. WSPU의 대다수에게 "'사회주의'는 말할 것도 없고, 노동계급 여성들을 위한 사회개혁은 이미 오래 전부터 주된 목표가 아니었다".[36] 1913년에 실비아는 WSPU 런던동부연합을 결성했다. 이 연합은 보통·성인 참정권을 주창했고, 반(反)남성적이지 않았으며, 노동계급적이었고, 방화에 기반을 둔 전략을 갖고 있지 않았다.[37] 이 모든 특징들은

---

* 영국 런던 북동부에 있는 구역의 속칭으로서, 산업혁명 후 공업지대와 항만지구가 형성돼 전통적으로 가난한 노동계급이 많이 사는 지역으로 유명하다.

이 연합이 모체 조직인 WSPU에 분명히 반대한다는 것을 드러냈다.

WSPU는 실제로 제1차세계대전 발발 때까지 비밀 방화와 여타 공격들을 벌이는 운동을 계속했다. 에멀린과 크리스타벨 팽크허스트의 정치는 점점 더 우익적으로 변했다. 1913년에 그들은 "대재앙" — 성병 — 에 반대하는 운동에 착수하고 결혼에 반대하는 도덕 개혁 운동을 시작했다. 노동운동과 노동계급 정치에 대한 그들의 적대감은 이제 갖가지 형태를 취했다. 그들은 재산 자격을 원했고 보통·성인·남성 참정권에 반대했다.[38] 그들은 노동계급과 어떤 연관도 맺기 싫어했다. 계급적 특권을 확장하라는 요구는 거의 필연적으로 매우 편협한 방식의 계급적 특권 옹호로 이어졌다.

그들은 전쟁 바로 직전에 벌어진 파업 물결 — 대혼란기 — 도 적대시했다.

그들은 차갑게 물었다. "왜 정부는 파업을 불법화하는 법을 도입하지 않는 거죠?" "왜 톰 만은 6주 금고형*으로 끝나는 거죠? 여성참정권론자들은 그렇게도 잔혹하게 감옥에 갇혀있는데 말이에요."[39]

노동자들은 유약하고 무능하다고 생각하는 실비아의 언니 크리스타벨은 실비아가 노동계급 여성에게 관심을 갖는 것을 특히 이해할 수 없었다. 1913년 <데일리 해럴드>가 더블린에서 공장폐쇄를 당한 수천 명의 노동자들을 지지해 조직한 앨버트홀 집회에서 실비아가 연설했을 때, 상

---

* 톰 만이 금고형을 받은 것은 병사들에게 파업 노동자들을 향해 발포하지 말라고 호소했던, 그의 유명한 리플릿 "쏘지 마시오" 때문이었다(린지 저먼이 덧붙인 것).

황은 한계에 다다랐다. 그 일로 크리스타벨은 격노했다. 그는 그러한 행동이 WSPU를 좌파 문제에 너무 긴밀하게 연관 맺게 만든다고 느꼈다. 그 직후 실비아는 런던동부연합이 모체 조직에서 탈퇴하는 데 동의했다. 이제 그 연합은 런던동부여성참정권연맹이 됐다.[40]

이 시기에 WSPU의 몰락은 돌이킬 수 없는 일이 됐다. 1914년 전쟁이 발발했을 때 WSPU는 "한때 최고로 잘 조직된 거대한 운동의 지쳐버린 잔당"[41]에 불과했다. 에멀린과 크리스타벨 팽크허스트는 극단적인 국수주의로 나아가 전쟁 노력을 지지했고, 그들의 신문 제호를 <브리타니아>*로 고치고 반독일 감정을 선도했다. 크리스타벨은 다른 어떤 곳보다 영국과 미국에서 여성들이 더 잘 살고, 전쟁 전에 모임에서 여성참정권론자들을 쫓아내던 사람들이 "쉰 목소리"를 내는 "독일 놈들"이라고 말했다.[42]

반면에 실비아는 런던동부여성참정권연맹을 통해 평화주의자로서 전쟁에 반대하고 전반적인 사회 선동을 계속했다. 전쟁 시기에 이러한 선동은 대부분 다양한 복지 계획, 오래된 술집을 탁아소로 만든다거나, 일자리 제공과 식량 공급 같은 문제들이 중심이 됐다. 이러한 계획들은 특히 노동계급 어머니들의 어려움을 덜어주는 것을 목표로 했다.

당시 다른 많은 사람들처럼, 실비아의 정치도 전쟁이 진행될수록 왼쪽으로 이동했다. 이미 계급 지향적이었던 그의 사상은 그 방향으로 더 나아갔고, 선거권 선동을 뒤로 미뤘다. 그는 여러 노동계급 쟁점들을 둘러싼 선동에 방향을 맞춘 <노동자의 전함>이라는 신문을 발행했다.

---

* Britannia, 현재의 영국 브리튼 섬에 대한 고대 로마 시대의 호칭.

1917년 러시아 혁명의 충격은 실비아를 더욱더 왼쪽으로 밀고 갔다. 전후에 그는 잠깐 동안 신생 공산당에서 활동했다. 그러나 그는 레닌주의 정치에 이견이 많았다. 그 중에서 가장 중요한 것은 혁명적 사회주의자들의 의회 참여에 대한 태도였다. 그는 그러한 참여가 아무 의미도 없고 정치적으로도 잘못된 것이라고 여겼다. 레닌의 소책자 ≪좌익 공산주의 : 철부지 같은 혼란≫ — 이 책은 의회 선거 출마가 원칙 문제라기보다 전술 문제라고 주장한다 — 은 부분적으로 실비아 팽크허스트를 겨냥한 글이었다. 이것은 이러한 사상의 영향력뿐 아니라 영국 좌파 정치에서 실비아 팽크허스트 개인의 중요성도 보여 준 일이었다.[43]

제1차세계대전이 끝난 뒤 일었던 혁명의 파도가 가라앉자, 실비아도 그 세대의 다른 많은 사람들과 마찬가지로 혁명적 정치를 떠났다. 그는 계속해서 — 그러나 점점 더 기이한 성격의 — 좌파적 대의에 헌신했다. 케어 하디의 흔적이 강하게 남은, ILP의 영향을 받은 그의 정치는 수많은 정치적 혼란을 겪었다. ILP는 본질적으로 도덕주의적 관점에서 출발했다. 그들은 페미니스트 사상의 영향을 강하게 받기도 했지만, 노동자 투쟁의 영향력에 따라 좌우로 이동할 수도 있었다. 실비아 팽크허스트의 정치적 행보는 많은 부분 이러한 동요의 산물이었다.

참정권 운동의 득과 실

1918년에 여성들은 제한된 선거권을 얻었고 (기본적으로 나이든 중간계급 여성에게 선거권이 주어졌다), 1928년에 21세 이상의 모든 여성으로 확대됐다. 여성들이 전쟁 기간에 애국심을 보이고 열심히 일한 대가로서 선거권을 얻었다는 것이 널리 받아들여지는 우익의 신화다. 이와는 반대로 많은 사회주의자들은 1914년까지 여성참정권론자들이 벌인 영웅적 투쟁의 관점에서만 그것을 설명한다. 그러나 정답은 십중팔구 다른 곳에 있다. 전쟁의 직접적 여파로 많은 유럽 나라들에서 터져 나온 혁명적 투쟁에 대한 두려움 때문에 지배계급은 어쩔 수 없이 개혁을 용인해야 했다. 상대적으로 작은 사회 격변으로 귀결되면서 노동계급의 열망을 충족시킬 만한 것이 선거권 확대였다. 그래서 1918년에 보통·남성 참정권을 허용했다. 그러자 남성들로 확대된 선거권이 적어도 일부 여성에게는 주어지지 않는다는 것은 정치적으로 용납될 수 없었을 것이다.

그러나 선거권 확대는 이 시점에서 기존 상태에 대한 어떤 급진적인 도전도 뜻하지 않았다. 이에 대한 증거는 최초로 하원 의석을 차지한 여성이 대표적인 여성 보수당원인 애스터였다는 것이다. 1914년 이전 자유당이 우려했던 것과 달리, 여성참정권은 손쉽게 체제에 통합됐다.

여성참정권 운동은 1918년에 이르러 완전히 사라졌다. 에멀린과 크리스타벨 팽크허스트는 여전히 우익이었는데, 곧 정치적 뒤안길로 사라졌다. 실비아는 일련의 운동들에 개입했다. 그러나 그 운동 자체와 운동의 방향에는 오늘날을 위한 교훈이 담겨 있다. 첫째로, WSPU의 경험은 계급을 뛰어넘어서는 한순간도 여성들을 성공적으로 조직할 수 없다는 것을 보여 준다. 그렇게 하려는 시도는 중간계급과 상층계급 여성들이 지배하는 종류의 운동으로 귀결된다. WSPU의 계급협조 방식을 깨려는 실비아의 노력도 계급 정치와 성에 기초를 둔 정치를 연결시키려고 노력했기 때문에 실패하고 말았다.

전쟁 뒤에 분출한 사회 위기 때문에 계급 양극화가 심해졌다. 단기적으로 이것은 혁명적 사상에 이로웠다. 그러나 지배계급이 일단 상황을 안정시키고 지배력을 확고히 할 수 있게 되자, 개량주의 사상의 매력이 커졌다. 전쟁 이전 시기에 여성참정권론자들의 사상과 여타 페미니스트 사상의 영향을 받은 사람들 중 많은 수가 당시 성장하던 노동당으로 이끌렸다. 노동당은 영국의 두 번째 주요 정당으로서 자유당을 대신하기 시작했다. 노동당은 이제 당이 선거에서 자리를 얻는 데 도움을 줄 수 있는 여성들을 훨씬 더 진지하게 생각했다.

1906년에 설립된 여성노동동맹은 1918년 노동당의 여성 지부로서 당 주류에 흡수됐다. 이 통합을 지지하는 운동이 벌어졌고, 여성 부문을 운영할 상근 조직자들이 임명됐으며, 연례 총회가 조직됐다. 이러한 조치들은 매우 성공적이었다.

1922년 말에 이르면 지역구 지부나 의견그룹들을 제외하고도 1천 개 이상의 여성 지부들이 있었고, 그 지부들에 12만 명이 넘는 당원들이 속해 있었다. 1924년 중반에는 1천3백32개의 지부가 있었고 당원은 15만 명으로 증가했다. 울리지와 배로인퍼니스, 두 지역에는 각각 1천 명 이상의 당원들이 등록돼 있었다.[44]

G D H 콜이 지적하듯이, 이러한 열광은 새로운 여성 유권자들과 전쟁의 결과로서 더욱 커진 여성의 노동당·노동조합 활동을 모두 반영했다. 그리고 그것은 노동당이 훨씬 더 깊이 뿌리를 내리던 상황과 점차 관료화된 당 구조도 반영했다.

그러나 노동당은 특히 개별 여성의 당 가입과 많은 여성들이 지역 조직화에서 한 적극적인 역할로 이득을 봤음에도, 여성 쟁점 관련 투쟁에 대한 태도는 전반적으로 형편없었다. 1922년에 노동당과 노동조합은 모두 기혼 여성의 수당 삭감을 지지했고, 실업 여성들을 끔찍한 가내 서비스로 보내는 데도 찬성했다.[45] 일단 정권을 잡은 노동당은 똑같은 태도를 취했다. 특히 1931년에 노동당 내각의 대다수는 자산 조사와 정부 지원 삭감을 수용했다. 이러한 조치는 기혼 여성과 시간제 노동자들에게 특히 심각한 타격을 입혔다. 마가렛 본드필드는 2년이 지난 1933년에 25만 명의 기혼 여성들이 실업수당을 신청했는데 그 가운데 대략 5분의 1만이 신청 승인을 받았다고 보고한다.[46]

따라서 당연하게도 노동당 내 많은 여성 활동가들이 자신이 어느 정도 영향을 미칠 수 있는 분야의 쟁점들로 돌아섰다. 산아제한 문제가 절박했다. 출생률이 떨어지고 있었지만, 노동계급 여성들 대다수는 남몰래 피임 상담을 받아야 했고 대부분 그 문제에 완전히 무지했다. 불법이고 매우 위험한 낙태가 널리 퍼져 있었다. 대부분 초창기에 참정권 운동에 적극적이었던 많은 페미니스트들이 이 문제에 대한 운동을 건설하기 시작했다.[47]

많은 여성 '개척자들'의 활동에도 불구하고, 중요한 여성 관련 쟁점들은 여전히 수면 아래에 남아 있게 됐다. 1960년대에야 비로소 상황이 근본적으로 바뀌기 시작했다.

08 :: 1960년대 후반의 여성운동

현대 여성운동이 건설된 지 약 20년이 됐다. 1960년대 말 미국 여성운동의 탄생은 특정한 역사적 상황의 산물이었다. 이러한 의미에서, 새로운 여성운동과 세기 전환기의 여성참정권 운동 사이에 분명히 사상의 연속성이 있기는 하지만, 현대 여성운동은 주요 측면들에서 독특했다.

이 운동이 건설된 배경에는 세 가지 요인이 있었다. 첫째는 노동에서 여성의 지위 변화였다. 노동자로서, 특히 간혹 높은 임금을 받는 노동자로서 여성은 자본주의 사회에서 여성의 역할이 지닌 몇 가지 모순을 보여줬다. 여성은 점차 가정 바깥의 세상에서 일정한 역할을 해야 한다는 얘기를 들었지만, 동시에 이등 시민으로 취급받기도 했다. 여성의 불평등은 누구나 알 수 있었고, 그러한 불평등은 저임금이나 "여성 직업" 또는 시간제 노동을 통해 드러났다.

심지어 여성들은 스스로 돈을 버는 경우에도, 책임감 있는 성인보다는 어린애 취급을 받는 일이 아주 흔했다. 예를 들면, 1950년대와 1960년대 초 내내 여성들은 남성의 재정 보증이나 동의 없이 중요한 신용 구매, 즉 집이나 심지어 세탁기 같은 것들을 구매하기가 무척 힘들었다.

이러한 상황 때문에 많은 여성들 사이에서 불만이 생겨났다. 특히 전문직과 중간계급 여성들의 불만이 높았다. 이러한 불만들은 재정적·법적으로 남성과 평등하지 못한 문제를 둘러싼 것이었지만, 그보다 훨씬 더 나아간 불만들이 생겨났다. 심지어 중간계급의 결혼과 그 결혼의 물질적 안락함은 성취감의 부재나 지루함도 가져다줬다. 베티 프리던은 이 느낌을 "이름 없는 문제"[1]라고 부르면서 그러한 미국 여성 세대를 대변했다.

분명히 이러한 여성들의 문제는 1945년 이후 고등교육의 확대 때문에 더 심각해졌다. 이것은 일부 여성들에게는 실질적인 이득이 되기도 했지만 좌절감을 더 크게 만들기도 했던 요소였다. 많은 노동계급 출신을 포함해 상당수 여성들이 고등교육을 받을 수 있게 됐고, 그 결과 흔히 더 나은 보수와 지위의 직업에도 진출할 수 있었다. 1960년대 후반에 이르면 영국에 여대생이 15만 명이나 됐고,[2] 이 수치는 꾸준히 증가했다.[3]

더 많은 교육의 기회는 한 세대 이전의 중간계급 여성들 대다수가 생각할 수 있었던 것보다 훨씬 더 나은 성공을 향한 계단이면서, 동시에 여성의 지위가 실제로 얼마나 열등한지를 보여 주는 것이기도 했다. 여성들은 고등교육 자체에서도 자신들만 유독 밑바닥에 있다는 것을 깨달았다. 그들은 교사와 같은 직업을 얻었을 때도 또다시 낮은 직급에 몰려 있었다. 베티 프리던의 이름 없는 문제의 근원인 불만은 계속해서 커졌다.

교육 자체가 이 과정을 부채질했다. 교육 체제의 현실적 한계에도 불구하고, 젊은 남성들과 여성들은 자신들의 지평을 넓혀 갔다. 그들은 사상과 개념을 토론했고, 그들이 자라나면서 했던 생각들에 조금씩 도전하기 시작했다. 이러한 새로운 사상들 가운데 일부는 그들을 자본주의 사회의 몇몇 기본 원리들과 충돌하게 만들었다.

여성운동이 탄생한 셋째 요인은 어찌됐든 변화하는 자본주의 구조 자체의 산물이었는데, 그것은 바로 1960년대 중후반의 정치적 폭발과 '운동'으로 알려지게 된 것의 성장이었다. 이러한 폭발, 그리고 특히 여성운동의 탄생지인 미국에서 그것이 미친 영향을 이해하지 않고서는, 여성해방 요구 증가와 여성 단체 급증을 이해하는 것은 불가능하다.

미국 여성운동의 성립

미국 운동은 영국과 비슷한 요인들의 산물이었다. 그러나 두 가지 중요한 차이점이 있었는데, 이것이 각각의 나라에서 여성해방운동이 서로 다르게 발전하는 데 영향을 미쳤다.

훨씬 부유한 미국에서 고등교육이 훨씬 더 확대됐다. 학문적 환경은 미국인들의 정치 생활의 중요한 특징이었고, 여전히 그렇다. 그리고 여성해방운동이나 학생운동, 반전운동에 대한 조직 노동계급의 영향력 — 영국에서는 매우 강력했던 — 이 미국에서는 사실상 존재하지 않았다.

이것은 미국 학생 좌파의 경우에 특히 진실이었다. 그들은 노동계급이나 진정한 의미의 노동계급 조직과 실질적인 관계가 전혀 없었다. 그러한 조직은 어떤 경우에나 매우 취약했다. 노동계급 조직은 1940년대 후반과 1950년대에 매카시즘이라는 반공산주의자 마녀사냥과 태프트하틀리 반(反)노동조합 법을 통해 커다란 타격을 입었다. 모든 노동계급 정치 전통 — 공산당이나 트로츠키주의자들이 대표한 것과 같은 — 이 심각하게 약화됐고 미국 대부분 지역에서 사실상 파괴됐다.

학생 신좌파들도 이 시대와 그 계급적 구성의 산물이었다. 그 구성원들은 베티 프리던 세대의 자녀들이었다. 그들은 호황기에 중간계급의 풍요 속에서 자라났다. 사라 에번스는 1960년대 여성과 좌파에 대한 그의 매우 가치 있는 저서 ≪개인의 정치≫에서 그것이 뜻한 바를 묘사했다. 신좌파는 공민권 문제에 대해 급진적이고 자유주의적으로 접근했지만, 여성에 대한 태도는 좌파의 영향을 받은 이전 마르크스주의 세대보다 훨씬 더 형편없었다. "신좌파는 구좌파보다 훨씬 더 강하게 여성의 신비에 대한 유산을 갖고 있었다."[4]

이러한 유산은 성장하는 공민권 운동에 통합됐다. 1960년대 전체를 관통한 하나의 운동이 미국 정치를 지배하고 형성했다. 바로 흑인 억압에 반대하는 운동이었다. 처음에는 공민권 운동이라는 형태에 이 운동의 근본적인 대의가 있었지만, 나중에는 블랙파워에 자리를 내주게 됐다. 학생운동은 흑인운동과 서로 얽혀 있었고, 반전운동은 흑인운동의 영향을 강하게 받았으며, 여성운동은 흑인운동의 정치적 반향에서 직접 영향을 받았다.

미국 남부 흑인들의 공민권에 대한 억압은 제2차세계대전 이후로 계속 심해졌다. 심지어 1960년대까지도 남부의 흑인들은 투표를 할 수 없었고 백인들과 분리됐다. 연방정부가 그들에게 허용한 몇 안 되는 개혁들은 남부의 고집불통인 백인들이 실행할 수 없거나 실행하기 싫어하는 것들이었다. 젊고 급진적인 — 흑인과 백인(남부 백인들도 일부 포함된) —

학생들이 공민권 운동에 참가하게 됐다. 1960년대 초에는 그들 대다수가 북부의 대학 캠퍼스에서 단지 도덕적 지지만을 보내는 것이 아니라, 남부에 살면서 유권자 등록을 하고 운동을 조직했다. 그들은 주로 학생비폭력조정위원회(SNCC)를 통해 조직했고, 흔히 적대적인 백인들한테서 실질적인 신체적 위협을 받았다.

이러한 학생들의 정치는 평등주의였다. 그들은 대부분 가난한 남부 흑인들의 생활 방식에 입각한 생활을 했다. 가장 인기 있는 구호는 "민중이 결정하게 하라"였다. 그러나 그들의 평등주의는 여성에게로 확장되지 않았다. 많은 유능한 여성 조직자들이 남부로 갔지만, 여성들은 부차적인 구실을 했다.

개인 관계에서도 문제들이 있었다. 백인 여성들은 흑인 남성과의 성관계가 때때로 어렵다는 것을 깨달았는데, 그것은 흑인 남성 사회에 팽배한 사상 때문이었다. 1963~1965년의 기간에 대해 글을 쓰면서, 사라 에번스는 이렇게 말했다. "남부의 성적 착취 형태가 북부의 신좌파에게로 전해졌다." 그는 계속해서 신좌파와 여성운동 내부의 이후 사태 전개에 대해 설명하면서 다음과 같이 썼다. "백인 운동에서 백인 남성에게도 똑같은 취급을 당하게 되면 '성적 착취'와 '대상화'라는 범주를 적용하기가 더 쉽다는 점이 결국 입증될 것이다."[5]

그러는 사이 SNCC 남성 지도자들에 대한 불만이 일부 여성 회원들 사이에서 자라나고 있었다. 조직 내에서 여성의 열등한 지위, 백인 여성과 흑인 남성의 성관계를 해방하려는 노력이 대체로 실패한 것, 남성 지도부한테서 받는 소외가 증대한 것에 자극받아 SNCC의 일부 흑인과 백인 여성들은 1964년 말에 운동 내 성적 불평등 사례를 목록으로 작성한

총회 보고서를 작성했다. SNCC의 지도적인 흑인 회원인 스토클리 카마이클의 대답은 바로 오늘날 악명 높은 이 말이었다. "SNCC에서 여성이 취해야 할 유일한 자세는 엎드리는 것이다."[6]

그러나 SNCC의 상황은 다른 방향으로 변하고 있었다. 공민권 운동은 중요성을 잃어 갔다. 할렘과 왓츠의 폭동과 말콤 엑스를 중심으로 한 흑인 민족주의의 성장을 배경으로 SNCC에서 백인들은 훨씬 더 주변화됐다. 두 백인 여성, 케이시 헤이든과 메어리 킹이 1965년 흑인 여성과 백인 여성의 공통점을 고찰한 보고서를 썼다.[7] 그러나 운동은 점점 더 인종에 따라 분열했다. 이것은 부분적으로 운동 내부의 패배감이 낳은 결과였다.

흑인운동에서 학생들은 점점 더 성과를 내지 못했는데도 흑인 공민권 운동을 건설하기를 계속 원했다. 그러나 그들은 이제 북부 흑인 게토와 그곳의 끔찍한 상황으로 관심을 돌렸다. 그들의 관심은 또 점차 베트남전쟁 반대 운동으로 향했다.

이러한 저항의 중심축은 민주학생연합(SDS)이었다. SDS는 여러 쟁점의 운동들에 관여했지만, 온갖 종류의 실천은 오히려 흠이 됐다. SDS의 학생들은 게토의 억압받는 사람들에 대해 막연한 죄의식을 느끼는 경향이 있었다. 게토에서 그들은 경제적으로 주변적인 사람들을 조직하기 시작했다. 그렇게 하면서 그들은 변화를 위한 세력으로서 노동계급을 무시했고, 그 대신 사회를 바꿀 수 있는 경제적·정치적 힘을 전혀 갖고 있지 않은 사람들에게 집중했다.

그들의 정치는 점점 더 개인의 경험에 기반을 뒀다. SDS 지도자 중 한 사람인 톰 헤이든은 이미 1962년에 "개인을 다시 내세울 때가 왔다"[8]

고 주장했다. 그러나 개인적 정치는 가장 천대받는 도시 흑인들과 똑같은 게토의 생활 방식대로 사는 것으로 이어졌다. 무엇보다 이것은 그러한 흑인들 일부가 가진 엄청나게 후진적인 정치·문화 사상 – 여성에 대한 철저한 성 차별적 태도를 포함해 – 을 받아들이는 결과를 낳았다. 이러한 급진적인 백인 학생들이 억압받는 사람들의 투쟁에 대해 가진 일체감은 여성 억압에 대한 이해로는 조금도 확대되지 않았다. 여성들은 계속 운동 안에서 이등 계급 취급을 받았다.

이러한 상황에서도 여성 억압은 운동 내부에서 차츰 하나의 쟁점이 됐다. 베트남 전쟁에 반대한 '우리는 가지 않을 것이다' 대회, SDS 모임들, 그리고 여성해방연구회가 발족한 1967년 SDS 총회에서 여성 억압이 쟁점이 됐다. 어쩌면 당연하게도, 1967년 총회에서 있었던 여성의 종속적 지위에 대한 최초의 이론화는 아프리카 흑인들이나 베트남 사람들에 대한 식민지 억압과 여성 억압을 동일시했다. "여성은 남성과 식민 관계에 있고, 우리는 우리 자신을 제3세계의 일부라고 인식한다."[9]

터무니없는 것이 분명한 이러한 정치적 견해는 총회 참석자 대부분에게서 – 보통은 잘못된 이유로 – 비웃음을 샀다. 여성들은 대회에서 조롱거리가 됐다. 그들은 토마토 세례를 받고 단상에서 쫓겨 내려왔다. 다음 호 <뉴레프트 노트>에 여성의 권리를 조롱하는 공격적이고 성 차별적인 만화가 실렸고, 사라 에번스의 말에 따르면, "SDS는 마지막 기회를 날려버렸다."[10]

1967~1968년에는 다양한 운동이 전반적으로 파편화되면서 여성들은 여성해방운동을 창설하는 길로 더한층 나아가게 된다. 조(조린) 프리먼은 다가오는 신정치전국대회(NCNP)에 대한 여성들의 개입을 조직하기 위

한 회의를 1967년 시카고에서 소집했다. 그해 8월에 개최된 그 대회는 "독립적인 여성운동의 마지막 촉진제가 됐는데, 왜냐하면 죄책감에 휩싸여 흑인들의 요구를 아낌없이 수용할 것을 약속했던 백인 남성들이 여성들이 비슷한 요구를 하자 그들을 비웃고 선심 쓰는 척 했기 때문이었다."[11]

이 대회에서 여성해방 요구를 제기하려고 노력한 조 프리먼과 슐라미스 파이어스톤은 여성해방보다 더 중요한 논의 사항들이 많다는 소리를 들었다. 그러나 이들과 다른 여성 활동가들에게는 여성해방이 가장 중요했다. 그 다음 주에 여러 명의 여성들이 시카고에서 "좌파 여성들에게"라는 문건을 만들었다. 그 문건은 신좌파에게 실망한 일단의 여성들에게 여성해방 사상에 대해 얘기했다. 1년 뒤, 미국의 주요 도시들 대부분에서 여성해방 단체들이 생겼다.

운동의 성격

따라서 미국 여성운동은 진공에서 태어난 것이 아니다. 그것은 분명 미국 좌파, 그 자체가 허약했던 미국 좌파의 산물이었다. 미국에는 영국 노동당에 견줄 만한 조직이 없었고, 미국 공산당은 소규모였다. 매카시즘 때문에 좌파는 심각하게 위축됐고, 노동조합 역시 유럽에 비해 취약했다. 이러한 배경이 운동의 정치와 실천을 규정했다. 여성운동은 좌파적이고 급진적인 운동으로 출발했다. 여성운동을 시작한 여성들은 그들이 활동한 학생 정치의 영향을 받았고, 그 사상의 많은 부분을 계속 간직했다. 그래서 베티 프리던이 1966년에 창설한 전국여성기구(NOW)는 (너무나 당연하게도) 철저히 중간계급적이고 개혁을 위한 투쟁에만 한정된 조직으로 여겨졌다. 초기 여성해방운동에 참여한 셀레스틴 웨어는 이렇게 묘사했다. NOW는 "흑인 투사들이 공민권 단체들을 대하는 것과 마찬가지 취급을 받았다. 전형적인 NOW 회원은 중간계급에다 전일제 직업을 가진 기혼 여성이었다."[12]

여성해방운동 구성원들은 이와는 매우 다른 경우가 많았다. 그들은 흔히 결혼이라는 개념에 도전했고, 대안적인 생활 방식의 중요성을 강조했으며, 소박한 방식이긴 했지만 자본주의 사회 자체의 토대 전반에 도전하려 했다. 그리고 그들은 대체로 다른 급진 정치 쟁점들에 일체감을 느꼈다. 그들은 블랙파워 조직, 흑표범당에 대한 국가 탄압에 항의했다. 어떤 단체는 1969년 닉슨 취임에 항의하는 시위를 조직했다. 여성운동은 전쟁에 반대했다. 또, 여성해방을 위한 운동에 걸맞게 애틀랜틱시티에서 있었던 '미스 아메리카' 대회에 반대하는 유명한 항의 시위를 벌였다.

그러나 여성운동은 다른 운동들보다 훨씬 더 취약했다. 여성운동은 대중행동을 조직하는 데 성공한 적이 없고, 운동과 연관 맺은 사람들은 놀라울 정도로 소수였다. 거대하고 단결된 여성의 자매애가 존재하기는커녕, 운동은 출발부터 파편화돼 흩어져 있었다.

운동이 채택한 정치도 — 공개적인 것이었을 때조차 — 제한적이었다. 자생성 찬양, 노동계급 지향성 결여, 이론 경시가 특징인 온건한 마오주의나 이런저런 형태의 자유지상주의가 지배적이었다. 오래된 구호인 "민중이 결정하게 하라"가 신좌파와, 따라서 여성운동 대다수의 태도를 압축적으로 보여 줬다.

여기에 더해, 개인감정 표출과 의식 향상 과정이 엄청나게 강조됐다.

오늘날 이러한 실천들은 여성운동 특유의 것으로 여겨진다. 그러나 실제로 그것들은 여성운동에서 유래한 것이 아니라, 여성운동의 출발지인 학생운동에서 이미 시작된 것이었다. 사라 에번스는 두 운동의 많은 유사점들을 지적했다. 지도를 반대하는 경향, 개인 경험에 대한 강조(1960년대 중반 SDS 모임들은 학교 조직자들이 자신의 출신 배경과 급진화하게 된 계기를 얘기하는 것으로 시작했다), 모임의 내부 절차에 대한 강조가 그것이다.[13] 여성운동의 중심 원칙인 여성의 의식 향상은 이러한 실천의 논리적 귀결이었다. 여성운동에는 마오주의의 영향력도 있었던 것 같다. 의식 향상은 중국혁명 당시 "쓰라린 경험 말하기" 과정과 비슷하다고 얘기된다.

심지어 가장 급진적인 정치조차 얼마 못 가 취약함을 드러냈다. 여성 억압이 모든 것을 결정하는 요인이 되면서, 다른 모든 정치적 문제들은 중요하지 않게 취급됐다. 1969년 '뉴욕급진여성'의 원칙 선언은 그것을 이렇게 표현했다.

> 우리는 어떤 것이 '개량적인지', '급진적인지', '혁명적인지', 또는 '도덕적인지' 묻지 않는다. 우리는 묻는다. 그것이 여성에게 좋은가 나쁜가? 우리는 어떤 것이 '정치적'인지 묻지 않는다. 우리는 묻는다. 그것이 효과적인가? 그것이 우리가 정말로 원하는 것에 우리를 가장 빠른 길로, 가장 가까이 다가가게 하는가?[14]

뉴욕급진여성은 곧 분열했다. 그 단체에서 갈라져 나온 세 단체 중 하나가 '레드스타킹'이었다. 그 단체는 이러한 견해를 그들 자신의 원칙 선언에서 유지하고 발전시켰다.

> 우리는 모든 옛 이데올로기, 문학과 철학, 과거의 소산을 비판한다. 그것들이 남성 우월주의 문화의 산물이기 때문이다. …… 우리는 지금까지 인정받지 못한 여성의 문화를 우리의 출발지로 삼는다. 그 문화는 오랜 억압의 경험에서 생명의 소중함에 대한 강한 인식, 말로 표현되지 않은 생각과 단순한 상황의 복잡성에 대한 민감함, 인간의 필요와 감정에 대한 풍부한 이해를 발전시켰다.[15]

이러한 반(反)지성적 접근 방식, 개인감정을 이론으로까지 격상하는 것이 여성운동에서 '상식'이 됐다. 공개적인 정치적 견해가 더는 존재하지 않는 경우가 많았다. 자신들이 흑인운동이나 학생운동, 반전운동에 진정으로 "속해 있다"고 느껴 본 적 없는 여성들은 이제 그들 자신의 운동을 갖게 됐다. 여성운동은 여성 문제에 관한 일을 하고 싶어 한 여성들뿐 아니라, 중요하게는 기존 정치무대에서 무시 받는다고 느낀 여성들에게 자연스러운 안식처가 됐다. 모든 여성을 위한 이러한 운동을 정당화할 수 있는 상황과 이론의 기원이 만들어져야 했다.

여성운동에 널리 퍼져 있던 혼란된 사고를 보여 주는 하나의 예는 1970년 잡지 ≪마드모아젤≫에 인용된 주디 로의 말에서 확인할 수 있다. 주디 로는 여성 억압의 사회학을 연구하고 싶어 한다는 이유로 시카고 대학에서 해고당했다.

> 나는 여성 문제가 가장 크게 무시되는 문제라고 본다. 나는 전쟁에

미치는 우리의 영향력에 대해 비판적이고, 백인들이 흑인운동에 참여할 수 없다고 확신한다. 나는 사회주의자도 아니고, 혁명가도 아니다. 그러니까 내 말은, 나는 브래지어를 한다는 것이다.[16]

그러나 정치가 초기 여성해방운동에 영향을 미친 단어가 아니었는데도, 정치적 차이는 곧 여성해방운동 내부의 온갖 분열을 일으키는 원인으로 떠올랐다. 이미 뉴욕급진여성의 가장 중요한 분파였던 레드스타킹은 여성 억압 반대 투쟁에 대한 의식 향상적 태도를 확고히 했다.

레드스타킹은 여성해방이 다른 모든 이상보다 우선한다고 믿는다. 그들은 공식 정치의 언어를 쓰지 않고 여성 자신의 경험에서 여성해방의 해답을 찾아낸다.[17]

1969년, 페미니스트들과 레드스타킹이 통합해 뉴욕급진페미니스트(NYRF)를 결성했다. 회원에는 슐라미스 파이어스톤, 앤 코트, 셀레스틴 웨어 등이 포함됐다. 이들은 점차 노골적으로 사회주의 정치의 모든 개념에서 멀어졌다. NYRF 선언서는 이렇게 천명했다. "여성에 대한 정치적 억압에는 자체의 계급 동학이 있다."[18] 파이어스톤은 이러한 생각을 그의 책 ≪성의 변증법≫[19]에서 더욱 발전시켰다.

어떤 이들은 독자적인 여성 계급 동학의 논리를 한층 더 밀고 나갔다. 발레리 솔라나스는 남성박멸협회(SCUM) 선언문에서 다음과 같이 썼다. "남성은 불완전한 여성, 걸어 다니는 실패작, 유전자 상태에서 멈춰버린 존재다."[20]

여성 억압에 맞선 강력하고 집단적이고 중앙집중적인 운동이 있을 수 있다는 어떤 생각도 사라지기 시작했다. 1969년 '여성단결을 위한 대회'는 수포로 돌아갔다. 지나치게 점잖았던 NOW조차 문제에 부딪혔는데, 1970년 NOW 뉴욕 지부는 레즈비어니즘 문제를 둘러싸고 둘로 쪼개질 지경이 됐다. NOW의 존경받는 회원들 중 일부는 자신들이 정치적 레즈비언 또는 섹슈얼리티에 대한 지배적 관념에 대한 어떠한 도전과도 연관되기를 원하지 않았다. 당시 NOW 회원이었던 작가 리타 메 브라운은 이렇게 주장했다. "레즈비어니즘은 뉴욕 NOW 집행위원회의 집단 심장마비를 일으키는 단어다."[21]

그러므로 운동이 분산되고 파편화된 이유는 운동의 유산, 정치적 논쟁 회피, 개인적 생활 방식 지향성 때문이었다. 점차 진정한 정치적 차이들이 개인적 논쟁과 같은 형태로 드러났고, 이것은 더 많은 단체들의 설립으로 이어졌다.

뉴욕에서 매주 모임을 연 여성해방연합의 이야기는 그 당시 단체들의 취약함을 잘 보여 주는 사례다. 여성해방연합은 좌파를 지향하고 노동계급에 호의적인 성향을 갖고 있었고, 노동계급 여성들을 끌어들이려고 노력했다. 그들은 뉴헤이번에서 임신한 흑표범당 여성 당원들의 끔찍한 수감 조건에 항의해 1969년 11월 열린 흑표범당 집회를 지지했다. 그러나 일부 연합 회원들은 그 집회가 너무 흑표범당에 친화적이라고 느꼈고, 좌파 개입의 범위를 둘러싸고 분열했다. 1969년 12월에 연합은 모임을 중단했다.[22]

운동은 더 심각한 모순에 맞닥뜨렸다.

한편에서, 여성운동의 영향력은 엄청나게 커졌다. 1971년까지 1백 개가 넘는 여성해방 출판물이 나왔다. 1973년 주류 페미니스트 잡지 ≪미즈≫의 발행 부수는 35만 부였다. 1974년에 이르면 78개 교육 기관에 여성학 프로그램이 있었고, 그 외 5백 개 대학에서 2천 개의 여성학 강좌를 개설한 상태였다.[23]

그러나 운동에 참여한 활동가들의 수는 페미니스트 사상의 일반적인 영향력에 비해 여전히 상대적으로 소수였다. NOW는 1973년에 회원이 3만 명이라고 주장했는데, NOW 요구 사항의 제한적인 성격을 감안하면 이는 대중운동이라고 할 수 없는 매우 적은 규모였다. 여성운동의 더 급진적인 부분도 다를 바 없었다. 매주 여성해방연합에 모인 여성들은 뉴욕시 전체에서 1백50명에 불과했다. 1969년 '여성 단결을 위한 대회'에는 고작 2백 명이 모였다.[24]

이러한 수치상의 불일치 때문에 오늘날의 여성운동에도 여전히 존재하는 문제가 생겨났다. 일부 여성해방 사상이 수동적이기는 하지만 광범한 지지를 받는데도, 이러한 사상이 어떤 일관된 활동으로 전혀 연결되지 않는다는 것이다. 이것은 다시 명목주의,* 수동성, 그리고 여성운동 이외의 다른 누군가가 여성을 대변하거나 여성의 이익을 위해 행동할 권리가 있다는 것을 인정하지 않는 종파주의적 태도로 이어진다.

미국 여성운동은 처음부터 규모와 영향력 면에서 가장 월등했다. 미국 여성운동의 사상은 특히 유럽으로 수출됐고, 그 결과로 그 편향과 문제점들 — 그러나 때때로 핵심적인 것은 아닌 — 중 많은 부분이 다른 곳에서도 드러나게 됐다.

---

* Tokenism, 명목상의 차별 폐지를 말한다.

영국의 초기 여성운동

일반적으로 영국의 여성해방운동은 1968년에 시작됐다고 본다. 포드 사(社) 여성 재봉공들이 벌인 최초의 현대적 동일임금 파업이 있었던 해가 바로 1968년이었다. 같은 해 전국여성평등권공동행동위원회(NJACWER) 라는 아주 긴 명칭을 단 기구가 창설됐다. 이 위원회는 노동조합에 기반을 뒀고, 1969년에 동일임금 요구를 지지하는 집회를 조직했다.

1969년에 많은 여성해방 단체들이 갑작스럽게 생겨났다. 그러한 단체들은 흔히 활동적인 좌파 남성들과 함께 살거나 결혼한 여성들로 이뤄졌다. 그러나 쉴라 로보썸은 이렇게 썼다. "운동이 존재했다고 말할 수 있는 것은 사실 1970년 2월 옥스퍼드대회부터였다."[25]

5백 명이 넘는 여성들이 그 첫 대회에 참석했다. 대부분의 참석자들에게 그 대회는 아주 강렬한 경험이었다. 처음에 영국의 여성들은 미국 여성들이 2년 동안 걸어 온 길을 따라 조직하고 있었다. 그러나 초기 영국 여성운동과 미국 여성운동 사이에는 처음부터 중요한 정치적 차이점들이 있었다.

영국의 운동은 미국 여성운동에 강력하고 많은 경우 부정적인 영향을 미친 미국의 운동과 전혀 다른 성질을 갖고 있었다. 영국에는 공민권 운동과 블랙파워 운동이 실질적으로 존재하지 않았다. 학생운동은 중요했지만 영향력이 작았다. 대중적 반전운동은 중요한 정치적 급진화 효과를 냈지만, 미국에서처럼 핵심적인 위치에 있지는 않았다. 미국 반전운동은 침략국의 심장에서 벌어진 것이었다.

영국은 주류 정치 상황도 훨씬 더 유리했다. 1960년대 후반 영국에서는 이혼과 낙태, 동성애자 권리, 동일임금에 대해 더 관대한 법률들이 통과됐다. 게다가 영국의 높은 노동조합 조직률(1960년대 후반에 미국의 조직률은 28퍼센트 정도였던 데 반해, 영국은 전체 노동자의 절반 정도가 노동조합원이었다) 때문에 좌파와 여성운동 안의 많은 사람들이 노동계급 투쟁을 여성해방 투쟁의 중요한 부분으로 생각했다.

여성운동이 탄생한 시기의 높은 계급투쟁 수준이 이러한 태도를 강화했다. 당시 계급투쟁의 한 가지 특징은 여성들이 참가한 파업이 매우 많았다는 것인데, 이러한 파업들 중 많은 수가 초기 여성운동에 의해 시작됐다. 1970년 리즈 피복 노동자들, 1971년 체신부의 전화교환원들, 런던 야간 사무실 청소부들을 조직하기 위한 메이 홉스의 투쟁 등 이 모든 것은 운동을 건설하기 위한 기회로 이해됐다.

때때로 사회주의자들과 여성해방 운동가들이 이러한 노동자 투쟁을 지원하는 데서 중요한 구실을 했다. 야간 청소부들의 투쟁이 그러한 경우였는데, 당시의 한 보고서는 다음과 같이 말한다.

> 청소부들, 국제사회주의자들(IS), 캠든여성행동그룹, 사회주의여성연구회가 함께 파업 대오를 형성했다. 지지 방문을 온 다른 건물의 청소부들도 대오에 함께했다. 이러한 행동들 때문에 청소 회사는 TGWU 대표와 협상을 해야 했고 직장위원 두 명의 복직에 합의했다. 회사는 노동조합을 인정하고 노동조합원들에게 위협을 가하지 않겠다는 데 동의할 수밖에 없었다.[26]

당연하게도 이러한 결과는 여성들이 노동계급에게 기대를 걸고 노동조합을 투쟁의 수단으로 바라보게 만들었다. 야간 청소부 파업과 같은 해인 1971년에 국제 여성의 날(원래 20세기가 시작할 무렵에 사회주의 운동에 의해 조직됐던 것) 경축 행사가 다시 열렸다. 여성운동의 4대 요구 사항을 중심으로 벌어진 시위였다. 4대 요구 사항은 여성의 의사에 따른 무료 낙태·피임 시술, 동일한 교육과 직업 기회, 24시간 무료 보육 시설, 동일임금이었다.[27]

이렇게 운동은 초기에 활력 있고 외향적이었다. 운동이 처음으로 거둔 커다란 승리 가운데 하나는 1971년 앨버트홀에서 열린 많은 여성들의 상상력을 사로잡은 '미스 월드' 대회를 봉쇄한 것이었다. 그러나 미국에서처럼 초기 몇 년 동안의 신선하고 활기찬 활동들은 곧 어려움과 문제에 직면했다. 그 이유는 대체로 아주 비슷했다.

여성운동의 이론적 근거는 모든 여성들이 억압에 맞서 투쟁하기 위해 단결할 수 있다는 것이었다. 처음에는 노동계급 투쟁을 통해 여성들을 이러한 사상으로 획득하는 것이 가능해 보였다. 그러나 운동 내부에서 정치적 차이가 분명해질수록, 그럴 가능성은 점점 더 적어졌다.

옥스퍼드대회에서는 이러한 정치적 차이가 두드러지지 않았다. 그러나 바로 1년 뒤 스케그니스에서 열린 여성해방대회는 몇 가지 중요한 문제들을 드러냈다. 그 대회는 최근 몇 년 사이 다소 나쁜 평판을 들었다. 대회의 조직 구조를 둘러싸고 이견이 생기기 시작했다. 일부 여성들이 토요일 전원회의에서 퇴장해 따로 논의했다. 그날 저녁에 다음 날 더 소규모 토론을 열기로 의견이 모아졌다. 그러나 다음 날 오후 전원회의에서 마오주의자들과 관련된 소동이 벌어졌다. 한 마오주의자 여성이 사회자 자리에서 물러나야 했고, 한 남성 마오주의자는 진행 방해를 이유로 회의에서 쫓겨났다. 그러고 나서 대회가 속개돼 전국여성조정위원회(WNCC)

를 해산하는 안이 가결됐다. WNCC는 옥스퍼드대회에서 창설된 기구였는데, 해산의 근거 중 하나는 종파적 분열이 야기한 문제가 심각하다는 것이었다.

이 대회가 전환점이었다. 그때부터 남성들은 그러한 회합에서 환영받지 못했고, 이미 존재하던 사회주의에 대한 적대감은 점점 더 두드러졌다. 잡지 ≪사회주의 여성≫은 이렇게 평했다. "이 대회의 결과를 보면 WNCC에서 가끔씩 볼 수 있었던 여성해방운동의 외견상의 합의가 현실에서는 존재하지 않는다는 것이 분명하다."[28]

[브리스톨 지역] 여성해방 모임들의 연합체 잡지인 ≪스루≫(Shrew)에 실린 다른 보고는 문제점들 가운데 일부를 지적했다.

어떤 형태든 조직에 대한 반대가 광범하게 존재하는 듯했기 때문에 우려스러웠다. …… 조직과 지적 분석은 너무나 단순하게도 권위적이고 따라서 남성적인 것, 즉 나쁜 것으로 간주된다.[29]

그러나 여기에서조차 필자들은 앞으로 남성들을 그러한 대회에서 배제해야 한다는 데 동의했다.

이 논쟁은 1972년 3월 맨체스터에서 열린 대회에서도 계속됐다. 핵심 쟁점은 토요일 밤에 있을 대회 사교 모임에 남성을 참가시킬지 말지에 대한 것이었다. 다음 날 대회는 남성 참가 찬성파와 반대파로 분열했다. 어느 대표자는 남성 참가에 반대하는 견해를 다음과 같이 요약했다.

1년 중 이틀을 자매들과 지내고 싶어 하고 어떤 남성이든 간에 남성의 존재 때문에 억압받고 싶어 하지 않는 여성이 한 명이라도 참석한다면, 당연히 우리는 그 자매의 바람을 존중해 남성 없이 여성을 위한 대회를 열 수 있을 것이다.[30]

이 조치는 두 가지 면에서 중요했다. 첫째로 그것은 운동이 훨씬 더 내향화되고, 회의의 결정 사항보다는 회의 자체의 형식과 구조에 치중한다는 것을 뜻했다. 둘째로, 그 조치는 사실상 노동계급과 특히 노동계급의 일부로서 남성들이 억압에 맞선 투쟁을 위한 해결책의 일부라는 생각에서 멀어진 것이었다. 그 대신 남성들은 점차 문제의 일부라고 여겨졌다. 1970년대 말에 이르면 남성을 문제로 보는 시각이 막대한 영향을 미치는 이론이 됐다.

당연히 남성을 둘러싼 논쟁은 더 큰 분열, 즉 사회주의적 방향으로 변하기를 원한 사람들과 어떻게든 "여성의 혁명"을 지지하는 사람들 사이의 분열을 반영한 것이었다. 1971년 런던 서부 일링 지역에서 개최된 여성해방 관련 공개회의에 대한 흥미로운 기사가 ≪스루≫에 실렸는데, 당시 논쟁은 개인적 생활 방식의 변화로 충분한지 아니면 사회 변화가 필요한지를 둘러싼 것이었다. 여성해방연구회에서 온 한 연사는 다음과 같이 말했다. "여성이 해방된 사회주의란 있을 수 없다. 여성들이 보수적으로 보인다면, 그들은 사회주의 체제에서 억압받을 것이다."[31]

전국 각지의 단체들에서 비슷한 주장들이 되풀이됐다. 운동이 진행될수록, 사회주의 사상이 패배하고 있다는 점이 분명해졌다. 여러 면에서 이것은 부분적으로 사회주의자들 자신의 잘못이었다. 정통 트로츠키주의자들인 국제마르크스주의자그룹(IMG)이 발행한 잡지 ≪사회주의 여성≫

은 계급 쟁점을 강조했지만 너무 형식주의적이었다. 점차 그들의 이론적 논쟁은 여성의 가사 노동 문제를 중심으로 진행됐다. 때때로 결론도 나지 않았고 흔히 모호한 논쟁이 추상적으로 이뤄졌다.[32] 이 그룹은 노동여성 헌장, 직장에서 여성들의 요구 사항 목록 작성에 대해 구체적으로 개입했다. 그러나 이 운동은 노동여성들을 동원하는 것보다는 하층 노조 관료들에게 영향을 미치는 것을 목표로 삼았다.

IS(사회주의노동자당의 전신)의 여성 잡지 ≪여성의 소리≫는 일관되게 노동계급과 활동가들을 지향했다. 이 잡지는 1972년에 창간됐을 때부터 노동자들의 투쟁(특히 동일임금 투쟁과 나중에는 전국낙태권캠페인[NAC]을 중심으로 한 투쟁)에 바탕을 뒀다. 그러나 그것은 여성운동 내부에서 벌어진 논쟁들을 무시하는 경향이 있었고, 득세하던 반(反)사회주의 사상에 실천적 측면에서는 도전하지 않았다.

그러나 사회주의 사상이 운동 안에서 점점 더 약해진 가장 주된 이유는 사회주의에 대한 왜곡된 견해가 지배적이었기 때문이었다. 대다수 페미니스트들의 사회주의에 대한 견해는 갖가지 사상들을 완전히 절충한 것이었다. 한 베테랑 페미니스트는 — 한때 ≪스페어 립≫(Spare Rib) 공동체의 일원이었던 — 다음과 같이 분명하게 표현했다.

> 1960년대 후반에 이르러 [그러한 — 린지 저먼] 투쟁들에서 나온 정치에는 관찰·분석·실천이 포함됐고 여성들은 다시 자기 자신을 정의하기 위해 그것들에 매달렸다. …… 거기에는 마오, 블랙파워, 파농, 베트남, 라이히, 자유지상주의, 성해방 등이 있었다.[33]

이러한 정치적 혼란은 새로운 여성해방운동의 특징이었다. 새로운 여성해방운동은 마오의 의지주의*를 수용했고, 민족해방운동의 억압받는 사람들에 대한 지지를 받아들였으며, 자유지상주의자들의 성적 급진주의와 개인주의를 받아들였다. 그 정치는 너무 불분명하고 뒤죽박죽이었기 때문에, 이러한 여성들이 설명할 수 없는 것들이 많았다. 스탈린과 마오의 사상을 따라 세계의 3분의 1이 이미 사회주의 국가라고 한다면, 왜 이들 국가에서 여성들은 여전히 억압받는가? 왜 여성해방은 식민지 혁명의 결과로서 나타나지 않았는가?

'사회주의' 이론에 대한 문제제기는 특히 1970년대 중반에 많아졌다. 1960년대 말과 1970년대 초에 세상을 바꾸기 위한 투쟁이 패배하면서 생겨난 "전투성의 위기"는 많은 여성들에게 영향을 미쳤다. 그들에게 여성운동은 조직된 사회주의 정치에서 빠져나오게 해 주는 편리한 발판이었다. 많은 페미니스트들이 좌파 단체들과 연관 맺는 것을 점차 용납할 수 없는 일로 여겼다.

미국의 경험은 모조리 영국에 전해졌고, 좌파 조직은 성 차별로 비난받았다. 마치 좌파 구성원들이 미국 좌파의 톰 헤이든이나 스토클리 카마이클과 똑같다는 듯이 말이다. 실제로 이러한 생각을 표명한 많은 여성들은 언제나 좌파 단체들에 적대적이었고 기껏해야 좌파 언저리에 있었다. 심지어 좌파 단체에 있을 때 여성해방 사상에 거의 관심을 보이지 않던 사람들도, 이제는 좌파에게 등을 돌렸다.

모든 좌파 남성들이 문제라는 생각이 널리 받아들여졌다. 몇몇 좌파

---

* 意志主義, 의지가 지성보다 우위에 있다고 생각하는 사상.

페미니스트들은 이러한 생각을 따랐고, 일부는 처음에는 주저하면서 자신들은 일차적으로 페미니스트라고 주장했다.

다양한 좌파 여성들이 모여 점차 공산당의 영향을 받은 단체가 낸 신문 ≪붉은 깃발≫은 창간호에서 이렇게 선언했다. "조직 노동운동, 즉 노동조합·협동조합·좌파정당은 이 나라에서 사회진보와 사회주의를 위한 결정적인 세력이다"[34] 스탈린주의적 표현이기는 했지만, 적어도 남녀가 함께 있는 노동계급 조직들에서 활동하는 데 헌신하기로 약속했다. 그러나 잡지 제4호에서 변화가 있었다. "우리의 가장 중요한 임무는 여성해방운동에 헌신하는 것이다."[35]

사회주의자들이 계급을 초월한 페미니즘에 점차 가까워질수록, 사회주의자가 아닌 페미니스트들은 더욱 자신만만해졌다. '여성과 사회주의' 대회가 1974년 가을에 버밍엄에서 개최됐다. 심지어 이 대회에서도 급진 페미니스트들은 사회주의 페미니스트들을 공격했다.

> 사회주의자 여성들은 여성들에 대한 헌신, 모든 여성들, 심지어 '파시스트' 여성들에 대한 현실을 증명해 보이라는 소리를 들었고, 여성들을 그들의 '정치'보다 우선시하라는 문제제기를 받았다. 여성해방뉴스레터에 남성에 대한 폭력적인 주장들이 익명으로 실렸다. 사내아이들을 데리고 온 여성들은 킹스웨이 여성센터에 들어가지 못했다. 사무국 여성들은 남성과 전화통화도 하지 않으려 했다.[36]

이러한 우스꽝스러운 상황은 당연히 사람들의 분노를 샀지만, 급진 페미니스트들이 운동에 더 심한 분리주의를 강요하려고 노력할수록 그러한 상황은 점점 더 많이 벌어졌다. 사회주의 페미니스트들의 정치는 너무나 혼란스러워서 급진 페미니스트들에 맞서 싸울 능력이 없었다. 결국 그들은, 우리가 보게 될 것처럼, 이론적·실천적으로 굴복하고 만다.

그러나 운동의 약점, 계급과 젠더를 둘러싼 분열은 단지 운동에 참여한 여성들의 정치에만 있었던 것이 아니다. 오히려, 정치는 그 운동의, 그리고 그 운동의 기초를 이루는 토대의 사회적 구성의 산물이었다. 미국의 운동과 마찬가지로, 영국의 운동은 노동계급 여성들에게 기반을 두지 않았다. 여성운동은 일부 소수 층의 여성들에게 매력적이었는데, 그들은 교육받고, 의식 있으며, 일을 할 경우에는 높은 임금을 받는 여성들이었다.[37] 쉴라 로보썸은 한 단체를 이렇게 묘사한다.

> 그들은 주로 미국인들이었고 20대 중반이었다. 그들 가운데 일부는 캠든베트남연대운동에서 활동했고, 대부분이 혁명 정치에 깊숙이 참여하는 남편이 있었다. 그들 대부분에게는 어린아이들도 있었는데 그들은 가정주부이자 외국인으로서 심한 고립감을 느꼈다. 그들은 터프넬 공원에서 만나기 시작했는데 나중에는 엄청나게 중요한 영향력을 행사하게 됐다.[38]

1972년 《스루》에 실린 한 설문조사도 비슷한 상황을 보여 준다. 한 학생이 런던에 있는 한 단체 소속 여성 12명 가운데 7명을 면접조사 했다. 4명은 30살이 넘었고 25살 미만은 1명뿐이었다. 그들은 모두 중간계급 가정 출신이었다. 3명은 북미에서 태어났고 4명은 영국에서 태어났다.[39] 보통 그들의 정치적 견해는 다양했다. "일관된 급진적 이데올로기를 표명한 사람은 아무도 없었다. 우리는 계급투쟁과 여성투쟁의 관계를 제대로 다루지 못했다."[40] 그러나 이러한 일관성 부족은 부정적인 측면을 드러내기 시작했다. "우리들 가운데 한 사람만이 미래에 대해 낙관적이었다. 가장 비관적인 사람들은 운동에 구체적 목표가 없기 때문에 점차 사그라질지도 모른다고 생각했고 우리가 구체적인 목표를 가지고 활동하는 것이 필수적이라고 느꼈다."[41]

쉴라 로보썸의 터프넬 공원 그룹에 대한 회고록과 더불어, 이 조사는 인상주의적이지만 무척 흥미롭다. 두 가지 점을 강조할 만하다. 그 여성들은 특별히 젊지도 않았고 정치적 환경을 처음 접하는 사람들도 아니었다. 그들은 좌파 주변에 있었고 분명히 여성운동이 그들에게 수동적인 구경꾼일 때보다 정치적 목표를 더 많이 제공해 주기를 기대했다. 이 점에서 그들은 정치를 처음 접한, 당시 혁명적 좌파 쪽으로 이끌리던 사람들과는 매우 달랐다. 게다가 영국의 초기 운동에는 미국인들의 참여가 높았다. 이것은 미국 운동이 영국 여성운동에 막대한 영향을 미쳤다는 증거이자, 애초에 미국에서 발전한 정치사상들 가운데 얼마나 많은 사상이 아주 직접적으로 영국운동에 전달됐는지를 설명해 준다.

운동의 성격, 즉 운동이 투쟁과 연관 맺지 않았고 기껏해야 극소수의 노동계급 여성들하고만 개인적으로 연관 맺고 있었다는 점은 위에서 인용했던 여성들이 경험한 무력감과 비관주의를 낳았다. 그리고 이것은 운동의 중심 신조인 의식 향상이 딱 들어맞았다는 것을 뜻했다. 중간계급 여성들은 개인으로서 그들을 억압하는 것이 무엇인지에 대해 대화하는 데 무수한 시간을 쓸 수 있었다. 의식 향상 실천은 자연히 계급투쟁에서 멀어져 갔다.

1971년 ≪스루≫에 실린 "우리 자신을 조직하기"라는 제목의 기사는 여성해방 단체가 어떠했는지 묘사했다. 각 단체는 회원이 10~15명 정도로 규모가 작았고 지역에 기반을 뒀다. 단체의 목적은 "정치 활동의 본보기이자 미래의 바람직한 사회의 축소판"[42] 구실을 하는 것이었다. 따라서 단체는 주로 외부 세계에서 조직하는 일을 하는 것이 아니라, 단체 회원들 자신의 사상 수준을 높이고 그 결과 더 넓은 세상의 객관적 상황에 상관없이 즐겁고 페미니스트적인 의식을 만들어 내는 일을 했다.

이러한 태도는 여성운동의 실천에 여러 가지 방식으로 영향을 미쳤다. 단체들은 점점 더 내향화했다. 일부 단체들은 신입회원을 받지 않게 됐는데, 이것은 운동이 정말로 내성적이고 배타적인 서클로 나아가고 있음을 의미했다.[43] "개인적인 것이 정치적인 것이다"가 공인된 구호가 됐기 때문에, 개인 문제에 대한 토론이 사회 변화를 위한 투쟁만큼이나 정당한 것이 됐다. 또 개인 지향성은 운동을 소규모에 머무르게 했다. 런던의 여성해방 단체들이 60개가 넘은 적이 없는데,[44] 적정 규모가 10명에서 15명 사이였던 점을 봤을 때 이 단체들은 고작 몇 백 명의 여성들을 조직할 수 있었던 것 같다.

대회와 시위도 소규모인 경우가 많았다. 예를 들어 1971년 국제 여성의 날 시위에는 2천 명의 사람들이 모였다. 그나마 그 중 4분의 1은 남성들이었다.[45]

출판도 크게 다르지 않았다. ≪스페어 립≫은 1972년에 창간돼 대중적인 규모는 아니었지만 발행 부수를 급속히 늘렸다. 그러나 1971년 12월 무렵에도 ≪스루≫에 발행 문제에 관한 기사가 실렸는데, 그것은 "우리는 매달 인쇄되는 3천 부조차 다 판매하지 못한다"[46]고 탄식하는 내용이었다. ≪붉은 깃발≫, ≪여성의 소리≫, ≪사회주의 여성≫, ≪와이어스≫(WIRES)와 기타 출판물들의 발행 부수도 많아 봐야 이와 비슷했다.

이 모든 요인들을 고려하면, 이미 1974년 무렵에 위기의 징후가 도처에 있었던 것이 전혀 놀랍지 않았다. 운동 초기의 열정은 사라졌고, 활동가들 중 많은 수가 활력을 잃었으며, 급진 페미니스트들은 계속 공격을 퍼부었다. ≪스루≫는 1974년 말부터 1967년까지 2년 동안 발행되지 않았다.[47] ≪사회주의 여성≫은 1974년에 이렇게 썼다. "노동계급 투사들은 대부분 투쟁을 집중시키고 조정하기 위해 여성해방운동(WLM)에 지원을 요청하지 않는다."[48]

그러나 이때는 여성들 사이에서 중요한 투쟁들이 벌어졌던 시기 중 하나였다. 동일임금 투쟁이 많은 사람들을 자극했다. 1974년 SEI와 윙그로브앤로저스, 1975년 일렉트로룩스가 그러한 사례였다. 그 외에도 여성들은 많은 투쟁을 벌였다. 케닐워스컴포넌트의 아시아계 여성들, 해크니의 교사들, 코번트리의 롤스로이스와 던롭 노동자들도 투쟁을 벌였다. 이러한 목록은 1970년대 초에서 중반까지 계속 이어졌다.[49] 여성운동 구성원들은 개인적으로 파업과 연관 맺었다. 파업 여성들을 지원하는 데 헌신한 여성들은 대중 운동으로 나아가지는 못했다. 오히려 핵심 구실을 한 노동조합원들 — 흔히 남성들 — 을 따른 곳에서 투쟁이 승리한 경우가 많았다.[50]

낙태권 캠페인

1975년에 놀랍게도 새로운 투쟁이 전개됐다. 만약 핵심적인 "여성 쟁점"이라는 것이 있었다면 바로 이것이었다. 그 운동은 여성운동이 생겨난 이후 처음으로 대중을 동원할 수 있는 기회를 제공했다. 그러나 그것이 시험대에 올랐을 때, 여성운동은 한계를 드러냈다.

그 쟁점은 낙태권이었다. 1967년 임신을 지속하는 것이 여성의 정신적·신체적 건강을 해치는 경우에 합법적인 낙태를 허용한 낙태법이 통과됐다. 명백히 이 기준은 제한적이었지만, 이 법안으로 훨씬 더 많은 여성들이 안전하고 합법적으로 낙태할 수 있게 됐다.

합법적 낙태율이 치솟았다. 1969년에 합법적 낙태는 5만 3천 건이었다. 1970년대 중반에 이르면 연간 낙태 건수가 10만 건을 훨씬 넘어섰다.[51] 반낙태 압력단체와 원래 이 법안에 반대했던 사람들은 법률을 더욱 제한하려고 노력했다. 우파 노동당 의원 제임스 화이트가 의원입법안을 발의했다. 그 법안의 목표는 낙태 근거를 제한하고, 국민보건서비스(NHS)를 핵심적으로 뒷받침하는 낙태 시술 병원의 증가를 막는 것이었다.

1975년 4월 하원에서 열린 한 회의는 전국낙태권캠페인(NAC)의 발족을 선포했다. NAC는 화이트 법안에 맞서 싸우고 1967년 법안을 지지키 위해 시작됐다. 처음부터 사회주의자들이 이 캠페인에 큰 영향을 미쳤고, 그들이 활동의 많은 부분을 담당했다. IMG는(그 당시 회원은 수백 명 정도였다) 특히 NAC의 전국 기구에 개입했다. IS는 특히 지역에서 캠페인에 매우 적극적으로 결합했다. 당시 가장 큰 좌파 조직인 공산당은 캠페인을 지지했지만 접근 방식은 훨씬 더 수동적이었다.

캠페인은 초기 몇 달 사이에 큰 성공을 거뒀다. NAC의 서명운동을 통해 거리 집회, 공장 앞 집회, 지역 활동을 조직했다. 노동당 의원들은 화이트 법안에 반대하라는 압력을 받았다. 가장 중요한 점은 그 쟁점이 작업장과 노동조합 지부들에서 논의된 것이었다. 이러한 방침을 특히 더 밀고 나간 것은 IS였다. 그들은 부자 여성들은 언제나 항상 안전하고 합법적인 낙태를 받을 수 있는 돈이 있기 때문에, 낙태권에 대한 공격은 본질적으로 계급 쟁점이라고 주장했다. 제한적인 낙태법 때문에 처벌을 받는 것은 가난한 사람들이었다.

낙태권은 놀라울 정도로 대중적 지지를 받았다. 서명 운동가들은 많은 부문에서 큰 지지를 받았는데, 특히 중년 여성과 노년 여성들의 지지가 눈에 띄었다.(그들 중 많은 이들이 1967년 이전에 연 10만 건으로 추정되는 불법 낙태를 경험했을 것이다.) 심지어 남성들만 있는 작업장이나 노동조합 지부들도 캠페인을 지지했다. 1975년 6월 런던에서 열린 NAC의 첫 번째 전국 집회에는 4만 명이 참가했다. 글래스고와 던디에서도 각각 7백 명, 1백 명이 행진을 벌였다. 런던 집회의 배너들 중에는 헐독(Hull Dock) 직장위원회와 AUEW의 두 지부를 포함해서 UPW(체신 노동자들), NUJ(언론인들), COHSE(보건의료노동자들), NUT(교사들), ASTMS와 NALGO(화이트칼라 노동자들) 지부들, 그리고 18개 노조협의회들의 배너들도 있었다.[52]

노동자들 사이에서 쟁점을 제기하면 좋은 반응을 얻는다는 것이 분명했다. NUT 집행부이자 IS 회원인 베스 스톤이 그 집회에서 화이트 법안이 "일하는 사람들에 대한 갖가지 공격의 일부"[53]라고 말했을 때 많은 지지를 받았다. 집회는 대성공이었다. 그러나 캠페인 내부의 분열이 급속히 표면화했는데, 이것은 여성운동 자체의 분열 증대를 반영한 것이었다.

NAC 운영위원회에 참석한 IS 여성 회원들은 화이트를 패배시키는 가장 효과적인 방법은 6월의 성공을 확대시키고 계속해서 그러한 집회들을 조직하는 것이라고 주장했다. NAC의 다른 사람들은 호의적인 노동당 의원이 그들의 주장을 관철시킬 수 있다고 점점 더 믿었다. 그러나 노동당 정부가 집권했는데도 노동당은 계속 낙태문제를 개인의 양심 문제로 간주했고, 소수파 노동당 의원들 상당수는 계속해서 화이트를 지지했다.

1975년 9월 NAC 기획회의에서 이견이 불거졌다. IMG · 공산당 · 노동당 대표들이 또 다른 전국 집회 요구에 반대했다. IS는 활동가들을 대표한 지역 NAC 조직들에서 그러한 집회를 지지하는 견해를 관철시켰지만, 전국회의에서는 실패했다. ≪여성의 소리≫에 실린 한 기사에서 말했듯이, NAC 지도부 대다수는 "캠페인을 매장시키자는 의견을 아주 효과적으로 주장했다."[54]

비슷한 분열이 그해 10월 NAC 대회에서 벌어졌다. IS와 ≪여성의 소리≫를 중심으로 결집한 여성들은 "여성의 의사에 따른 무료 낙태 — 여성의 선택권"을 캠페인의 구호로 채택하자고 주장해 통과시켰다. 그러나 대회 조직자들은 반낙태조직인 태아보호협회(SPUC)의 대중 동원을 의식적으로 무시했다. SPUC 저지 시위 호소는 ≪여성의 소리≫가 주도했다.[55] 2백 명의 여성들이 대회를 떠나 저지 시위에 참가했다.

혁명적 정치는 소수 활동가들을 확실히 끌어당길 수 있었다. 그러나 캠페인의 주된 방향은 다른 곳으로 향했다. 그것은 많은 좌파들이 변화를 위해 노동당에 기대를 거는 경향이 커지고 있음을 보여 줬다. IMG는 점점 더 조 리처드슨 같은 의원들을 믿었다.(노동당 장관 바버러 캐슬이 이미 사적 낙태 '남용'을 제약하려고 노력하고 있었고, 결과적으로 낙태 반대론자들에게 양보하고 있었는데도 말이다.)[56] 결국에 의회라는 수단이 제임스 화이트 법안을 좌절시켰다는 사실 — 대부분 그 쟁점에 대한 많은 사람들의 분노를 보여 준 의회 바깥의 압력 때문이기는 했지만 — 은 이러한 태도를 강화시켰다.

게다가 캠페인에 참가한 사회주의자들은 수세적인 경우가 많았다. 운영위원회의 개인들에게 전체 정치조직과 노동조합만큼이나 큰 비중이 주어졌는데, 분위기는 늘 사회주의자들에게 적대적이었다. 사회주의자들이 조금이라도 캠페인의 정치적 수준을 높이려고 노력하면 그것은 운동을 분열시키는 시도라며 비난받았다. IMG나 공산당 같은 조직들의 많은 여성들은 이러한 생각을 추수하거나 때때로 부추기는 경향이 있었다.

이렇게 NAC는 진정으로 많은 노동자들을 끌어들여 여성운동의 성격과 우선순위를 바꾸는 운동이 된 것이 아니라, 단지 여성운동의 작은 한 부분, 그리고 점점 더 주변적인 부분이 됐다.

그러는 사이에 운동 자체는 꽤 많이 진전됐다. 어떤 면에서 NAC의 성장은 확실한 사태 전개를 가리는 구실을 했다. 그러나 이미 1970년대 중반에는 새로운 운동의 흥분은 사라진 상태였다. 자매애는 온갖 모순과 많은 정치적 차이를 내포하고 있다는 것이 드러났다. 또, 그때쯤에는 급진 페미니스트들의 견해도 강화되고 있었다. 그들의 '상식적' 견해는 가부장제 이론을 중심으로 구체화된다. 사회주의 페미니스트들도 점차 여성 억압을 설명하기 위해 그 이론을 받아들였다. 그래서 여성운동은 경기 침체와 경제 위기의 시기였던 1970년대 후반기를 혼란, 파편화된 정치와 실천, 그리고 그 자신의 위기와 함께 맞이했다. 그래서 다음에 이어질 여성운동 이야기는 지금까지와는 매우 다른 이야기다.

09 :: 여성운동의 쇠퇴

여성해방운동 초기의 기대감은 급속히 시들해졌다. 1970년대 중반에서 1980년대까지, 여성운동과 운동을 뒷받침한 페미니스트 사상은 다른 길을 걷게 됐다. 시간이 갈수록 서로를 강화한 두 가지 독자적인 경향이 운동에서 우위를 차지하기 시작했다. 첫째는 여성운동의 많은 부분이 제도화되고 명망을 추구한 것이었다. 이것은 모든 수준에서 이 운동이 사회·국가와 통합됐음을 뜻했다. 둘째는 전반적으로 여성운동 내에서 급진 페미니즘이 지배적 경향으로 발전한 것이었다.

명망 추구는 미국 여성운동의 대표적 특징이 됐다. 소수 여성들이 고위직이나 정부에 새로 만들어진 '평등' 부서로 승진했다. 미국의 지도적 페미니스트 로빈 모건이 1978년에 한 인터뷰는 이러한 상황이 어느 정도였는지 잘 보여 줬다. 모건 자신은 주류 여성 잡지인 ≪미즈≫에서 일했는데, 그러한 사실과 자신의 페미니스트 정치 사이에 아무런 모순도 깨닫지 못했다. 모건은 주류 정치가 자신의 친구를 받아들인 것에 대해 만족스러워하며 이렇게 말했다.

> 엘리너 홈스 노튼을 …… 처음 만난 것은 거의 15년 전이었는데, 그가 SNCC의 흑인여성해방위원회의 법률고문이었을 때였다. 우리는 함께 최루탄을 맞았다. 노튼은 이제 고용평등위원회 위원장이지만, 나는 그가 배신하지 않을 것이라는 데 내 인생을 걸 수 있다.[1]

미국 자본주의는 여성운동·흑인운동·학생운동 출신의 옛 급진주의자들 일부를 체제로 흡수할 능력이 충분했다. 이 일은 의식적으로 이뤄졌다. 오늘날 미국에서는 회계사의 44퍼센트가 여성이다. 1960년에 이 수치는 16퍼센트에 불과했다. 1975년 경영학 석사 학위의 8.4퍼센트가 여성들에게 수여된 데 비해, 1986년에는 그 수치가 30퍼센트에 달했다.[2]

이러한 경향은 심각한 이데올로기적 보수화와 동시에 생겨났다. 일부 여성들은 불과 10년 전에 많은 여성들이 그만둔 전통적 역할로 되돌아갔다. 페미니스트 역사학자 린다 고든은 1978년 당시 많은 페미니스트들 사이에서 일어난 베이비 붐출생률 급상승을 "매우 우려하고 있다"고 말했다. 그들은 전에 적어도 여성 억압의 원인의 일부라고 늘 생각했던 모든 것들 ― 결혼, 가족, 모성애 ― 을 이제는 소중히 여기는 듯했다.

> 나는 아이를 가진 수많은 여성들을 알고 있는데, 전일제로 일하는 사람은 오직 나뿐이다. 다른 모든 사람들은 전통적 성 역할이 복원된 가족 속에서 살아간다. …… 사실상 그들은 전부 결혼했다. 나는 나 자신이 보수화되는 효과를 경험했다. 아이를 낳은 뒤 나는 점점 더 내가

사는 작은 유사(類似) 가족에 매이게 됐다.³

운동의 많은 부분이 [체제에] 편입됐다는 확실한 징후는 유엔이 1975년을 세계 여성의 해로 지정한 것이었다. 유엔은 특별한 관심이 필요한 온갖 불행한 이유들을 내세웠지만, 세계 여성의 해는 이 사회에서 노동 여성의 불평등한 지위를 바꾸는 데 아무런 구실도 하지 못했다. 그러나 그해에 대규모 국제 대회인 멕시코대회가 열렸다.

이 대회는 다양한 참가자들 사이의 엄청난 계급적 차이를 부각하는 데만 도움이 됐다. 이러한 계급적 차이는 볼리비아 주석 광부의 아내인 도미틸라 충가라 같은 제3세계 여성들의 참석으로 특히 두드러졌다.

볼리비아의 주석 광부들은 엄청나게 끔찍한 노동조건에서 일했고 평균 수명은 34세였다. 이 노동자들과 아내들의 주된 투쟁은 광산 소유주들과 정부에 맞선 것이었지, 서로를 향한 것이 아니었다. 도미틸라는 이 대회에서 부르주아 페미니스트들의 우선순위를 듣고 충격받았다. NOW 지도자인 베티 프리던은 도미틸라와 그와 비슷한 다른 여성들이 정치 얘기를 너무 많이 한다는 이유로 비판했다. 정치 토론은 그들 사이의 간극을 아주 분명히 드러냈다. 베티 프리던에게 이것은 매우 불쾌한 일이었다. 도미틸라는 부르주아 여성들에게 이렇게 답했다.

매일 아침 당신은 다른 옷을 입고 나타납니다. 반면에 나는 그렇지 못해요. 매일 당신은 우아한 미용실에서 보낼 시간이 있고 거기에 돈을 쓸 수 있는 사람답게 화장을 하고 머리 손질을 한 채 나타나지만, 나는 아닙니다. 나는 매일 저녁에 운전수가 당신을 집에 모셔가기 위해 이곳 문 앞에서 차를 타고 기다리는 것을 봅니다. 그렇지만 내게는 그러한 운전수가 없죠. 자, 숙녀분, 말해 보시죠. 당신 상황이 내 상황과 똑같습니까? 내 상황이 당신과 똑같나요? 지금 우리 둘 사이의 평등에 대해 얘기하겠다는 겁니까? 만약 당신과 내가 같지 않고, 당신과 내가 이렇게도 다르다면요? 우리는 지금 이 순간 평등할 수 없습니다. 심지어 여성으로서도 말입니다. 그렇게 생각하지 않나요?[4]

2년 뒤인 1977년에 또 다른 대규모 여성대회가 열렸는데, 이번에는 텍사스 휴스턴에서 개최됐다. 멕시코에서처럼 많은 페미니스트들은 평등권 대회가 큰 성공이라며 환영했다. 그러나 그 대회는 미국 운동의 심각한 우경화를 드러냈다. 세 명의 미국 영부인, 로절린 카터, 베티 포드, 레이디 버드 존슨이 참석해 대회를 빛냈다. 이들 세 사람은 모두 지배계급 중에서도 대단히 부유한 사람들로서, 평범한 여성들의 문제에 대해 아무것도 몰랐다.

이 대회에는 1만 5천 명이 참가했다. 그러나 대표단 가운데 어림잡아 20퍼센트는 낙태와 레즈비언 권리, 미국 남녀평등헌법수정안에 반대하는 '친가족' 보수주의자들이었다. 인종차별 주(州)인 미시시피의 대표단은 모두 백인이었고 미국 나치당 남성 당원 4명을 포함하고 있었는데도 대회 참가가 용인됐다.[5]

페미니스트들이 모든 여성의 자매애를 기념할 때에는 정치를 잊어버릴 수도 있다는 생각은 완전히 잘못됐음이 입증됐다. 그 대회는 변화를 위한 힘이 되기는커녕 가장 보수적이고 전통적인 가치들을 재확인하는 장이 됐다. 대다수 페미니스트들은 이 점을 전혀 이해하지 못했다. 로빈 모건은 그 대회가 아주 많은 여성들을 끌어당겼기 때문에 커다란 약진이었다고 칭찬했다.

> 여성운동이나 정치, 그러한 종류의 어떤 활동에도 전혀 참여하지 않았던 여성들이 참가했다. 그들은 길모퉁이의 아이들을 위한 교통안전지대나 직장 일에 대해 화가 났거나, 강간당한 경험이 있기 때문에 왔다. 그들은 페미니스트들이 포르노에 반대한다는 것을 알게 됐는데, 그것은 큰 충격이었다.[6]

그러나 그 약진은 여성해방과는 정반대 방향을 향했다. 로빈 모건이 말한 여성 대중은 여성해방이라는 사상을 받아들이지 않았다. 그 대신 한때 여성해방론자였던 사람들이 우파에게 양보하고 있었다. 그 결과 우경화는 그때 이후로 계속되고 있다.

이러한 우경화에 동참하지 않은 사람들은, 적어도 미국에서는, 지금 당장 페미니스트 문화와 사회를 건설하기 위한 노력으로서 생활 방식 정치로 옮겨간 경우가 많았다. 생활 방식 페미니즘은 정치 이론이자 실천으로서의 레즈비어니즘을 중심으로 흔히 형성됐다. 여성들은 — 적어도 몇몇 대도시들에서는 — 정치와 사회생활, 섹슈얼리티, 때때로 심지어 노동에서도 남성을 배제한 생활 방식을 만들어 낼 수 있었다.

영국 페미니스트들은 미국만큼 명망이나 생활 방식 정치의 길로 멀리 나아가는 것이 훨씬 더 어려웠다. 그러나 훨씬 덜 극단적 형태이기는 했지만, 영국에서도 이러한 두 가지 사태 전개가 되풀이됐다. 생활 방식 정치를 뒷받침하는 이론이 점차 사회주의 페미니즘에 도전했고, 결국 여성운동 내에서 지배적 사상 체계로서 사회주의 페미니즘을 대체했다. 따라서 1970년대 중후반 영국 운동의 가장 눈에 띈 특징은 급진 페미니즘의 부상이었다.

처음에는 이것이 중요한 경향이라는 사실이 분명히 드러나지 않았다. 여러 가지 요인들 때문에 그것은 가려져 있었다. 특히 그때까지도 계급투쟁 수준이 꽤 높아서 여성운동 내에서 여전히 사회주의 사상을 주장한 사람들이 반향을 얻을 수 있었다. 예를 들면, 여성들이 참가한 중요한 파업들이 있었다. 1976년 트리코의 동일임금 파업, 1년 뒤 그룬윅스의 노동조합 인정 파업이 가장 잘 알려진 것들이다. 이 두 파업은 모두 런던에서 벌어졌다. 런던의 엘리자베스 가렛 앤더슨 병원 투쟁과 같은 병원 폐쇄와 공공 지출 삭감에 맞선 투쟁도 있었다. 1977년에는 낙태권을 제한하려는 또 다른 시도 — 베니언 법안 — 가 있었고 그에 맞서 싸워야 했다.[7]

그러나 여성운동이 가려는 방향은 점점 더 분명해졌다. 이 시기에 여성운동의 4대 요구 사항 — 동일임금, 동일한 교육·직업 기회, 피임과 낙태권, 보육 — 에 다른 내용이 덧붙여졌다. 1975년 법적·재정적 독립이라는 요구가 더해졌고, 1978년에는 레즈비언 차별 종식과 남성 폭력 종식 요구가 추가됐다. 여성들이 개인으로서 마주하는 문제들에 대한 강조가 늘어난 것은 여성 억압에 대한 집단적 해결책에서 멀어짐을 뜻했다. 이것은 당연한 일이었다. 운동은 계급투쟁에서 멀어져 분리주의와 생활 방식 정치를 향해 나아가고 있었다.

여성 폭력은 1974년에 여성운동에서 처음 쟁점이 됐고, 그해에 [가정폭력구호단체인] 여성지원단이 생겨났다. 1975년에 이르면 전국적으로

90개의 여성 쉼터가 있었다.[8] 쉼터는 주로 자원 봉사자들을 통해 기금을 마련하고 운영됐다. 여성지원단은 엄청나게 끔찍한 현실에 관심을 집중시키는 데 공헌했다. 많은 여성들이 함께 사는 남성들한테 매 맞는 두려움 속에 살았고, 자본주의 국가 자체가 이러한 상황과 결탁하고 있었다. 경찰은 보통 가정불화에 간섭하지 않으려 했고, 지방의회는 폭력 때문에 집을 나온 여성들에게 새로운 집을 마련해 주지 않았다. 쉼터의 생각은 적어도 여성들이 갈 수 있는, 매 맞을 염려가 없는 안전한 장소가 있어야 한다는 것이었다. 그들은 빠르게 인정받았는데, 심지어 일부 보수당 지방의회도 그들을 인정했다.

성폭행과 포르노 같은 쟁점들을 둘러싸고 비슷한 주장이 나오기 시작했다. 당시에는 논란을 일으킨 성폭행 소송들이 많았고, 1975년에 최초의 성폭행상담소가 세워졌다. 이듬해에는 '성폭행에 반대하는 여성들'(WAR)이 탄생했다. WAR은 2년 전에 '가사 노동에 임금을' 운동을 시작한 사람들한테서 영향을 받았다. 그래서 WAR은 강력한 급진 페미니즘과 가정 내 여성 억압을 밝혀내는 이론, 그리고 그 이론이 일정한 지지를 얻게 만든 일정 수준의 운동을 겸비했다.[9]

포르노도 마찬가지로 강한 반향을 불러일으키고 있었다. 1977년에 '밤을 되찾자'는 운동이 부상했다. 운동의 목표는 특히 런던의 웨스트엔드에 있는 소호처럼 섹스숍과 포르노 영화관이 많은 지역에서 여성들을 위해 거리를 되찾는 것이었다. 전술은 대체로 매우 전투적이었고 여성들은 확실하게 포르노업자들을 괴롭혔다. 1978년 10월 소호에서 벌어진 시위는 경찰의 무자비한 공격을 받아 16명의 여성들이 체포됐다. 그러나 많은 여성들이 전국 여러 도시들에서 계속해서 행진을 벌였고, 1970년대 말 '밤을 되찾자'는 여성운동의 가장 역동적 부분 가운데 하나가 됐다.

이렇게 성폭행이나 폭력 같은 개인적 문제들을 지향하고, 계급투쟁에서는 멀어지는 쪽으로 방향이 바뀐 것은 우연이 아니었다. 그것은 자본주의나 계급사회가 아니라 모든 남성들을 적으로 보는 이론을 점점 더 많이 받아들인 결과였다. '밤을 되찾으려 한 것' 때문에 체포된 여성들은 "포르노를 방어하려는 남성들의 희생양들"[10]로 묘사됐다. 매우 영향력 있고 설득력 있는 주장을 펼치는 책인 수잔 브라운밀러의 《우리의 의지를 거슬러》는 주요 명제로서 다음과 같은 주장을 제시한다. 강간은 "**모든 남성들**이 **모든 여성들**을 계속해서 공포에 떨게 만드는 의식적 위협 과정"[11]이다. 강조는 원문에 있는 것이다.

폭력에 대한 이론은 급진 페미니스트들의 관점에서 보면 이상적이었다. 그러한 이론은 계급 분석에 딱 들어맞지 않았다. 즉, 지배계급에게 명백하게 책임이 있는 것이 아니었다. 실제로 훨씬 더 직접적인 잘못은 개별 남성들에게 있는 것처럼 보였다. 따라서 그 주장은 이렇게 나아간다. 즉, 남성 권력과 지배에 맞선 분리된 "여성들의 혁명"이 필요하다.

급진 페미니스트 이론이 쏟아져 나와 이러한 사상을 뒷받침했다. 메어리 데일리와 데일 스펜더 같은 여성들이 급진 페미니스트 사상에서 새롭고 강력한 경향을 대표했다. 그들은 남성적인 모든 것을 비난하고 부르주아 **여성**의 역사를 강조함으로써 부르주아 역사와 유사한 자신들의 역사를 재창조했다.[12] 사회주의 페미니스트들은, 적어도 영국에서는 여성운동 초기에 우세했지만, 이제는 기본 이론의 모든 분야에서 도전받고 수세에 몰린 상황이었다.

운동에서 가부장제 이론이 커다란 세력으로 발전한 것은 이때부터다.

이것은 사회주의 페미니즘의 패배를 뜻했다. '가부장제'라는 용어는 그 전에도 사용됐고, '가부장적'이라는 용어도 다양한 종류의 봉건 가족과 농민 가족들을 설명하기 위해 사용됐다. 봉건 가족이나 농민 가족에서는 '가부장'(흔히 할아버지)이 가족 안에서 사회적·경제적으로 지배력을 행사했고 다른 모든 가족 구성원들을 억압했다.(물론, 이러한 종류의 가부장제 가족은 자본주의 가족과 달리 생산 단위였다.) 그러나 이 용어는 훨씬 더 넓은 의미로 쓰이게 됐다. 1979년에 쉴라 로보썸은 그 개념이 내포한 문제점들과 의문점들을 다음과 같이 표현했다.

> 그 용어는 매우 다양한 방식으로 사용된다. 혈족 집단들 사이에서 여성을 교환하는 남성들의 권력에서 비롯한 이데올로기로서, 남성의 신념의 상징으로서, 또는 아버지의 권력(글자 그대로의 뜻)으로서 '가부장제'를 논한다. 그것은 여성의 성과 출산 능력에 대한 남성의 통제력을 표현하기 위해, 그리고 남성 지배의 제도적 구조를 설명하기 위해 사용된다. 최근에는 '자본주의적 가부장제'라는 용어가 자본주의의 특수한 형태를 제기한다.[13]

1970년대 후반 들어 그 용어는 사실상 남성 지배와 관련된 모든 것을 뜻하게 됐다. 그것은 여성 억압의 뿌리를 가족으로 보는 이론들을 대체했다. 결론은 한결같았다. 남성 지배는 단순히 계급사회나 — 특히 — 자본주의의 산물이 아니라, 자본주의가 전복된 뒤에도 지속될 그와는 전혀 별개의 어떤 것이다. 이것은 독자적인 여성 조직을 이론적으로 정당화하는 근거로 이용됐다. 대표적으로 두 사회주의 페미니스트 역사가, 샐리 알렉산더와 바버러 테일러가 1980년에 이러한 견해를 수용했다.

> 이것은 바로 마르크스주의 계급투쟁 이론이 아무리 정교할지라도, 우리가 대안을 내놓기 위해 노력한 성의 갈등에 대한 우리의 모든 의문에 답할 수는 없기 때문이다. 만약 우리가 한동안 두 가지 분석 영역을 분리할 필요가 있다면, 그렇게 해야 한다.[14]

사회주의 페미니스트들 사이에서 가부장제 이론이 설득력이 있었다는 것은 많은 사회주의 페미니스트들이 이미 관념론적이고 비유물론적인 이론에 양보하고 있었음을 뜻했다. 그리하여 사회주의 페미니스트들은 크게 후퇴했다. 그것은 남성 노동자들이 여성해방 투쟁에서 어떤 구실을 할 수 있다는 생각을 거부한다는 뜻이었기 때문이다. 남성들이 적어도 어느 정도 여성을 억압하는 사람들이라면, 최소한 그 투쟁의 일부는 남성들에 맞선 것이어야 했다. 이것은 더욱 급진적인 페미니스트 사상의 수용으로 이어졌다.

미국의 초기 급진 페미니스트들은 생물학적 차이를 근거로 남성들을 주적(主敵)으로 간주했다. 이것은 자신들이 살아가는 사회체제보다는 또다시 남성과 여성의 생물학적 차이를 억압의 주된 원인으로서 강조하는 이론이었다. 1970년대 후반 이래로 가족을 여성 억압의 근원으로 보는 이론들, 즉 억압을 계급적 관점에서 설명한 이론들은 점차 계급이 아니라 젠더에 기초를 둔 가부장제 이론으로 대체됐다.

1982년에 이르면 두 사회주의 페미니스트들이 사회주의 페미니즘을 옹호하면서도 자신들의 이론이 기본적인 마르크스주의 사상에서 얼마나 멀리 빗나갔는지를 보여 줬다. 비어트릭스 캠벨과 안나 쿠트의 책 ≪달콤한 자유≫는 "마르크스주의 계급 착취 이론으로 설명할 수 없는"[15] 여성 억압의 측면들을 지적했다. 그들은 이렇게 주장했다.

> 사회주의 페미니스트들은 계급 착취 이론에 대한 엄격한 비판을 발전시키기 시작했다. 그들은 이데올로기 투쟁의 중요성을 강조한다. 많은 좌파들이 이데올로기 투쟁을 아주 그럴듯하게 정치 주변부로 밀어냈기 때문이다. 재생산과 가족 관계는 사회·경제 이론과 전략의 심장부에 자리잡고 있다.
>
> (비생물학적 결정론 형식의) 급진 페미니즘과 사회주의 페미니즘의 차이가 가장 좁혀진 곳이 바로 이 지점이다. 두 이론을 구별 짓는 것은 사회주의 페미니스트들의 정치가 남성들을 거부하거나 남성들에게서 떠나는 것을 의미하는 것이 아니라, 남성이 지배하는 권력관계 속에서 그리고 그것에 맞서 투쟁해야 할 긴급한 필요성을 뜻한다는 것이다.[16]

캠벨과 쿠트는 급진 페미니스트 이론과 사회주의 페미니스트 이론의 차이가 점점 더 좁혀지고 있다고 말한 점에서는 옳았다. 그러나 그들이 이해하지 못했던 것은 힘의 균형이 급진 페미니즘 쪽으로 바뀌고 있었고, 여기에 미래에 대한 중대한 함의가 있었다는 점이다. 가부장제 이론을 전면 수용한 것은 여성운동에서 급진 페미니스트 진영을 강화해 주는 구실만 했을 뿐이다.

어쨌든 상황은 빠르게 진행됐다. 1978년 버밍엄에서 열린 전국 여성해방 대회는 그러한 조짐을 보여 줬다. 그 대회는 영국에서 개최된 마지막 대회로서 다소 악명 높게 기억된다. 논쟁이 너무 신랄하게 벌어져 어떤 개인이나 단체도 그러한 대회를 다시 조직하려고 나서지 않았다. 3천 명이 넘는 여성들이 대회에 참석했고, 여성운동의 온갖 다양한 진영들이 대표를 보냈지만, 일부 진영이 나머지보다 더 우세했다.

많은 급진 페미니스트들은 점점 더 남성이나 (자신들이 암묵적으로 남성이 정의한 것이라고 본) 사회주의 정치를 포함한 모든 변화 전략에 대해 참을성을 잃어 갔다. 그들 중에는 '혁명적 페미니스트들'이 있었다. 그렇게 불린 이유는 사회주의 사상을 조금이라도 받아들여서가 아니라 남성과의 그 어떤 협력도 비타협적으로 반대했기 때문이다.

혁명적 페미니즘은 그 전년도 여성해방 대회에서 나타났는데, 쉴라 제프리스가 "혁명적 페미니즘의 필요 — 자유주의자들의 여성해방운동 탈취에 맞서"라는 제목의 토론회를 조직했을 때였다. 뜻밖에도 2백 명의 여성들이 모여 "정치적 페미니즘"에 관해 토론했다. "거기에는 성 역할주의, 생활방식주의, 사회주의 페미니즘이 있었다. 내[제프리스 — 린지 저먼]는 남성의 권력과 그들에게서 그 권력을 빼앗아 오는 방법에 관해 얘기하는 급진 페미니즘 이론을 필사적으로 찾고 있었다. 정치는 사회주의를 뜻했고, 이론은 마르크스주의의 연장이라고 여겨졌다."[17]

제프리스는 급소를 찌른 셈이었다. 1978년 대회 때는 반(反)사회주의 사상이 훨씬 더 광범해졌다. 대회는 중요한 쟁점마다 분열했다. ≪스페어립≫에 실린 기사는 이 점을 지적했다. 대회는 세 가지 주제에 관한 토론회로 나뉘어 있었다. 주제들은 다음과 같았다. "우리는 어떻게 서로 억압하는가? 운동의 성격은 무엇이고 그것은 얼마나 효과적이며 대안은 무엇인가? 우리는 우리 자신의 내부를 조직화해 어떻게 단결할 수 있는가?" 분위기는 살벌했다. 위에 말한 기사를 작성한 애니 브랙스, 게일 체스터, 새러 랜스는 이렇게 썼다.

> 이러한 조직 방식에서 우리가 발전시킨 한 가지 개념, 즉 자매애는 거의 드러나지 않았다. …… 우호적으로 경청하는 일은 거의 없었다. 주로 공격하고 방어하는 일이 전부였다.[18]

논쟁은 운동의 새로운 일곱 번째 요구 사항인 남성 폭력 반대에 대한 문구 작성을 두고 벌어졌다. "남성의 여성 폭력은 남성 지배와 남성의 여성에 대한 정치적 통제력의 표현이다"라는 문구가 맨 앞에 나와야 하는가?

> 한참 동안 고함 소리가 오간 뒤, 일곱 번째 요구 사항에서 문제가 된 구절을 삭제하기로 표결로써 결정했다.[19]

그러나 이미 상처는 돌이킬 수 없었다. 여성들의 진정한 자매애라는 운동을 경험하길 기대하며 대회에 갔던 여성들은 엄청나게 실망했다. 이것은 다음 달 ≪스페어 립≫ 독자편지란에서 드러났다. 버밍엄의 한 여성은 다음과 같은 내용의 편지를 보냈다.

> 위협하는 태도, 오만한 자세, 그리고 자기 자신에 대한 관대함이 나와 내 친구들이 대회에서 목격한 것들이었다. 그리고 이 때문에 우리는

모두 다시는 그 운동과 애써 접촉하지 않기로 했다.[20]

반면 '레즈비언 좌파', '여성의 권리', '인종차별주의와 파시즘에 반대하는 여성들' 등 많은 페미니스트 단체들은 여성운동이 "우리의 차이점들을 받아들일 수 있을 만큼 포용력이 있어야" 한다고 썼다.[21] '브라이튼여성해방' 회원들은 논쟁을 벌였던 사람들을 방어하며 이렇게 썼다.

전원회의는 혼란스럽고 재앙적이었지만 우리가 직시하기 두려워하는 운동 내부의 진정한 정치적 차이를 드러냈다.

이 말은 분명히 사실이었다. 진정한 정치적 차이가 **존재했다**. 그 차이를 설명한 편지는 다음과 같다.

우리의 정치는 페미니스트 정치다. 우리는 우리의 억압이 남성 지배와 가부장제 때문이라고 분석한다. 우리를 억압하는 자들, 우리의 적은 남성들이지 어떤 추상적 '체제'가 아니다. 남성들이 모든 남성들의 이익을 위해 그 체제를 만들고 유지하고 있다. 자본주의·계급·인종차별주의·파시즘·식민주의·제국주의는 모두 **남성적** 제도, 남성 지배 ― 가부장제 ― 의 현재 모습이다.[22]

이러한 페미니스트들은 자신들의 정치에 대해 전적으로 명확했고, 그 정치를 표현하는 데 점점 더 자신감을 가졌다. 억압은 가부장제에서 비롯했고 계급이나 제국주의 같은 쟁점에 초점을 맞추는 것이 아니라 여성 억압의 근본 원인으로서 남성 지배에 집중함으로써 그것에 맞서 싸울 수 있다. 분명히 이러한 분석은 남성과 함께하는 그 어떤 정치 활동의 여지도 남겨 두지 않았다.

이러한 분석은 기존 사회주의 페미니즘 ― 쉴라 로보썸의 역사 저술, 가사 노동 논쟁, 야간 청소부들이나 NAC, 트리코의 동일임금 투쟁 같은 문제들 ― 과는 거리가 멀었다. 그러나 사회주의 페미니스트들에게 문제가 있었다. 그들은 가부장제 이론과 따라서 적어도 그 결론의 일부를 인정했다. 이제 많은 페미니스트들은 사회주의 페미니스트들이 원했던 것보다 훨씬 더 많이 그 결론을 받아들이고 있었다. 사회주의 페미니즘이 정말로 위기에 빠진 것은 바로 이때였다.

지도적인 미국인 사회주의 페미니스트 캐시 새러차일드 ― 레드스타킹의 창설자였던 ― 의 언급을 통해 사회주의 페미니즘이 1970년대에 정치적으로 얼마나 많이 변했는지 알 수 있다. 1978년 《스페어 립》과 인터뷰하면서 그는 이렇게 말했다.

> 뉴욕급진여성 안에는 항상 정치인이라고 불렸던 사람과 페미니스트 ― 나중에 그들을 사회주의 페미니스트와 급진 페미니스트라고 부르게 된다 ― 사이에 모순이 있었다. 그러나 그 당시 정치인들은 자신들을 페미니스트라고 말하지 않았다. 그들은 페미니즘에 반대했다.[23]

1970년대 후반이 되면 "정치인들"은 분명 페미니즘에 반대하지 않았다. 사회주의자라는 비판에 대한 그들의 수세적 태도는 거의 모든 사회주의 페미니스트 출판물에서 확실히 드러났다. 당시까지 공산당 페미니스트들이 완전히 지배하고 있던 ≪붉은 깃발≫도 1980년대에 위기를 겪었다. 한 사설은 다음과 같이 주장했다.

> 우리의 위기는 …… 사회주의 페미니스트들로서 우리가 했던 가정에서 비롯했는데, 즉 WLM[여성해방운동]이 존재하기 때문에 남성들이 변할 것이라는 생각이었다. 그러나 지난 2년 동안 우리의 개인적·정치적 삶의 고통은 WLM의 존재가 곧 남성을 변화시키는 것은 아님을 알려 줬다.[24]

사설은 이렇게 이어진다.

> 사회주의는 가부장제에 대항하지 못했을 뿐 아니라, 영국의 사회주의는 사회주의를 거의 절멸시켰다.[25]

≪사회주의 여성≫은 1978년에 비슷한 위기를 겪었는데, 그것은 사회주의 페미니스트 경향을 조직할 것인지를 둘러싼 것이었다.[26] 사회주의노동자당(SWP)의 ≪여성의 소리≫는 심각하게 분열한 1978년 여성해방 대회에서 여성운동 초기의 단결이 깨지는 안타까운 모습을 봤다. ≪여성의 소리≫는 그 대회 뒤에 발표한 공개서한에서 1970년 옥스퍼드에서 있었던 창설 대회를 돌아보며 이렇게 말했다.

> 그때 우리는 우리의 운동이 어떻게 발전할 것인지 알지 못했고, 상대방에 대해서도 알지 못했으며, 우리에 대해 한 번도 들어 본 적 없는

여성 대중 속에서 어떤 운동을 건설할 수 있을지도 입증되지 않은 상태였다. 그래도 그때는 버밍엄에서보다 훨씬 더 많은 자매애와 연대감, 그리고 대회에 대한 목적의식이 있었다. 이것이 지난 8년 동안 우리가 이뤄 낸 것인가?[27]

이 모든 말들이 사회주의 페미니즘이 처한 깊은 위기를 입증해 줬다. 그러나 이러한 위기에 대한 해결책은 제시되지 않았다. 있었다고 해도, 그것은 급진 페미니즘이나 분리주의 페미니즘에 대한 공격이 아닌 다른 방향을 향했다. ≪붉은 깃발≫을 중심으로 한 페미니스트들, 특히 비어트릭스 캠벨은 점점 더 남성 노동계급과 노동조합을 공격하는 급진 페미니스트 이론을 받아들였고, 예상대로 반동적 결론으로 나아갔다. SWP와 ≪여성의 소리≫는 내부 위기를 겪었는데, 적어도 부분적으로는 마르크스주의와 페미니즘의 관계를 풀어야 할 필요에 집중됐다.

다른 페미니스트들은 남성을 배제하지 않고 그들을 정말로 환영하는 조직 형태로 방향을 전환했다. 그러나 그들은 "레닌주의 조직"에 대한 대대적 공격을 통해서 그렇게 했다. 그들은 레닌주의 조직이 여성에게 유용한 말이나 제안은 전혀 하지 않는다는 근거 없는 주장을 했다. 쉴라 로보썸, 린 시걸, 힐러리 웨인라이트는 1979년에 자신들의 유명한 저서 ≪파편을 넘어서≫를 출간했다.[28] 이 책은 자유지상주의 정치에 기대서 "레닌주의 조직 형태"를 비판했다. 그러나 그 책의 중심 주장은 좌파 정치가 여성과 여성운동의 경험을 통해 변해야 한다는 것이었다.

≪파편을 넘어서≫는 좌파 진영의 거의 모든 사람들한테서 찬사를 받았다. 심지어 질 트위디가 <가디언>의 여성면에 쓴 기사에서 이 책은

찬양의 대상이었다. 질 트위디는 그 책을 지지하며 이렇게 썼다.

> 정치적·산업적 용어들은 너무 자주 사람들이 열등감과 무력감, 아무 것도 모르는 것 같은 느낌을 갖게 만드는 데 이용된다. 레닌이나 마르크스와 같이 신격화된 존재들을 들먹여 사람들이 자기 분수를 알게 하면 평범한 사람들은 단 한 가지 방식으로만 반격할 수 있다. 바로, 중도 하차 하는 것이다.[29]

이것은 정말로 그들 머릿속에 뿌리박힌 생각이었다. 여성해방운동은 억압에 맞선 운동으로 출발했다. 그 억압은 체제에서 비롯했고, 체제 안에서 지배적인 사상 — 지배계급의 사상 — 을 통해 영속화된다고 여겨졌다. 그러나 이제 그 주장은 정반대였다. 단지 남성들이 아니라 **사회주의 남성들**이 여성 억압을 유지한다는 것이다. 이 억압적 체제를 끝장내는 데 헌신한 바로 그 사람들 말이다! 단지 이러한 주장을 상기시키기 위해, 그 기사는 두 여성 연금생활자들의 사진을 다음과 같은 설명을 달아 실었다. "혁명을 기다리며 : 조직 좌파는 이들을 버린 것일까?"[30]

이것이 바로 사회주의자가 되고자 한 많은 사람들이 ≪파편을 넘어서≫에서 파악한 메시지였다. 나중에 린 시갈도 인정했듯이, 몇몇 사람들은 그것을 계급 정치 포기를 정당화하는 것으로 봤고, 다른 사람들은 노동당 입당의 청신호로 여겼다.[31] 이것은 저자들의 의도는 아니었을 수도 있지만, 어쨌든 그 결과였다. 1980년 리즈에서 열린 ≪파편을 넘어서≫ 대회는 엄청난 인기를 얻었다. 그러나 조직적 성과는 거의 없었다. 지역 "파편" 조직을 세우려는 노력은 두 가지 점 때문에 실패했다. 1970년대 말에 지역의 "파편 형태" 단체들은 쇠퇴했고 그러한 주장의 영향을 받은 사람들이 대거 노동당으로 유입됐다. 이것은 1980년대 사회주의 페미니스트들이 취한 핵심적인 정치적 지향이었다.

여성과 노동당 – 변화를 위한 힘?

좌파는 1970년대 후반 들어 점차 환멸을 느끼게 됐다. 1974~1979년 윌슨-캘러헌 노동당 정부가 펼친 지독하게 반(反)노동계급적인 정책은 노동당이 아닌 어떤 좌파적 대안으로의 분명한 이동보다는 깊은 좌절감을 불러일으킨 듯했다. 국제적으로 1960년대 후반과 1970년대 초반의 특징이었던 극좌파 정치 단체들의 전진은 멈췄고, 대개 후퇴로 접어들었다. 노동당에 대한 환멸은 점점 더 치열한 전투를 벌인 파업들 – 특히 1979년 "불만의 겨울"에 – 로 이어졌다. 환멸이 너무 커서 많은 노동자들은 캘러헌보다 오히려 마가렛 대처의 보수당 정부를 선택하는 쪽으로 돌아섰다.

선거 패배의 결과 노동당 내 좌파가 강화됐다. 노동당의 우파적·반노동계급적 정책들에 1979년 패배의 책임이 있다고 여겨졌다. 이 시점부터 전 정부 장관 토니 벤을 중심으로 한 운동이 급부상했는데, 그 운동의 목표는 당 지도자들이 당대회에서 승인된 당 정책을 충실히 따르도록 하는 민주화 과정을 통해 당을 변화시키는 것이었다. 이 운동의 절정은 1981년 부(副)당수 선거운동이었다. 당시 벤은 우파 데니스 힐리를 거의 이길 뻔했다.

벤의 선거운동을 벌인 활동가들과 그의 열렬한 지지자들은 대개 이전에 좌파 단체 회원들이었다. 다른 많은 사람들과 마찬가지로, 그들은 좌파 단체와 운동과 캠페인 안에서 수년 동안 펼친 활동이 진정한 사회 변화를 조금도 가져오지 못한 것에 좌절과 환멸을 느꼈다. 그들은 노동당을 변화시키는 것이 대안이라고 생각했다. 벤을 중심으로 한 운동은 처음부터 늘 페미니스트적 요소를 갖고 있었다. 1968년 이후 극좌파 조직이나 여성운동을 통해 정치화된 사람들 중 많은 수가 이제 노동당에서 안식처를 찾았다.

벤은 언제나 페미니스트 쟁점에 대한 지지를 분명히 했다. 1980년 ≪스페어 립≫ 제100호에 실린 중요한 인터뷰에서 벤은 몇몇 적대적인 질문에 직면했을 때도 사회주의 페미니즘을 지지하고 노동당을 통한 활동을 주장했다.[32]

페미니스트들이 의문을 제기한 노동당의 다른 측면이 있었다. 모든 면에서 여성이 과소 대표됐던 것이다. 이것은 전체 사회를 반영한 것이기는 했지만, 당에 대한 인식에 나쁜 영향을 미쳤다. 2천 개 지방정부 위원회에 대한 1967년 노동당 조사를 보면 여성이 위원장인 경우는 10퍼센트에 불과했다.[33] 노동당 전국집행위원회에는 여성에게 배정된 자리가 5석이었지만, 이를 제외하면 당직에 선출된 여성이 사실상 한 명도 없었다. 의회나 노동조합이 아닌 지역구 출신은 소수였다. 여성은 당대회 대의원의 11퍼센트, 노동 부문 당대회 대의원의 겨우 5퍼센트를 구성했다.[34]

여성 당원 수는 이 수치들이 시사하는 것보다 훨씬 많아서 1970년에 약 40퍼센트에 달했다. 그러나 당 여성 기구는 더 적극적인 당원이 아니라 더 수동적인 여성 당원을 반영했다. 1970년대 중반만큼이나 최근에도 여성과 노동당에 대해 연구하는 사람들은 이렇게 쓸 수 있을 것이다.

여성 기구가 가장 강력한 곳은 지방과 잉글랜드 북부처럼 여성의 역할에 대한 전통적 태도가 여전히 극성인 곳들이다.[35]

노동당 여성들 사이에서 이러한 문제점들 일부를 개선하기 위해 당 내부의 페미니스트적 변화를 요구하는 일이 많아졌다. 여성부 재건, 여성들의 요구를 충족시키기 위한 지방의회 산하 여성위원회, 더 많은 여성 의원과 지방의회 의장을 배출하기 위한 긍정적 차별 등을 요구했다. 노동당은 1981년 여성 문제에 관한 정당 연설회를 방송에 내보냈고, 1982년에는 런던에서 여성 축제를 조직했다. 특히, 런던광역시의회(GLC)는 여성 쟁점에 밀접히 개입한다고 여겨지게 됐고, GLC 여성위원회는 커다란 주목을 받았다.

많은 페미니스트들이 노동당에 끌린 것은 여권(女權) 문제들에 대한 노동당의 정책이나 성과하고는 아무런 관계가 없었다. 실제로 노동당은 아주 형편없는 성과를 남겼다. 캘러헌 정부는 전통적 가족 가치라는 미덕을 강조하려 애쓰는 동시에 심지어 결혼장관을 제안하기도 했다.[36] 그러면 페미니스트들이 노동당에 끌린 이유는 무엇일까? 해답은, 적어도 부분적으로는, 당의 성격 자체에 있었다. ≪페미니스트 리뷰≫의 한 사설은 그것을 이렇게 표현했다.

노동당과 노동당 좌파 진영의 특징들 때문에 지난해 무렵부터 페미니스트들은 노동당 '입당 전술'에 매력을 느꼈을지도 모른다. …… 노동당은 민주적 중앙집중주의 정당이 아닐뿐더러 정당보다는 포럼에 더 가까워 보인다. 노동당은 여성해방에 대한 잘 짜인 노선이나 여성들을 위해 산출된 정책이 있어야 한다고 요구받는 당이 아니다. 따라서 여성들은 자신들이 마르크스주의 단체들에 기대했던 것보다 노동당에 덜 기대했을 수도 있지만, 어쩌면 동시에 자신들의 페미니즘이 덜 공격받는다고 — 또는 단지 노동당이 덜 "이데올로기적"[37]이기 때문에 자신들의 페미니즘이 더 온전히 남아 있다고 — 느꼈을 수도 있다.

노동당은 언제나 "광교회파"*와 같았고, 그러한 점에서 노동당 내부에는 광범한 의견 차이 — 그리고 때때로 완전히 모순적인 견해들 — 가 있다. 특히 1970년대 말과 1980년대 초에 노동당 내 좌파가 점차 우세해지자, 노동당은 엄격한 마르크스주의 조직보다 훨씬 더 매력적인 선택지가 됐다. 노동당이 최근에 당의 골간을 이룬 고소득 전일제 노동자인 교육받은 여성층에게 — 같은 부류의 남성들과 마찬가지로 — 매력적이었다는 점 또한 사실이었다.

노동당 내 젊은 활동가들에게 핵심적 조직 기반은 지방정부였다. 활동가들은 빈사 상태에 빠진 지역 노동당의 후보자들로서 흔히 환영받았고, 지방의원이나 가끔은 하원의원으로도 당선됐다. 1980년대 초에 좌파 지방정부가 많은 곳에서 집권했는데, 특히 런던뿐 아니라 셰필드, 로디언, 리버풀에서 그랬다. 좌파 지방정부 중에서 단연 돋보였던 곳은 켄 리빙스턴의 GLC였다. GLC는 여성·흑인·동성애자의 평등한 기회를 강력히 약속했다.

GLC 여성위원회는 결국 8백만 파운드의 예산과 상당한 수의 직원을 갖추게 됐다. 이러한 제도화는 강한 반발을 불러왔다. 언론은 의회가 세

---

* Broad Church, 영국국교회 가운데 자유주의적 신학 경향의 교파.

금으로 레즈비언들과 게이들에게 돈을 대 주고 있다고 비난했다. 약간의 돈이 정당하게 레즈비언들과 게이들의 권리를 증진하는 데 배정되기는 했지만, 대부분의 정부 지원금은 실제로는 다른 곳에 쓰였다. 8백만 파운드의 예산 가운데 절반은 보육에 들어갔다.

그러나 보수당이 긍정적 차별과 동일기회 정책에 반대하는 역겨운 반동을 획책하면서, 이러한 비난 대부분이 사람들에게 먹혀들었다. 노동당이 통제한 지방의회들이 1985년에 보수당의 지방세인상제한*에 직면해 정치적으로 무너지자 상황은 더욱 나빠졌다. 뒤이어 계속된 지출 삭감은 노동자들과 여성들, 지방정부 서비스와 동일기회 정책의 수혜자들에게 심각한 타격을 입혔다. 예를 들어, 1980년대 초 의장과 부의장이 여성이라고 자랑하던 런던의 이슬링턴 지방의회는 동일기회 정책을 포기했다. 이슬링턴 지방의회 의장은 지금도 여성인 마가렛 호지가 맡고 있다.

지방세인상제한 — 그리고 그 결과로서 이행돼야 하는 교육·보건·복지 서비스 삭감 — 에 항복하라는 정치적 압력은 폐단을 초래했다. 1984년 GLC 여성부에 대한 내부 조사에서 운영 소홀과 제도화된 인종차별이 드러났다. 처음에는 여성위원회 의장 발레리 와이즈가 높은 봉급을 받는 여성부 대표를 지지했지만, 이 대표는 곧 거액의 퇴직금을 받고 그만둬 버렸다. 두 명의 런던 지방의회 흑인 여성 의장 — 브렌트의 멀 애모리와 램버스의 린다 벨로스 — 도 모두 사임했다. 린다 벨로스는 램버스 지역구의 지출 삭감을 받아들였다. 나중에 벨로스는 노동당이 지방의회

---

* Ratecapping, 지방정부의 지방세 인상에 상한선을 두는 것으로, 보수당이 좌파 지방정부들의 정책을 방해하기 위해 사용한 방법이다. 노동당 지방의회는 결국 이에 굴복했다.

를 운영하던 런던의 다른 지역인 해크니에서 여성부장직을 얻었다.

이렇게 좌파 지방정부에 걸었던 기대는 오래가지 못했다. 지방세인상 제한과 지출 삭감의 피해자들이 압도적으로 빈곤층, 한부모, 다양한 억압받는 집단이었다는 것은 굳이 자세히 말할 필요도 없다. 1980년대 말에 이르면 좌파의 동일기회 정책으로 장기간 주요 혜택을 받은 사람들이 대개 높은 월급을 받으며 여성부 직원으로 근무한 극소수의 여성들이었다는 점도 분명해졌다.

그러나 1980년대 초에는 많은 페미니스트들이 지방정부와 그것이 이룰 수 있는 성과를 맹목적으로 신봉했다. 이러한 태도는 많은 여성들을 동원할 수도 있는 문제들을 수동적으로 대하게 만들었다. 1979년 [낙태권을 제한하려 한] 코리 법안에 반대한 사상 최대 규모의 낙태권 방어 시위에서 벌어진 한 사건이 그 예라고 할 수 있다. 그 시위는 TUC가 호소한 것이었다. 이러한 사실 자체도 전례가 없던 일이었다. 전국 각지의 노동조합 지부들이 시위를 건설했고, 시위 당일 놀랍게도 8만 명의 남녀가 모여들었다. 노동조합과 작업장의 배너들이 많이 눈에 띄었다. 그러나 TUC는 자신들 나름의 목적에서 시위를 호소했고 시위를 주도하고 싶어했다. 대개 예전에 혁명가들이었던 노동당 여성들이 이끈 NAC는 매우 흔쾌히 그에 응했다. 대다수가 급진 페미니스트였던 많은 여성 활동가들은 남성이 행진 선두에 서는 것을 반대했고, 몇백 명이 자발적으로 선두를 차지해 버렸다. TUC 관료들은 분노했다.

사회주의 페미니스트와 급진 페미니스트의 분열이 다시 전면에 부각됐다. 여성 관료이자 공산당원인 주디스 헌트와 테리 마스랜드는 ≪스페어 립≫에서 [기존의] 행진 순서를 옹호했다. 반면 수잔 헤밍스는 같은 호에서 돌출 행동이 정당했다고 주장했다.[38] 다시 한 번, 시위에서 남성들이 보이는 행동 때문에 좌파에 대한 거리감이 커졌다. '레즈비언 좌파'는 ≪스페어 립≫에 보낸 편지에서 자신들이 행진 뒤에 모임을 갖고 앞날에 대해 토론했다고 말했다. 그 모임에서 그들은

> 한편에서 페미니스트 정치와 다른 한편에서 남성이 정의한 좌파 정치 사이의 모순에 대해 얘기했다. 우리 대부분은 그 모임에서 우리가 더는 '좌파'라는 용어를 받아들일 수 없다고 결정했다. 왜냐하면 그 정치가 가부장제에 조금도 도전하지 않기 때문이다.[39]

그러나 이 논쟁에서는 양쪽 모두 틀렸다. 행진 선두에는 여성들이 서야 했다. 맞다. 그러나 그것은 가장 천대받고 착취당하는 사람들인 여성 현장 조합원들이어야 했다. 남성(그리고 소수 여성) 노조 관료들이 아니라 말이다. 급진 페미니스트들 역시 선두에 서서는 안 됐다. 그들은 자신들의 투쟁에 노동계급 여성들을 끌어들이지도 않았고, 노동계급 남성을 설득해 낙태권을 지지하게 만들 필요가 있다는 생각도 전혀 하지 않았다.

이 하나의 사건이 1980년대 초 운동이 무엇이 문제였는지에 대해 많은 점을 시사해 준다. 사회주의 페미니스트들은 수동적으로 노동조합과 노동조합 관료들이 여성에게 개혁을 가져다주기를 바랐다. 실천에서 이런 태도는 흔히 그들 자신과 그들과 같은 여성들의 출세라는 형태를 취했다. 그들은 GLC나 다른 좌파 지방의회에 고용되거나, 여성 지방의원이나 하원의원이 됐다. 급진 페미니스트들은 대부분 운동 내의 활동가들이었지만, 계급투쟁 개념과는 완전히 동떨어져 있었다.

그러나 그리넘 커먼* 평화 여성들의 극단적인 분리주의 행동을 노동당내 페미니스트들이 무비판적으로 지지하면서 사회주의 페미니스트들과 급진 페미니스트들은 다시 하나가 됐다. 그리넘 커먼 평화캠프와 그곳을 중심으로 생겨난 운동은 1980년대 초 정치에 큰 영향을 미쳤다. 여성들은 그리넘 커먼을 포함한 유럽의 여러 군사기지에 크루즈 미사일을 배치하려는 미국의 계획에 반발해 유럽을 휩쓸었던 거대한 — 비록 대체로 수동적이었지만 — 평화운동의 중요한 일부였다. 그 운동의 도화선이 된 것은 강대국들이 유럽을 "제한된" 또는 "한정된" 전쟁의 장으로 이용할 수도 있다는 생각이었다.

1981년 한 여성이 버크셔의 미사일 기지 예정지를 향한 행진을 조직하면서 그리넘 여성들이 탄생했다. 행진을 벌인 여성들이 일단 그곳에 여성평화캠프를 세웠다. 그 캠프는 핵무장반대운동(CND) 회원들과 전쟁 위협을 우려한 다른 사람들한테서 확고한 지지를 얻었다. 여성들이 겪은 생필품 부족과 군인들과 지방의회의 잔인한 처사는 지지를 더해 줄 뿐이었다. 기지 주변에서 벌어진 시위는 수천 명의 사람들을 끌어당겼다. 게다가 토니 벤이 지지를 보내면서 그리넘 여성들의 행동을 뒤따라야 한다고 강조했다. 이것은 다시 한 번 여성들의 운동이 대중의 지지를 얻을 수 있는 쟁점이었다.

그러나 그 운동에는 두 가지 커다란 약점이 있었다. 첫째는 운동이 나머지 사람들 대신해 행동한 소수 여성들에게 의존했다는 점이다. 이

---

* Greenham Common, 영국 런던에서 서쪽으로 약 72킬로미터 떨어져 있는 곳으로서, 버크셔 주(州)에 속한다. 이곳에 1981년부터 2000년까지 크루즈미사일과 핵시설에 반대하는 그리넘 커먼 여성평화캠프가 세워졌다.

때문에 운동의 수동성이 커졌다. 즉, 운동은 사실상 아무것도 하지 않으면서 그리넘의 행동을 응원했다. 둘째 약점은 운동의 정치에 있었다. 정치적 이상이자 전술로서 비폭력이 중심에 있었다. 그러나 이들의 비폭력은 특별히 여성적인 것으로서 찬양됐다. 핵무기는 자본주의 전쟁 몰이의 산물이 아니라 남성들의 공격적 가치관의 산물이라고 주장했다. "사내아이들에게서 장난감을 빼앗자"가 인기 있는 구호였다. 어떤 의견은 다음과 같았다.

> 우리의 현재 위계 체제는 지배하고 우월감을 느끼려는 욕구에 기초를 두고 있다. 이것의 본보기가 남성의 여성 지배다. …… 여성들도 다양한 의식을 갖고 있다. 우리는 자신이 수동적이고 무력하다고 믿기도 하지만, 우리 가운데 남성들의 영웅적 가치관들에 정말로 속아 넘어간 사람들은 거의 없었다.[40]

그러나 어떤 가치들이 "남성들의 영웅적 가치관"들을 대신하게 됐을까? 아내이자 어머니로서 여성들의 전통적 역할은, 그 자체의 성격상, 평화를 사랑하는 일이라는 주장이 제기됐다. 따라서 여성들은 평화운동에 적합한 자질을 갖췄다는 것이다. 이러한 견해는 여신과 여전사에 대한 신화적이고 어느 정도 종교적인 일련의 사상들과 그 군사기지 주변을 기이한 천들로 둘러싸는 행동을 통해서 미화됐다. 이 마지막 행동은 전쟁에 반대하는 항의 행동으로서, 워싱턴 펜타곤 주변을 천으로 둘러싼 여성들에게서 영감을 받은 것이었다.

환호성과 구호, 휘파람 소리가 들렸고 우리가 천을 엮는 동안 여성들은 노래했다. 장군들은 그들이 매일 하는 일에 대한 훈계와 비웃음 소리를 들으며 여성들이 쳐 놓은 천들 사이를 비집고 지나갔다. 마침내 펜타곤은 하나의 끈으로 둘러싸였고, 모든 출구에 아름다운 천들이 걸렸다. 체포되지 않은 여성들은 펜타곤을 둘러싸는 행사를 열었다.[41]

여성들은 여성성을 예찬하기 위해 전(前) 자본주의 시대로 눈을 돌렸다. 그리고 ≪여성/생태학≫[42]에서 메어리 데일리가 했던 주장을 받아들여, 자긍심을 갖고서 "실 잣는 여성"* 이라는 용어를 채택했다. 미국 버몬트의 평화 단체는 자신들을 "실 잣는 여성들"이라고 불렀고, 남성 폭력에 투쟁하는 수단으로서 실잣기와 천짜기를 사용했다. 그들이 낸 한 리플릿은 다음과 같은 구절로 시작했다.

> 우리는 만날 것이다. 모든 땅의 여성들인 우리는 모두 중심에서 만나 원을 만들 것이다. 우리는 우리의 아이들을 파묻는 권력을 포획하기 위해 세계적인 천을 짤 것이다.[43]

이러한 정치는 결국에는 반동적인 것이었다. 그들은 상상 속의 황금시대로 되돌아갔다. 그리고 그들은 자본주의 국가권력에 맞서지 않았기 때문에, 결국에는 핵무기를 제거하는 방향으로 나아가는 그 어떤 길도

---

* Spinster, 14세기 실 잣는 일을 직업으로 하는 여성들을 지칭한 용어였고 흔히 독신 여성을 말한다. 오늘날 영국에서는 한 번도 결혼한 적이 없는 여성을 뜻하는 법률 용어다.

알 수 없었다. 그리넘 커먼을 중심으로 한 운동은 여성운동에서 급진 페미니스트 사상의 우세를 분명히 드러냈고, 여성 억압에 맞선 투쟁 방법에 대한 어떤 형태의 계급적 분석도 부재함을 보여 줬다.

파편화

급진 페미니스트들의 분석에 맞설 만한 분석을 내놓는 데는 엄청난 어려움이 따랐다. 여성해방을 쟁취할 수단으로서 계급투쟁을 지향한 사회주의자들은 노동계급에 대한 이상적 주장처럼 보이는 것을 뒷받침할 만한 근거를 거의 갖추고 있지 않았다. 1970년대 초와 달리, 대처 정부 초기에는 계급투쟁 수준이 낮았다. 사실은 여성들이 참가한 중요한 파업들이 많이 벌어졌다. 1981년 스코틀랜드 서부의 리 진스(Lee Jeans) 공장에서 섬유 노동자들이 공장폐쇄를 막기 위해 공장을 점거했다. 같은 해 리버풀 시에 고용된 타이피스트들이 등급제에 맞선 장기 파업에 돌입했다. 슬라우에 있는 칙스 사(社)의 아시아계 여성들은 1980년에 노동조합 인정을 요구하며 파업을 벌였고, 또다시 광범한 지지를 받는 투쟁이 시작됐다. 1982년 병원 노동자들은 임금 투쟁을 벌였다. 그러나 결국 이 투쟁들은 모두 적어도 부분적 패배로 끝났고, 다른 노동자들이 그들의 선례를 따를 정도로 광범하게 벌어지지는 않았다.

파편화는 당시의 특징이었다. 운동은 수십 가지 방향으로 나아갔다. ≪스페어 립≫을 발행하던 공동체의 위기가 이러한 상황을 잘 보여 줬다. 그 잡지는 언제나 운동의 커다란 성공 가운데 하나로 불렸고, 1972년부터 매달 발행됐다. 전반적으로 잡지는 이해하기 쉬웠고 활력이 있었다. 그러나 1980년 제100호 발행이 가까워졌을 때, 공동체는 자신들의 문제를 해결하기 위해 집단 상담사를 불러야 했다. 격렬한 정치 논쟁이 이러한 사태를 초래했다. 처음에 논쟁은 레즈비언들을 비난하는 기사를 게재할 것인지 말 것인지의 형태를 취했다. ≪스페어 립≫에는 이렇게 나와 있다.

> 출판은 가로막혔다. 그때까지 비교적 잠잠하던 개인적 불화와 정치적 이견이 터져 나왔다. 그 뒤로는 잡지를 내는 것도, 그리고 자매애적 분위기에서 잘 지내는 것도 어려웠다.[44]

이후에 잡지에서 인정했듯이, 집단 상담사는 근본적으로 정치적 위기였던 문제를 해결하지 못했다. 분열이 계속됐고, 특히 인종에 따른 분열이 심각해졌다. 백인 페미니스트들이 흑인 자매들을 억압하고 있다는 주장이 나왔다. 일부 페미니스트들이 팔레스타인인들을 지지하고 이스라엘 국가를 공격함으로써 유대인 여성들을 억압하고 있는 것은 아닌지를 둘러싸고 논쟁이 벌어지기 시작했다. 그 논쟁의 최종 결과는 공동체 구성이 완전히 바뀌고, 훨씬 더 강력한 제3세계주의적 관점이 우세해진 것이었다. 특히 이제 그 공동체에서 다수가 된 흑인 여성들 대다수가 그러한 관점을 밀어붙였다.

흑인과 백인의 분열은 파편화된 그 운동의 특징이었다. 억압을 사회의 결정적 핵심 요소로 보고, 따라서 단지 그러한 억압에만 반대하는 투쟁을 조직하는 데 집중하는 논리가 의미하는 바는 다음과 같다. 즉, 억압받는 다양한 집단들이 억압에 맞선 투쟁에서 외부에 관심을 갖기보다는 다른 사람들이 자신들을 어떻게 억압하는지에 더 관심을 갖게 됐다. 이러한 태도는 정치적 분석이 아니라 도덕주의로 귀결됐다.

분리된 흑인 여성 조직으로서 1979년 아프리카·아시아계여성조직(OWAAD)의 설립은 그 신호탄이었다. OWAAD는 처음부터 종파주의 때문에 어려움을 겪었다. 그들은 항상 다른 좌파와 운동의 나머지 부분들과 자신을 구별해 주는 것에 주의를 기울였다. 예를 들어 1980년 OWAAD의 제2회 전국흑인여성대회 선언문에서 이러한 태도를 볼 수 있다.

> 우리 가운데 인종차별과 파시즘에 반대하는 운동(주로 반나치동맹)에 참여하려고 노력한 사람들은 대부분 백인인 [반나치동맹] 회원들이 제도화된 인종차별(예를 들면 인종차별적 이민법 ······)을 무시하고, 그 원인보다는 증상에 맞서 싸우는 데 힘을 쏟는다는 것을 알게 됐다.[45]

반나치동맹과 동맹 참가 단체들의 기록에서 알 수 있듯이, 이것은 전혀 사실이 아니었다. 실제로는 이민법 같은 쟁점들에 대한 운동이 벌어져도 흑인 공동체에서 거의 또는 전혀 반향을 얻지 못한 경우가 다반사였다. 그러나 이것은 분리주의의 좋은 핑계거리가 됐다. 그 결과 운동 내부의 파편화와 내향화는 훨씬 더 심해졌다.

이 당시에 조직화를 하는 데서 사회주의적 접근 방식을 취하고, 해방을 쟁취하기 위해서는 노동계급 여성들이 계급의 일부가 돼 투쟁을 조직해야 한다고 생각한 여성들에게 빛이 돼 준 것은 오직 하나였다. 1984~1985년 파업을 지지한 광부 아내들의 운동은 모든 사람을 놀라게 했다. '탄광 폐쇄에 반대하는 여성들'(WAPC)은 광부 아내들과 가족들의 힘과 연대 의식을 보여 줬다.

처음에 여성들은 요리와 장보기 등 가정에서 하던 전통적 역할을 [파업 장소에서] 되풀이했지만, 곧 훨씬 더 많은 일들을 하게 됐다. 그들은 집회에서 연설하고 기금을 모으고 피켓팅*을 했다. 그 과정에서 그들은 전국을 순회했다. 1984년 8월 런던에서 벌어진 전국적 시위에는 수천 명이 참가했고, 파업이 끝날 무렵 체스터필드에서 있었던 집회에도 많은 사람이 참가했다.

그 여성들은 사회주의자들과 페미니스트들을 고무했다. 많은 페미니스트들이 파업 지지를 이끌어 내는 활동에 참여했고, 진 맥크린들 같은 사회주의 페미니스트들은 WAPC 건설에 중요한 영향을 미쳤다. 그러나 그 운동은 불가피하게 파업의 운명과 결부돼 있었고, 따라서 파업이 패배한 뒤에는 지속될 수 없었다. 여성들이 전국탄광노조(NUM)에 가입하려 했지만, 1985년 대의원대회에서 노조 위원장 아서 스카길과 대립한 공산당 등이 반대해서 좌절됐다. 그 운동은 운동에 참가한 수많은 여성들의 진정한 발전을 의미했지만, 여전히 노동조합 지도자들과 그들의 아내인 베티 헤스필드와 앤 스카길 같은 사람들이 단단히 통제하고 있었다.

그럼에도 WAPC는 여성 노동자들의 저력을 얼핏 보여 줬다. 이 경험은 사회의 핵심 분열은 성(性)이 아닌 계급 분열이라는 주장이 힘을 얻는 데 적어도 잠시나마 도움이 됐다. 안타깝게도 파업이 패배하면서 훨씬 더 우파적인 페미니스트 사상이 득세했을 뿐 아니라, 사회변혁의 수단으로서 계급투쟁이 필요하다는 사상이 타격을 입었다. 이것은 다시 여성운

---

* Picketing, 노동자들이 파업을 벌일 때, 작업장 바깥에서 파업 파괴자들이나 대체 인력이 작업장에 들어가는 것을 막고, 파업 이탈자를 막는 동시에 다른 동료 노동자들에게 파업 참가를 호소하는 행동을 말한다.

동의 발전에 나쁜 영향을 미쳤다.

오늘날의 여성운동

우리는 오늘날 여성운동이 차츰 성공을 거두고 있다는 얘기를 듣는다. 여성운동의 지도자들은 페미니스트 사상이 지금처럼 강력한 적은 없었다고 말한다. 페미니스트 출판물이 성공하고 여성학 강좌가 넘쳐나는 것을 보라는 것이다. 여성들은 사기업에서부터 총리에 이르기까지 힘 있는 자리에 그 어느 때보다 더 많이 올라갔다.

심지어 상황을 더 잘 알고 있을 일부 사회주의 페미니스트들조차 이러한 주장에 영향을 받는다. 그러나 여성운동의 본래 원칙들을 완전히 포기할 때만, 이러한 변화들에서 고무받을 수 있다. 왜냐하면 분명히 지난 수십 년 동안 여성들의 삶이 크게 나아졌다 해도, 이것은 거의 다 부르주아 페미니즘에게 유리한 것이었기 때문이다. 소수 중간계급과 상층계급 여성들은 한때 남성들에게만 열려 있던 세계인 사업, 금융, 언론, 고등 교육 등에 진출할 수 있었다. 이러한 종류의 전진 때문에 실제로 여성운동 내부의 지배적 사상이 그 어느 때보다 우파적이다. 이것은 노동계급 여성들에게 실질적 이득을 가져다주지 못했고, 오히려 힘들게 쟁취한 권리들에 대한 중대한 공격들을 불러왔다.

여느 때처럼 미국 여성운동에서 이러한 특징이 가장 분명하게 드러난다. 여성운동에 대한 실비아 앤 휴렛의 책 ≪더 작은 삶≫[46]은 여성들에게 출산휴가 뒤 복직할 권리를 주지 않으려고 하고, 따라서 사실상 출산휴가를 부정한 재판 — 갈런드 재판 — 을 대다수 여권(女權) 단체들이 지지했음을 보여 준다. 휴렛은 여성이 평등을 원한다면 어떤 특권을 기대해서는 안 되고 남성과 똑같은 대우를 받아야 한다(!)는 근거로 이를 지지한, 샌프란시스코 시장이자 페미니스트인 다이앤 페인스타인을 인용한다.

> 우리가 요구했던 것은 특별한 노동자 집단, 본질적으로 임신한 여성들과 막 엄마가 된 노동자들의 집단을 만들어 내는 것이었다. 나는 이것에 결코 동의하지 않는다. 나는 노동시장이 아이가 있는 여성들에게 편의를 제공해야 한다고 생각하지 않는다.[47]

이것은 명백히 NOW의 견해이기도 했다. 휴렛이 지적하듯이, 이것은 여성들이 스키 사고로 일을 할 수 없을 때보다 출산했을 때 휴직하기가 더 어려워지는 결과를 낳았다. 아이를 낳는 것은 여성들만 할 수 있지만 사고는 누구에게나 일어날 수 있기 때문이다.

자칭 페미니스트라는 사람들이 이러한 견해를 취한다는 것은 놀라운 일이다. 그러나 이것은 정확히 미국 페미니즘의 문제점을 보여 준다. 미국 페미니스트 사상은 매우 광범하고 영향력이 크지만, 그것이 존재하는 사회의 틀에 맞춰져 있다. 그래서 그것은 노동계급의 행동이라는 사상, 아니 심지어 기본적 평등주의 사상에도 기초를 두지 않는다. 오늘날 노동조합원이 전체 노동자의 5분의 1도 안 되는 미국에서 페미니즘은 온갖 반동적이고 반노동계급적인 사상에 순응하고 있다.

미국의 남녀평등헌법수정안도 1980년대 로널드 레이건 임기 동안 좌절됐다. 그 법안은 1972년 미국 상원에서 84대 8로 통과됐다. 10년 뒤, 법안 비준에 필요한 38개 주 가운데 35개 주만 비준한 상태에서 비준

최종 시한이 지나가 버렸다.[48] 남녀평등헌법수정안은 주류 페미니스트들의 희망이었다. 그것은 휴스턴 대회에서 얘기된 전략의 핵심 항목이었다. 그러나 여성해방에 대한 지지는 무용지물이 되고 말았다.

또 다른 예를 들면, 미국에서 낙태가 여전히 합법인데도 50개 주 가운데 13개 주만이 낙태 비용을 지불할 수 없는 여성들을 위한 낙태 기금을 제공한다. NOW는 여성의 선택권을 위한 모든 활동에서 이 사실을 문제 삼지 않는다.

지난 20년 동안 미국 여성운동은 소수이기는 하나 꽤 많은 여성들이 어느 정도 자기 개발을 할 기회를 가질 수 있게 해 줬다. 반면 대다수 여성 노동자들의 운명은 여전히 가난과 실업, 차별이다.

영국에서는 상황이 그렇게까지 극단적이지는 않다. 그러나 그러한 양상은 분명히 되풀이되고 있다. 여성운동의 활동은 급격히 쇠퇴했고, 가끔은 사실상 중단되기도 했다. 그 한 예로, 1985년 의사들의 16세 이하 청소년 피임 상담을 금지하는 재판에서 승소한 극우 인사 빅토리아 길릭 반대 운동을 들 수 있다. 이 판결에 반대해 조직된 집회들에는 겨우 3천 명의 여성들이 모였는데, 한 번은 참가자의 절반이 SWP가 동원한 사람들이었다. 다행히도 그 판결은 번복됐다. 그러나 만약 번복되지 않았다면, 여성운동이 그 판결을 뒤집기 위해 사람들을 동원했을 수도 있다는 증거는 거의 없었다.[49]

페미니스트들은 국제 여성의 날 시위에 전혀 관심이 없었다. 몇 년 동안 시위는 없는 것이나 마찬가지였다. 1986년 해고된 인쇄 노동자들의 아내들과 가족들을 지지하기 위해, 와핑에 있는 루퍼트 머독의 인쇄소에서 시위가 벌어졌다. 시위 참가자들은 거의 대부분 파업 여성들과 파업 노동자들의 아내들, 좌파 단체들이었다. 여성운동 진영은 거의 참가하지 않았다. 1987년 국제 여성의 날 시위는 홍보도 제대로 안 됐고 규모도 매우 작았다. 그 대신 대중의 관심은 국제여성주간으로 쏠렸다. 국제여성 주간은 노동당이 통제한 지방정부들이 돈을 대고 조직한 일련의 행사들이었다. 다시 한 번, 지방자치단체들의 페미니즘이 모든 진지한 동원을 대신하게 됐다.

오늘날 여성운동은 왜 이러한 딱한 처지에 놓인 것일까? 그 이유는 조직과 정치를 함께 볼 때만 알 수 있다.

지난 10년에 걸친 계급투쟁의 쇠퇴로 사회주의자들과 페미니스트들은 크나큰 위기를 겪었다. 그들은 패배와 엄청난 이데올로기적 우경화를 감수해야 했다. 그들은 기층 회원들이 급격히 줄어드는 것을 경험했다. 그러나 사회주의 조직들은 여성운동과는 비교할 수 없을 정도로 더 잘 이 과정을 견뎌 냈다. 몇몇 단체들은 완전히 사라졌고 공산당은 한때 자신들이 우세했던 산업에서 그 지위를 잃어버렸지만, 여전히 수천 명의 사회주의 활동가들이 존재한다. 여성운동은 바로 그 무구조(無構造) — ≪파편을 넘어서≫의 저자들이 그토록 사랑한 — 때문에 결국 분열하고 붕괴했다.

이것은 그 운동의 정치의 논리적 귀결이었다. 만약 해방의 목적이 의식 향상이라고 생각한다면, 가정 안의 사생활 속에서 실행해 가면 되지 않는가? 학문적 페미니즘이 세계 변혁 투쟁과 똑같은 정도로 유효하다면, 무엇하러 행동에 참여하는가?

그러나 어찌됐든 여성운동은 살아남았다. 그렇지만 여성운동은 점차 하나의 단일한 운동으로 보기 어려워지고 있다. 여성운동의 이념은 오늘날 사회의 모든 부문에서, 학계와 지방정부, 부르주아 정치, 심지어 일부 사기업에서도 널리 받아들여진다. 무엇보다 여성운동은 이제 노동당이라는 이상적 생명 유지 장치를 갖고 있다.

노동당은 오늘날 페미니즘의 중요한 버팀목이다. 지방정부 여성위원회에 대한 기금 지원은 많은 도심 지역에서 페미니스트들의 관심을 유지해 준다. 직업적 페미니스트들이 돈을 받으면서 일할 수 있기 때문이다. 따라서 적어도 런던에는 페미니스트들의 몫으로 돌아가는 고소득 일자리가 많이 있다. ≪스페어 립≫과 ≪아웃라이트≫(Outwrite) 같은 출판물들은 부분적으로 이러한 일자리 광고나 여러 여성위원회 활동 광고로 자금을 충당했다. GLC가 폐지될 때[1986년]까지 이러한 출판물들은 GLC 여성위원회한테서 직접 정부 지원금을 받았다.

페미니즘이 세금으로 유지된다는 것은 단지 우익들의 중상모략이 아니라 사실이었다. 그러나 영국 자본주의의 위기 — 그리고 노동당의 개량주의적이고 점진주의적인 성격 — 때문에 페미니즘에 이러한 낙인을 점점 더 찍을 수 없게 된다.

노동당 내 페미니스트들에게 남은 것은 평등에 대한 최소한의 약속이라도 얻어 내기 위한 당헌 개정이다. 이 투쟁에서 중요한 구실을 하는 것은 1980년 '노동당 민주화 운동'의 일환으로 결성된 여성행동위원회(WAC)다. WAC는 당헌에 집중해서 노동당 연례 여성총회에 더 많은 권한과 통제권 — 여성대회가 전국집행위원회 여성 부문을 직접 선출할 권리와 연례 총회에 자동으로 결의안을 회부할 수 있는 권리 — 을 줄 것을 요구했고, 여성들을 국회의원 후보자 선출 명단에 올릴 것도 요구했다.

마지막 요구는 1988년 당대회에서 쟁취됐다. 좌파와 페미니스트들은 대부분 열렬한 반응을 보였다. 당대회 리플릿인 "캠페인 소식지"는 이 표결이 "미래의 의회에 훨씬 더 많은 수의 노동당 여성의원들이 있도록 하는 거대한 전진"[50]이었다고 선언했다. 그러나 지역 당이 여성 후보를 선출하도록 강제하는 규정은 전혀 없으며, 가까운 미래에 여성 노동당 국회의원 수가 극적으로 증가할 것 같지는 않다.

WAC의 다른 요구 사항들이 받아들여질 조짐은 전혀 없으며, 오히려 그 반대라고 할 수 있다. 노동조합 지도자들은 여성대회에서 선거인단 형식을 요구해 자신들의 목소리를 더 강하게 대표하려 한다. 이러한 조처는 노동조합 기구들에만 이득이 될 것이며, 블록투표*가 사태를 좌지우지해서 결국 노동조합 기구들의 정책을 더 쉽게 강제할 수 있을 것이다.

노동당 좌파 내부에서 페미니스트 사상의 우세는 정치를 불분명하게 만들었다. WAC는 항상 당내 모든 여성의 공통점을 강조하며, 핵심 문제는 좌파냐 우파냐가 아니라 흑인, 여성, 그리고 다른 억압받는 집단들에 반대하는 백인 남성들이라고 주장했다. 1985년에는 앤 페티퍼를 인용해 이렇게 말했다.

> 여성들을 결속하는 일련의 관심사들이 있기 때문에 당을 운영하는 백인 중간계급 남성들은 여성들을 좌파와 우파로 갈라놓을 수 없다.[51]

또 WAC는 정치적 차이와 분열이 현실적이고 구체적인 이견이 아니

---

* Block Vote, 대의원에게 그가 대표하는 인원수에 비례하는 표 수치를 주는 투표 방법이다. 예를 들면, 노동조합 측 대의원의 표는 자신이 대표하는 조합원의 수에 따라 수만 표, 수십만 표로 환산될 수 있다.

라 남성 지배적이고 마초(macho)적인 행동에서 기인한다고 주장했다. WAC의 한 당대회 회보는 이렇게 주장한다.

> 마초적인 정치는 파괴적 정치다. 그것은 분열·양극화·경쟁력에 관한 정치다. 여성들은 일반적으로 이러한 경쟁에서 얻을 것이 거의 없다는 것을 알고 있다. …… 그러나 노동당 남성들은 자신들의 특정한 '노선'이나 전략이 경쟁을 통해 우위를 차지하는 것에 큰 자부심을 갖는다.[52]

몇몇 사건들은 이러한 주장에 내재된 재앙을 분명히 드러냈다. 1985년 광부 파업 패배에 뒤이은 우익 반동기에 WAC는 페미니스트들이 정치적 반목에 끼어들어서는 안 된다는 태도로 기울었다. 그들은 전국탄광노조에 대한 당 지도부의 공격과 리버풀의 좌파 지방의회에 대한 마녀사냥을 "강력한 남성 영웅들이 이끄는 서로 다른 진영이 우리의 지지를 얻기 위해 치열히 경쟁하는 것"[53]이라고 묘사했다. 이러한 태도는 우파를 이롭게 했을 뿐이다. 우파는 보수당과 사장들에 맞서 반격하기를 원한 모든 사람들을 공격하면서 페미니즘의 수사를 차용했다. 어떤 종류의 투쟁이든 반대하기를 원한 사람들은 모두 노동조합 투쟁, 또는 다른 모든 투쟁을 기본적으로 마초적이고 구식이라고 보는 견해를 이용하려 했다.

최근 들어 WAC의 지도적 당원들은 더 계급 지향적인 관점을 취하고 있다. 앤 페티퍼는 당내 강경 좌파를 지지하기로 결정했고, ≪맑시즘 투데이≫*의 이념을 비판하는 데 많은 시간을 할애한다. 그러나 WAC 회보

---

* *Marxism Today*, 영국 공산당의 이론지로서 1980년대에 중요한 영향을 미쳤고 소련

의 일부 주장은 ≪맑시즘 투데이≫의 견해와 매우 비슷하다.

페미니스트들이 노동당을 통해 변화를 제도화하려고 노력하면서 직면한 핵심 문제는 노동당의 성격 그 자체다. 노동당은 비민주적이다. 노동당 의원들이 낙태 같은 쟁점들에 책임감이 없다는 사실은 치욕스러운 일이다. 전국집행위원회의 여성 할당은 썰렁한 농담이 돼 버렸는데, 왜냐하면 남성 노조 관료들이 간부회의에서 그 구성원들을 결정하기 때문이다. 5명의 행운아들을 선택할 때 여성 관련 쟁점들은 거의 고려되지 않는다.[54] 이러한 민주주의 부족은 노동당 고유의 것이다. 본래 노동당은 의회에 진출하려는 노조 관료들의 필요에서 생겨났다. 노동당의 구조를 만들어 낸 노조 관료들의 통제력은 지금도 여전하다. 따라서 당헌 개정은 우파의 지배력에 대한 정치적 도전이다.** 이 때문에 당헌 개정 운동은 두려움을 자아냄과 동시에 결국은 이렇다 할 영향을 미치지 못하는 것이다.

국회의원 후보들을 다시 선발하겠다는 것은 생색내기에 불과했다. 지도부 선거는 기존 지도부에 대한 충성심을 시험하는 것이었고, 후보자 선출 명단에서 여성을 배려하는 것도 십중팔구 효과가 없다는 것이 입증될 것이다. 그 제도는 아직도 공식적 후원을 받지 못하는 사람들, 특히 노동조합의 후원이 없는 사람들에게 불리하다.

노동당 여성 후보자들은 남성들보다 B 명단에 오르는 데 필요한 노동조합의 후원을 받을 가능성이 더 적다.(노동당에는 일반 당원의 추천을 받은 후보자들의 A 명단과 노동조합의 후원을 받고 추천된 후보자

이 무너진 1991년에 폐간됐다.
** 당시는 노조 관료들이 노동당 내 우파였다.

들의 B 명단이 있다.)⁵⁵

B 명단에 오르는 것은 매우 중요하다.

1983년, 노동조합의 후원을 받은 노동당 후보자 153명 가운데 114명이 당선됐다. 당선율은 74.5퍼센트였다. 153명 가운데 여성은 겨우 7명이었고, 그 중 5명이 당선됐다.⁵⁶

장애물은 예전만큼이나 커 보인다. 변화를 쟁취한 경우에도 그것이 성과를 거둘 가능성은 매우 낮다. 예를 들어, 만약 노조 지도자들이 확실하게 여성대회를 통제하게 된다면 — 즉, 여성대회에서 블록투표가 실행된다면 — 여성대회는 집행위원회의 여성 부문만 선출할 수 있을 것이다. 따라서 여성들이 당내에서 정치권력의 장에 진입할 수 있어야 한다는 WAC의 주장은 좌파와 대부분의 페미니스트들에게 불리한 조건에서만 실현될 수 있다.

변화를 원하는 노동당 내 페미니스트들은 난관에 부딪쳤다. 그들은 무언가에 도전할 수 있는 실질적 힘이 전혀 없고, 따라서 그들의 원래 목표에서 후퇴하는 것을 뜻하는, 낮은 수준의 개혁을 점차 받아들이고 있다. 예를 들어, 지방정부의 페미니스트들은 항상 자신들이 노동계급 여성에게 도움이 될 수 있는 것들 — 더 많은 보육시설 같은 것 — 을 어느 정도 쟁취할 수 있다고 주장했다. 오늘날에는 공공 지출이 엄청나게 삭감되면서 그러한 주장조차 공허해 보인다. 1980년대 초 여성해방을 일정 정도 이루겠다던 노동당의 약속은 지켜지지 않았다.

사회주의 페미니즘의 위기

사회주의 페미니스트들이 풀어야 할 숙제는 운동 안에서 부르주아 페미니즘이나 급진 페미니즘 — 또는 둘의 결합 — 이 우세한 상황이다. 사회주의 페미니스트들은 계급과 성의 관계가 지니고 있는 딜레마를 어떻게 풀 수 있을까? 그들이 좌파 조직에 편안하게 남아 있을 수 있을까? 이러한 것들이 아직 해결되지 않은 중요한 문제들이다. 반노동계급 사상이 우세해지면서 수세에 몰린 많은 사회주의 페미니스트들도 여성 억압 문제가 많은 부분 남성들 — 특히 노동계급 남성들 — 의 책임이라는 생각을 받아들인다. 사실 이러한 주장은 너무나 강력했기 때문에, 여성운동의 대다수가 받아들이는 '상식'이 됐다.

그 가장 주요하고 논쟁적인 선전가는 유로코뮤니스트 언론인인 비어트릭스 캠벨이다. 그는 지금까지 10년 넘게 이 문제를 공세적으로 제기했다. 영향력 있는 잡지 《붉은 깃발》에 1978년에 실린, 발레리 샬턴과 함께 쓴 "준법투쟁"이라는 제목의 기사에서[57] 캠벨은 다음과 같이 비판했다. "자기 직업만 방어하려는 남성 노동조합운동은 여성들을 노동과정에서 배제한다. 이 과정의 독특한 특징은 남성들이 가족임금을 고집한 것이다."[58]

그 기사는 노동자로서 남성과 여성의 이해관계가 기본적으로 대립한다고 주장하고, 노사간 자율 교섭 개념을 공격했으며, 여성에게 유리한 임금 재분배를 요구했다. 그는 1980년 《붉은 깃발》에 쓴 "뭉치면 죽는다"[59]는 상징적 제목을 붙인 기사에서 이러한 주장을 한층 더 밀고 나갔다. 안나 쿠트와 함께 쓴 《달콤한 자유》에서 그는 또다시 이 주제로 돌아왔다.[60]

수년 동안 비어트릭스 캠벨은 남성 노동자들과 노동조합운동을 더욱 적대적으로 대하게 됐다. 이러한 주장의 본질은 앞에서 다뤘다. 여기서 중요한 것은 그것이 이미 후퇴하고 있고 파편화된 운동에 미친 영향을 강조하는 것이다. 그러한 주장은 사회주의 정치에서 멀어져 초계급적 페미니즘으로 향한 사람들의 주장을 강화하는 구실을 함으로써 우파에게 도움이 됐다. 만약 남성들이 계속해서 자본주의 자체만큼이나 큰 문제였다면, 그들과 함께하는 투쟁에 참여하는 것은 분명히 쓸모없는 짓이었기 때문이다. 이것은 실제로 많은 페미니스트들의 결론이었고, 그들은 노동조합을 "남자들의 운동"으로 여겼다.

다른 사회주의 페미니스트들은 이러한 상황이 너무 심각해서 가만히 보고 있을 수는 없다고 생각했다. 안젤라 위어와 엘리자베스 윌슨 같은 일부 사회주의 페미니스트들은 여성해방 문제를 다시 계급 문제로 돌리려고 진지하게 노력했고, 그 과정에서 페미니스트 소득정책과 가족임금에 대한 비어트릭스 캠벨의 이론에 몇몇 효과적 타격을 입혔다.[61] 앤 필립스 같은 또 다른 사람들은 계급, 성, 그 밖의 많은 문제에서 동요했다.[62] 그러나 남성 노동자들이 노동조합을 여성을 억압하는 수단으로 이용한다는 생각은 널리 받아들여졌다. 비어트릭스 캠벨은 ≪맑시즘 투데이≫를 통해 끊임없이 일관되게 이러한 생각을 유포했다. 그러나 그러한 사상에 진지하게 도전하는 연구들은 여전히 학문적 논쟁에 머물러 있으며 거의 알려져 있지 않다.[63]

≪파편을 넘어서≫의 공저자인 린 시걸은 사회주의 페미니즘의 이러한 위기를 인정하려고 노력했다. 그의 책 ≪미래는 여성의 것인가?≫에서 린 시걸은 여성운동의 방향에 대한 우려를 다음과 같이 표명하는 것으

로 책을 시작한다.

나는 1980년대에 페미니즘의 대중적 얼굴로 등장한 것에 대한 우려 때문에 이 책을 쓰게 됐다. …… 나 자신을 비롯해 몇몇 나이 든 페미니스트들이 가장 걱정하는 것은 페미니스트 글쓰기가 1970년대 초 남성과 여성의 근본적 차이를 부정하던 것에서 1970년대가 저물 무렵에는 차이를 찬양하는 것으로 전환한 사실이다.[64]

린 시걸은 계속해서 강간·포르노·폭력에 관한 이론처럼 최근에 널리 퍼진 이론들을 가차없이 비판한다. 그는 남성을 적으로 묘사하는 사람들을 통렬하게 비판한다. 시걸은 그것이 그렇게 단순하지 않다고 주장한다. 남성들은 단일한 생물학적 집단이 아니다. 페미니스트에 우호적인 사람들이나 사회주의자들을 여성을 집에 가둬 두기를 원하는 사람들과 똑같은 방식으로 대해야 할까? 시걸은 진정한 적에 맞서 싸우는 데 힘을 쏟을 수 있는 진정한 사회주의 페미니즘을 갈구한다.

쉴라 로보썸 또한 최근에 같은 주제를 다룬 책을 썼다.[65] 대다수 동시대 페미니스트들에 비해 그의 접근법은 신선하고 흥미롭다. 그러나 로보썸의 분석 역시 다른 방식으로 안젤라 위어와 엘리자베스 윌슨에게도 영향을 미친 두 가지 중요한 점 때문에 결함이 있다.

첫째로 이들은 모두 여성 억압을 이해하는 열쇠로서 변형된 가부장제 이론을 받아들인다. 이것은 이론적으로 잘못됐을 뿐 아니라 반노동계급 이론과 반사회주의 이론에 근거를 제공한다. 이들은 사회주의 페미니스트라는 이름에 걸맞게 남기를 원하지만, 가부장제를 받아들이기 때문에 기껏해야 모순에 빠질 뿐이다. 그리고 결국 여성 억압을 끝내기 위해서 누구에 맞서, 그리고 무엇에 맞서 싸워야 하는지를 설명하려는 노력을 회피한다.

둘째 문제는 그들이 사회주의를 이해하는 방식 그 자체다. 안젤라 위어와 엘리자베스 윌슨은 공산당의 스탈린주의 진영을 지지했다. 따라서 사회주의와 여성해방을 바라보는 그들의 견해는 스스로 사회주의라고 주장하지만 사실은 그렇지 않은 국가들에 대한 지지 때문에 왜곡된다. 린 시걸과 쉴라 로보썸은 자유지상주의적 사회주의자들이고, 이것은 그들이 당 조직 형태 대부분을 (물론 그 누구에게도 아무런 요구를 하지 않는 노동당은 제외하고) 받아들이지 않는다는 뜻이다. 그 대신 그들은 자율적 운동을 지지한다. 그러나 오늘날 적어도 한 가지만은 분명하다. 이러한 운동들은 성장하지 않았고, 흔히 단결하지도 못했으며, 그 어느 때보다 그들의 목표에서 더 멀어져 있다.

여성 억압은 계급사회의 산물이며, 오늘날 계급사회란 자본주의를 뜻한다. 계급사회 자체에 도전하려고 노력하는 정치조직만이 자본주의를 성공적으로 전복하기 위한 전략과 따라서 완전한 여성해방을 위한 전략을 제공할 수 있다. 이 점을 이해하지 못하면 최고의 사회주의 페미니스트조차도 오늘날 여성 억압 문제의 해결책을 알 수 없다. 이 때문에 진정한 [여성] 해방을 추구하는 사람들이 사회주의 조직 밖에서는 막다른 길만을 발견하게 되는 것이다.

10 :: 좌파와 여성운동

제2차세계대전부터 1960년대 말까지, 즉 처음에는 미국에서, 그 뒤에는 영국에서 여성운동이 등장하면서 우리에게 그 문제를 부과했을 때까지 트로츠키주의 운동은 전체적으로 여성해방이라는 문제를 '잊고 있었다.'[1]

존 몰리뉴의 이 말은 오늘날 대다수 좌파들의 여성운동에 대한 태도의 핵심을 잘 보여 준다. 여성운동에는 약점이 있을 수 있고 따라서 논쟁도 벌어지지만, 그 운동이 없었다면 좌파는 결코 구체적 여성 억압과 여성들이 직면한 문제들을 인식하지 못했을 것이라는 말이다.

그러나 이것이 사실일까? 대답은 틀림없이 아니오이다. 첫째로 좌파는 여성 문제를 "잊지" 않았다. 미국에서 매카시즘의 충격과 우익의 득세는 좌파들이 사회 변화와 관련된 다른 대부분의 문제들뿐 아니라 여성 문제에서도 멀어지도록 공공연히 강제했다. 그래서 예를 들면 1940년대

진보당은 흑인과 여성의 권리를 옹호하는 운동을 조직했지만, 우익의 반동으로 패배했다.[2]

스탈린주의가 공산당에 영향을 미쳤는데도, 개별 공산당원들과 사회주의자들의 여성 평등에 대한 태도는 철저하고 자성적이었음을 보여 주는 증거가 있다. 그 자신이 분리주의 페미니스트인 사라 에번스는 공평한 가사 분담 같은 문제에서 1940년대와 1950년대 사회주의자들이 1960년대 사회주의자들보다 훨씬 더 훌륭했다고 지적한다.[3]

영국에서는 미국에서 있었던 우익의 반동에 견줄 만한 일은 전혀 없었다. 그러나 영국에는 노동당이라는 형태를 띤 우파 사회민주주의와 그와 비슷한 정치를 가진 노동조합 관료의 영향력 때문에 여성 평등 쟁점들이 명목상으로나 관료적인 수준에서만 다뤄지는 경향이 있었다. 노동당보다 더 좌파적인 조직 중에서 가장 큰 조직인 공산당은 산업 활동과 '정치'를 엄격하게 분리했다. 그래서 종종 강한 인상을 줬던, 공산당의 산업 투사들은 여성 평등 문제들을 포함해 더 폭넓은 정치 쟁점들을 다루지 않는 경우가 많았다.

더욱이, 영국과 미국의 혁명적 사회주의 전통은 모두 노동계급 운동에서 주변적이었다. 소련에서 스탈린이 부상하고 트로츠키가 패배와 추방, 그리고 결국 암살을 당하면서 혁명적 사회주의 전통은 거의 파괴되고 말았다. 국제 노동운동에서 스탈린주의가 강력했기 때문에 30년 넘게 모든 종류의 의문은 감춰지거나 무시됐다. 이러한 의문들을 다시 정치 의제에 올려놓은 것은 바로 1960년대 후반 스탈린주의에 대한 혁명적 대안의 국제적 부활이었다.

1945년 이후 혁명가들이 커다란 어려움을 겪었는데도, 여성 쟁점은 노동계급 운동 안에서 다뤄졌다. 1940년대와 1950년대에 많은 노동조합에서 동일임금이 쟁점이 됐고, 노동조합 기구들의 압력 때문에 1969년 해럴드 윌슨의 노동당 정부가 동일임금 법안을 통과시킬 수밖에 없었다. 실제로, 개인의 성적 자유와 관련된 대부분의 중요한 전후 개혁 조치들이 미국이나 영국에서 여성운동이 출현하기 이전에 통과됐다. 영국에서 낙태(1967년), 동성애(1967년), 이혼(1971년), 동일임금(1970년)에 관한 법률 개혁은 모두 여성운동이 시작됐을 무렵에 제정됐거나 시행 중이었다.

여성의 권리를 위해 운동을 벌인 조직들도 이미 존재했다. 미국에서 NOW는 1966년에 창설됐다. 영국에서는 낙태법개정협회(ALRA) 같은 오래된 조직들이 계속해서 운동을 벌여 왔고, 한편에서는 NJACWER 같은 새로운 조직들이 1960년대 후반에 주로 노동조합이 주도해서 만들어졌다.

같은 시기에 여성 노동자들도 활발하게 수많은 노동쟁의에 참여했다. 예를 들어 1968년 말 런던 북부에 있던 CAV 루카스 사(社)의 여성 금속 노동자들은 노동조합의 동일임금 요구를 지지하며 하루 파업을 벌였다.[4] 그 즈음 〈사회주의 노동자〉에 실린 한 기사의 제목은 "24시간 교대 노동이 여성들을 위협한다"였다. 이어진 기사는 당시 노동당 정부가 공장법의 관련 항목을 폐지하려 하고 있고, 그 결과는 여성 노동자들에 대한 착취를 늘리게 될 것이라는 내용이었다.[5]

아무튼, 여성운동은 이러한 사건들에 반응한 것일 뿐이었지, 그것들을 유발하거나 만들어 내지는 않았다. 그렇다면 왜 심지어 사회주의자들도 여성운동이 없었다면 아무 일도 일어나지 않았을 것 같다고 느끼게 됐을까? 앞에서 설명했던, 새롭게 등장한 미국 여성운동과 미국 신좌파 사이의 뿌리 깊은 적대감이 부분적 이유다. 많은 개별 여성들은 그 과정에서 큰 상처를 받았다.

그러나 영국에서는 그 과정이 사뭇 달랐다. 1960년대 말과 1970년대 초까지, 영국에서는 많은 여성들이 — 또는 적은 수라도 — 조직 좌파 정치 때문에 상처받았다거나 거기에서 멀어졌다고 전혀 느끼지 않았다. 여성해방 사상에 영향을 받은 사람들 중 많은 수가 바로 이 시기에 좌파 단체들에 가입했다.

만약 이러한 여성들 중 누구라도 혁명적 좌파가 여성해방 사상을 "잊고 있었다"고 생각했다면, 분명히 그러한 건망증을 용서할 수 없다고 여겼을 것이다. 쉴라 로보썸은 1960년대 말에 잠깐 IS 회원이었는데, 1970년 2월 옥스퍼드에서 열릴 제1회 여성해방 대회를 조직하는 데 기여하기 위해 <사회주의 노동자>에 동일임금에 관한 기사를 썼다.[6] <사회주의 노동자>에 실린 대회 소식은 좌파들이 여성해방 쟁점들에 무지하거나 적대적이라는 인상을 거의 주지 않는다.

> 나이 많은 사람들과 젊은이들, 가정주부들, 노동자들, 학생들이 어우러졌다. 그들은 모두 해방을 위해 투쟁하는 사람으로서 대회에 참가했다. 여성해방연구회 회원, 노동조합원, 급진적인 단일 쟁점 압력단체 회원들이 참가했고, 50명 이상의 IS 회원을 비롯해 여러 좌파 경향들도 있었다.[7]

그러나 1970년대 초 이후로 IS(그리고 IMG 같은 다른 혁명가들)와 여성운동 사이에 항상 긴장이 존재한 것은 **사실이다**. 이것은 파업이나 다른 여성 관련 문제들과 연관을 맺을 것인지 아닌지의 논쟁이 아니었다. IS의 활동 전력은 야간 청소부들부터 동일임금과 낙태 문제에 이르기까지 매우 훌륭했다. 논쟁은 오히려 여성운동의 성격 자체를 둘러싸고 벌어졌다. 그리고 여기에 모순이 있었다. 여성운동은 — 특히 미국에서 — 많은 여성들을 그 사상으로 끌어당겼다. 많은 사람들에게 여성운동은 다른 곳에서는 얻을 수 없는 생기와 활력을 불어넣었다. 여성운동은 활기가 넘쳤다. 그러나 동시에 여성운동은 철저히 개인주의적 운동으로 남아 있었다. 그 운동은 여성 억압에 대한 분노가 솟아 나오게 만들 수는 있었지만, 억압에 맞선 진정한 투쟁을 이끌 능력은 전혀 없었고 지금도 그렇다.

그 이유는 여성운동의 계급적 성격에 있었다. 여성운동은 집단적인 노동계급 투쟁이 아니라 개인의 사상 변화에 기반을 뒀다. 그 사상은 중간계급 일부에게 강한 매력을 줬고, 개인적 생활 방식의 변화와 실천 등을 강조했다. 따라서 그 사상은 중간계급, 특히 기술-관리직 같은 '새로운 중간계급'한테서 많은 지지를 받았다.

여성운동은 이렇게 노동계급 여성들을 포함해 많은 여성들을 고무하는 구실을 할 수 있었지만, 진정한 변화는 거의 가져다줄 수 없었다. 이 점은 여성운동 역사의 비교적 초창기에 분명했다. 이 운동이 노동계급 투쟁에 실질적으로 기여한 것은 거의 없었는데, 이는 바로 이 운동의 계급적 성격 때문이었다.[8]

1970년대 초 여성운동 내부의 모순은 혁명적 좌파 내부의 논쟁에서 드러났다. 사회주의자들이 여성운동 안에서 또는 여성운동과 함께 활동해야 하는가? 여성운동의 구성원들은 정말로 중간계급인가? 그러나 많은 사회주의자들도 비슷한 계급적 배경을 갖고 있지 않은가? 여성운동은 점중하는 노동계급 여성들의 투쟁에 무언가를 제공했는가? 이러한 논쟁들은 하나도 해결되지 않았다. 그러는 사이 IS의 일부 회원들은 조직의 지원을 받아 처음에는 소식지를, 나중에는 잡지를 내기 시작했다.

그 잡지 ≪여성의 소리≫는 1972년에 처음 나왔다. (비슷한 시기에 창간된) ≪스페어 립≫과 마찬가지로 이 잡지는 '여성지' 형식을 통해 여성들과 연관 맺으려 노력했다. ≪스페어 립≫과 달리, ≪여성의 소리≫는 확고하게 여성 노동자들을 지향했다. 그러나 ≪여성의 소리≫는 운동의 모순을 해결하지 못했다. 사실 그 잡지도 운동의 모순을 반영했다. ≪여성의 소리≫는 페미니즘과 일종의 생디칼리즘을 합쳐 놓은 것이었다. 그 잡지는 투쟁하는 여성들에 대한 미사여구로 노동계급을 응원했다.

1970년대 초에 이러한 명확성 부족은 문제였지만, 계급투쟁 물결이 고조되면서 그 문제를 제쳐 두는 경향이 있었다. 노동자들에게 세계를 바꿀 힘이 있다는 데 거의 이견이 없었고, 여성 노동자들이 계급투쟁에서 중요한 구실을 할 수 있다는 것에도 의심이 전혀 없었다. [그러나] 상황이 바뀌면서 문제가 발생했다.

혁명적 좌파의 위기는 국제적 현상이었다. 1970년대 중반에 이르면 이 점이 명백해졌다. 그 이유는 두 가지였다. 첫째로 1960년대의 대중적 분출이 단순히 모든 곳에서 혁명적 투쟁이 증가할 것임을 예고한 것이 아니었다는 점이 분명해졌다. 둘째로, 노동계급의 기성 지도부들은 자본주의를 보존하기 위해 위기에 빠진 자본주의와 기꺼이 타협하려 했다. 이탈리아에서 공산당이 "역사적 타협"을 했고, 영국에서는 TUC가 사회협약을 체결했고, 다른 곳들에서도 비슷한 거래가 이뤄질 때, 혁명가들은 노동계급 대중이 마지못해 그것을 받아들이는 모습을 씁쓸한 심정으로 지켜봤다.

그 결과 많은 사람들이 노동계급에게 실망해 혁명적 변화를 실현할 수 있는 원천을 다른 곳, 특히 학생·여성·제3세계 운동에서 찾게 됐다. 게다가, 혁명적 좌파는 엄청나게 자신감이 떨어졌다. 그들은 세상이 달라지지 않았기 때문에 모든 노력이 헛된 것이었다고 느꼈다.[9]

그 과정은 이탈리아에서 가장 앞서 나갔다. 1970년대 초 이탈리아는 유럽에서 가장 강력한 좌파를 자랑했다. 이탈리아에는 수만 명의 혁명가들이 있었고, 공산당보다 좌파인 세력들이 세 종류의 일간지를 계속 내고 있었다. 그러나 침체기와 그것이 사회주의자들에게 뜻하는 바를 전혀 이해할 수 없었던 이론적 모호함 때문에 운동은 무장해제를 당했다.

이탈리아의 혁명적 좌파의 이론과 실천은 마오주의 정치와 자생주의 사상에서 영향을 많이 받았다. 이 사상들은 투쟁의 고양기에는 적합했지만, 이후의 패배기에는 잘 적응하지 못했다. 그래서 혁명적 좌파는 자신감과 방향감각을 잃었다. 그리고 바로 그때 이탈리아 여성운동이 성장하면서 자신감을 얻고 있었다.

이탈리아 여성운동은 영국과 미국보다 나중에 등장했다. 이탈리아 여성운동의 배경은 대다수 나머지 유럽 국가들보다 집 밖에서 노동하는 여성 비율이 낮은 엄청나게 남성 우월주의적인 사회였다. 여성해방 투쟁은 가톨릭교회, 거대한 소농계급, 20년 동안의 파시즘의 유산에 맞선 전투로서 엄청나게 어려운 과제인 듯했다. 여기에 더해 여성 문제에 대한 많은 혁명적 좌파 구성원들의 태도는 기대에 한참 못 미쳤다. 그러나 1974년 이혼법 국민투표가 여성운동에 활력을 불어넣었고, 그 운동은 1975년 말에 여성들만의 거대한 전국적 시위를 호소하게 된다. 그 시위는 전환점이

됐다. 그 시위는

여성운동의 자신감이 정점에 달했다는 것뿐 아니라, 여성운동과 혁명적 좌파 사이의 길고 치열한 투쟁이 시작됐음을 알렸다. 이 여성들만의 집회에서, 로타 콘티뉴아*가 배제되는 것을 받아들이지 않고 행진에 합류하려고 시도하는 와중에 여성들과 물리적으로 충돌했던 것이다.[10]

그 결과 많은 여성 회원들이 로타 콘티뉴아를 떠났다. 1년 뒤 리미니에서 열린 총회는 혼란 속에서 파탄 나고 말았다. 그 조직이 점점 더 '운동주의' — 다양한 '자율적' 운동의 귀결 — 를 신봉하게 되면서, 그러한 운동들 속에서 와해됐기 때문이다.

이러한 사건들을 둘러싼 비통함, 비난이 난무한 논쟁, 완전한 혼란은 많은 사람들에게 널리 영향을 미쳤다. 좌파 진영의 거의 모든 사람들이 조직의 붕괴와 혁명적 운동의 위기를 분리주의와 페미니즘 사상의 결과가 아니라 좌파 자신의 잘못이었다고 받아들였다.

이탈리아의 경험은 미국 여성운동이 1960년대 말에 그랬던 것만큼이나 전 세계 페미니스트들의 경험에 큰 흔적을 남겼다. 좌파 조직에 대한 페미니스트들의 지배적 견해는 훨씬 더 부정적으로 됐다. 마치 이제는 자신을 페미니스트라고 여기는 여성들 중 많은 수가 이전에 혁명적 조직의 회원이었다가 남성 혁명가와 지도부 등의 경험 때문에 그 조직을 떠난

---

* Lotta Continua, 4만 명의 투사들을 거느린 가장 큰 좌파 조직 중 하나로서, 1969년에 창설됐다.

것처럼 보였다. 이것은 파리와 암스테르담에서 열린 사회주의 페미니스트 대회(여러 가지 분열 때문에 둘로 나뉘어 열렸다)에 관한 기사에서 분명하게 드러났다. 전 IS 회원인 실리어 디콘이 쓴 한 기사는 특히 이 점을 잘 드러낸다.

> 한때 좌파 단체에 있다가 그곳을 떠난 여성들이 국제적으로 얼마나 많은지를 보고 충격을 받았다. 우리의 경험에는 많은 유사점이 있음이 드러났다. 종파주의, 경제주의, 마르크스주의의 협소한 개념, 여성의 사상에 대한 적대감, 페미니즘 사상은 '부르주아적'이라는 규정, 형식적으로 올바른 노선에 대한 완강한 집착, 혁명적 좌파 대부분의 특징인 남성적 권력 구조가 그것이다.[11]

이 모든 것은 혁명적 좌파에게 극적인 영향을 미쳤다. 이탈리아에서 그것은 분열과 한때 유럽에서 [정치적으로] 가장 비옥했던 곳을 정치적 황무지로 만들어 버리는 것으로 귀결됐다. 영국에서 그 영향은 그렇게 가혹하지는 않았지만, 그래도 강력했다. 좌파와 비교해 여성운동의 상대적 비중이 커졌다. 좌파 조직들은 여성과 흑인 등 억압받는 집단들의 자율적 조직에 더욱 지지를 보내게 됐다. 심지어 그들 자신의 조직 내부에서도, 그들은 흑인과 여성 회원들에게 어느 정도의 자율성을 인정했다. 예를 들어, 한때 단일한 조직이었던 공산당은 이러한 방향으로 가면서 점차 약화됐다.[12]

IS/SWP는 다른 좌파 조직들 대부분처럼 멀리 나아가지는 않았지만, 점차 이러한 사태 전개에 영향을 받았다. 그들은 처음에는 노동계급 여성들을 지향하면서 더욱 강력하게 투쟁할 것을 호소했지만, 이내 마찬가지로 페미니스트 사상과 주장의 영향을 더 많이 받게 됐다. 이러한 압력은 ≪여성의 소리≫의 변화에서 드러났다.

이미 1976년에 런던 북부에서 열린 최초의 ≪여성의 소리≫ 모임에 대한 기사에는 이러한 구절이 있었다. "남성 노동자들과 마찬가지로, 아니 어쩌면 훨씬 더 여성들은 좌파 단체들을 의심하고 있다."[13] 1977년 가을에는 지역 모임들과 지지자들의 정보를 이용해 여성들로 이뤄진 혁명 조직을 건설하려는 시도가 있었다.[14]

처음부터 이러한 방향 설정에는 커다란 문제점들이 있었다. SWP 여성 당원들 사이에는 이전부터 조직의 성격과 자신들이 무엇을 건설하려 하는지를 둘러싸고 분열이 있었다. 일부는 단체들을 건설하려는 생각에서 완전히 물러섰고, 다른 일부는 그 가능성에 매우 열의를 보였으며, 또 다른 일부는 그 단체들 자체의 정치적 근거에 의구심을 느끼고 있었다. 이러한 분열은 공공연히 드러나지 않는 경우가 많았지만, 수많은 긴장과 논쟁의 근원적 이유였다. SWP 지도부는 이러한 정치적 문제들이 존재한다는 것을 실제로 인정하지 않았다. 조운 스미스의 가족에 대한 글들 – 이 글들은 '여성의 소리 조직'의 이론적 근거였다 – 에 대해 몇 년 동안 아무런 대응도 하지 않았다.

그러는 사이 그 잡지를 통해 표현된 노선은 매우 열정적이었고, 심지어 승리감에 차 있었다. 1978년 초에 이르면, ≪여성의 소리≫는 광택이 나는 표지에 개인사에 관한 기사들이 더 많이 실린 '고급 잡지'가 됐다. 잡지는 그 모임들과 그것을 건설할 필요를 선전하는 데 치중했다.[15] 여성 운동에 대한 이 잡지의 일반적 접근 방식은 사회주의자들과 페미니스트들의 차이점보다는 공통점을 강조하는 것이었다. 파괴적이었던 1978년 버밍엄 여성해방 대회에 대해 ≪여성의 소리≫가 한 비판의 요지는 이전과 같은 우호적 분위기가 사라졌다는 것이었다.[16]

SWP에서 내부 논쟁이 전개되기 시작했다. 일부는 여성 조직과 잡지가 여성운동에 대해 정치적으로 너무 '관대'하고, 당과 더 밀접하게 보조를 맞춰야 한다고 주장했다.[17] 다른 사람들은 여성 조직을 건설하는 과정이 충분히 진행됐고, '여성의 소리 조직'이 SWP의 '자매' 조직인 독자적인 혁명적 여성 조직이 돼야 한다고 생각했다.[18]

이러한 혼란과 이견의 이면에는 무엇이 있었을까? 근본적으로 두 가지 문제가 있었다. 첫째는 우리가 활동하고 있던 정치적 시기 — 노동계급 투쟁의 침체기 — 에 대해 잘못 이해하고 있었다는 점이고, 둘째는 페미니즘의 성격에 대해 이론적으로 크게 잘못 이해하고 있었다는 점이다. 이 둘은 서로를 강화했다. 그래서 논쟁에 참여한 사람들이 대부분 무엇을 성취할 수 있는지에 대해 잘못된 과대평가를 내렸다. 적어도 처음에는 노동계급 여성들의 실질적 운동을 건설할 수 있다는 것을 의심한 사람이 없었다. 차이점은 SWP와 그 운동이 얼마나 밀접하게 연관 맺어야 하는지에 있었다. 이러한 과대평가는 일종의 의지주의(意志主義)로 나아갔다.

이것은 또다시 여성해방 문제에서 좌파 단체들이 문제라는 생각에 꼭 들어맞았다. 그러한 결론은 정치적으로 재앙적이었다. 그것은 "남성 좌파"에 대한 깊은 불신으로 이어졌고, 여성들은 자신들의 해방을 쟁취하기 위해 자율적으로 조직해야 한다는 생각을 강화했다.

실제로, '여성의 소리 조직' 건설의 기저에 있던 이론적 근거는 자율적 조직에 적합한 것이었다. 그 생각은 남녀가 같이 있는 사회주의 조직은 언제나 남성들이 지배하고 따라서 여성들은 독자적으로 조직을 건설해야 한다는 것을 암시했다. 이러한 생각은 다시 모든 여성은 모든 남성과 대립되는 공통점을 갖고 있다는 것, 즉 모든 남성이 여성 억압에 이해관계를 갖고 있다는 생각을 통해 강화됐다.

그러한 주장에는 사실적·이론적 기초가 없었고, 자본주의 사회에서 더 핵심적인 분열은 계급보다 성이라는 생각에 기초를 둔 것이었다. 그러나 1970년대 말이 되자 그 주장이 사회주의자들 사이에서도 널리 받아들여졌다. 공산당과 IMG 같은 조직들에서 자율성 이론을 채택한 것은 투쟁의 완전한 분리를 뜻했다. 여성들은 정치 행동에서 최선의 방침이 무엇이어야 하는지를 스스로 결정해야 했고, 개별 좌파 남성들은 — '남성' 단체들은 말할 것도 없고 — 여성들에게 영향을 주거나 심지어 논쟁을 해서도 안 됐다.

점점 더 많은 수의 페미니스트들이 노동당에 가입했는데, 이들은 이러한 투쟁의 분리가 아주 편리하다는 것을 깨달았다. 페미니스트들은 노동당이 자신들에게 여성이 자율적으로 조직할 '공간'을 줬다는 것을 근거로 남성 지배적이고, 친가족적이고, 엄청나게 성 차별적인 조직의 구성원이 된 것을 정당화했다. 노동당 당대회가 여성의 권리를 지지하는, 의미 없는 종잇조각에 불과한 결의안을 통과시킬 수 있다는 사실이 더한층 그러한 페미니스트들이 성 차별적인 당원들과 함께 노동당 안에 남아 있게 만들었다.

자율성 이론 덕분에 노동당 안의 성 차별적인 남성들이 효과적으로 책임을 면했다면, 혁명적 조직들에 그 이론이 미친 영향은 재앙적이었다. 그 이론은 집단적 투쟁과 이론적 정확성을 기하려는 노력을 멀리하고 모호한 자생적 감정들에 대한 찬양을 지향했다.

≪여성의 소리≫를 둘러싼 SWP 내부 논쟁의 경우에도 이것은 사실이었다. 여성 조직은 출발부터 우려와 이견을 불러일으켰는데, 왜냐하면 그것이 잘못된 생각에 기초를 뒀기 때문이었다. 노동계급 여성들을 남성들과 분리해서 조직하면 분리주의와 생활 방식 정치로 나아가게 된다는 것을 전혀 이해하지 못했던 것이다. 따라서 여성운동 내부에서 드러난 문제들이 SWP를 둘러싸고 재현된 것은 놀라운 일이 아니었다. 특히, ≪여성의 소리≫는 파업 같은 쟁점에서 멀어져 폭력이나 '밤을 되찾자', 심지어는 유독성 탐폰(!)과 같은 구체적 "여성 쟁점"으로 향하는, 미묘하지만 분명한 변화를 보였다.[19] 다시 말해서, 집단적 투쟁은 그것에 "여성적 측면"이 부족해 보이는 경우에는 우선순위에서 밀려났고, 대신 개인적 쟁점들이 강조됐다.

그러면서 ≪여성의 소리≫는 여성운동의 진정한 성격과 변화 과정을 인식하지 못하게 됐다. 그래서 예를 들면 1981년 안나 파츄스카는 공개서한에서 ≪스페어 립≫의 페미니스트들이 '여성해방'이라는 용어를 포기하고 '페미니즘'을 선택했다고 비판했다. 이것이 우연히 벌어진 일이나 단어의 뜻에 관한 문제가 아니라, 그 운동의 우경화에서 비롯했다는 것을 파츄스카는 이해하지 못했다.[20]

1979년에 ≪여성의 소리≫ 모임들이 당에 얼마나 밀접하게 연결돼야 하는지를 둘러싼 SWP 내부 투쟁에서 논쟁은 결정적 국면에 이르렀다. 더 엄격한 통제를 지지한 사람들이 그해 SWP 당대회에서 승리했다. 뒤이은 18개월 동안 개인이냐 집단이냐, 페미니즘이냐 사회주의냐, 그 외에 많은 문제들을 둘러싼 논쟁을 통해 풀리지 않은 긴장이 계속해서 불거졌다. 동시에 ≪여성의 소리≫ 모임들은 전진하지 못하고 많은 경우 쇠퇴하거나 때로는 심지어 사라졌는데, SWP 여성 당원들이 모임 운영에서 "발을 빼고", 점차 참여하지 않았기 때문이었다.

이것은 여성해방 사상이나 노동계급 여성들을 조직하는 것에 대한 신념이 부족해서가 아니었다. 그러나 이것은 ≪여성의 소리≫ 모임들과 당 지역 조직들이 점차 서로 다른 방향으로 나아가고 있다는 증거였다. 여성 모임들에는 "여성 활동"만 남은 반면, 지역 조직들은 여성 노동자들과 관련된 산업 활동을 포함해서 다른 모든 문제들을 다뤘기 때문이다. 이것은 많은 개별 여성 당원들이 자신들이 고립돼 있음을 깨달았다는 것을 뜻했다.

사태의 흐름은 점차 분명해졌다. ≪여성의 소리≫는 남성 지배적 조직이 "거부한" 일단의 여성들을 혁명정당으로 획득하기는커녕, 당을 빠져 나가는 중간 다리가 되고 있었다. 1981년 SWP 내에서 이와 비슷한 내용을 둘러싸고 치열한 논쟁이 벌어졌고, 당대회에서 압도 다수가 ≪여성의 소리≫ 모임들을 폐쇄하는 데 찬성했다. 이듬해에는 잡지도 폐간됐다.

투쟁이 매우 오래 이어졌고 일부 논쟁은 매우 신랄하게 벌어져 상처를 남기기도 했지만, 최종 결과는 더 큰 이론적 명확성이었다. 논쟁에서 드러난 문제는 그러한 명확성이 전반적으로 부족했고, 이론적으로 혼란스러웠으며, 여성 조직화 문제에 대한 마르크스주의 전통을 알지 못했다는 점이었다.

남성들과 분리된 여성들의 독자적 혁명 조직이라는 개념은 마르크스주의 이론에 기초를 둔 것이 전혀 아니라, 페미니스트 이론과 타협하려는 노력이었다는 것을 대다수가 인정했다. 심지어 ≪여성의 소리≫를 지지했던 SWP의 여성들(과 남성들) 중 많은 사람들도 이 사실을 인정했다. 당을 떠난 사람들은 적었다. 특히 일부가 주장했던 것과 달리, 분리된 조직에서 철수하는 것이 여성해방에 대한 신념을 포기하는 것을 뜻하지 않는다는 점이 명확해졌을 때, 당을 떠난 사람은 소수였다.

아마 많은 사람들로 하여금 방향을 바꾸게 한 더 결정적인 요소는 당시 여성운동의 끔찍한 상태였을지도 모른다. 심지어 여성운동에서 가장 종파적인 사람들 중 일부도 이러한 상황을 인정했다. ≪페미니스트 리뷰≫는 1982년의 한 우울한 사설에서 다음과 같이 증언한다.

> 집단으로서 사회주의 페미니스트들은 정치적 활동을 주도한 적이 거의 없고 운동의 중심에 선 적도 거의 없다. 반면에 개별 사회주의 페미니스트들은 정치적으로 활발했다. 1980년 11월 제국주의에 대한 사회주의 페미니스트 대회도, 비록 중요하기는 했지만, 이 나라 여성들의 투쟁을 극소화하고 조직의 자신감을 떨어뜨리는 결과를 가져왔다.[21]

선택지는 단순했다. 혁명적 조직에 남느냐, 아무것도 하지 않는 상태에 빠질 것이냐, 아니면 노동당에 들어갈 것이냐. 첫째를 선택한 사람은 소수였는데, 다른 두 가지를 선택한 사람들을 보고 그렇게 하게 된 경우가 많았다. 특히 개량주의 페미니즘의 우세는 좌파에게 타산지석이 됐다. 한때 계급사회의 근본적 변혁을 위해 투쟁했던 사람들이 이제 점점 더 보잘것없는 것만 "지금 이 시점에서" 선택했기 때문이다. 1970년대 페미니스트들 가운데 많은 수가 1980년대 중후반 노동당 지방정부가 실행한 복지·교육·보건 지출 삭감을 관장하게 됐다. 그들의 운명은 여성을 억압하는 계급사회라는 구조에 맞서지 못한 여성운동의 결말을 보여 준다.

11 :: 여성해방을 위한 계급투쟁

20년 전, 여성해방을 위한 투쟁은 많은 사람들에게 비교적 쉬운 일로 보였을지 모른다. 교육, 법률 제정, 긍정적 차별이 결합돼 여성 평등 의식이 확산되고 여성 평등을 더욱 자극했다. 어쨌든, 그 요구 사항은 매우 정당했다. 1970년대 초 어떤 파업 대열의 팻말에는 이렇게 적혀 있었다. "우리는 여성의 권리를 원할 뿐이다." 그러나 경험이 보여 주듯이, 그것은 생각보다 훨씬 더 쟁취하기 어려운 것이었다.

지난 20년 세월은 "가깝고도 멀다"는 말의 의미를 보여 준 한 예였다. 여성의 권리가 진정으로 신장된 예들이 있다. 오늘날 여성들은 노동자로서 훨씬 더 인정받는다. 출산과 결혼이 모두 줄어드는 추세이고 이혼은 가파르게 늘어났다. 훨씬 더 많은 여성들이 고등교육을 받는다. 그리고 이 모든 것은 여성들이 임금노동에 대규모로 참여하는 것이 일시적 현상이 아니라 후기 자본주의의 영구적 특징이라는 점을 보여 준다.

그러나 이러한 변화들은 낡은 역할에 대한 **부분적** 도전이지 완전한 변화는 아니다. 어머니와 가정주부라는 전통적 역할의 속박에서 벗어난 이러한 자유는 자본축적의 필요가 지배하는 사회의 테두리 안에 있을 뿐이다. 따라서 그 자유란 환상이다. 그것은 진정한 해방과 별 관련이 없다. 오히려 그 반대다. 그러한 자유는 개별화된 재생산이 계속 유지되고 그와 더불어 착취당할 가능성이 훨씬 더 크다는 것을 뜻한다.

이것이 자본주의의 여성 억압의 핵심적 모순이다. 우리가 앞서 살펴봤듯이, 체제의 경쟁적 본성은 가족이 계속해서 노동력 재생산의 주된 도구가 되게 만든다. 따라서 가족을 통한 여성 억압을 끝장내고 해방을 쟁취하려는 투쟁은 필연적으로 착취와 억압을 낳는 체제를 끝장내는 투쟁과 서로 연결된다.

그러나 여성해방운동과 페미니스트들 사이에서 우세한 사상은 이러한 분석 틀에서 출발하지 않는다. 반대로, 가부장제 이론은 해방을 쟁취할 수 있는 방법에 대한 명확한 전략을 전혀 제시하지 못한다. 이것은 노동당과 노동조합, 그리고 여성운동 자체가 여성 문제를 해결하지 못한 이유를 어느 정도 설명해 준다. 체제 내부 개혁에 안주하는 것은 여성해방을 쟁취하는 데 필요한 것보다 더 적은 것만을 받아들인다는 뜻이다.

따라서 대다수 페미니스트들의 요구 사항은 점점 더 제한된 진보에 맞춰졌는데, 그들은 그것이 자신들이 쟁취할 수 있는 최선의 것이라고 생각했다. 동시에 개량주의 페미니즘은 그러한 제한된 변화조차 이행할 수 없다는 것이 더욱 명백해졌다. 자본주의 사회의 혁명적 전복 없이 여성해방을 쟁취할 수는 없다.

그 이유를 이해하려면, 우리는 억압이 존재하는 이유에 대한 명확한 분석을 발전시켜야 한다. 그것의 핵심은 계급사회의 존재다. 엥겔스의 저

작은 계급사회의 발전과 "여성의 세계사적 패배"[1]를 명쾌하게 연결한다. 그의 책 제목 ≪가족, 사유재산, 국가의 기원≫은 이 점을 분명하게 드러낸다. 일단 사회가 부의 잉여를 생산하면, 그 잉여에 접근할 수 있는 사람들은 잉여에 대한 자신들의 통제력을 유지해야 한다. 따라서 잉여 생산과 계급사회의 등장은 관련이 있다. 계급사회에서는 부를 한 세대에서 다른 세대로 넘겨주기 위해 가족 안에서 일부일처라는 성의 관계가 필요해졌다. 지배계급의 등장과 함께, 지배자들의 부와 권력을 보호하는 국가가 발전했다.

몇몇 페미니스트들은 엥겔스의 이러한 분석에 엄청난 중상모략을 퍼붓는데, 이들이 엥겔스의 분석을 비판하는 이유는 그것이 부정확한 인류학적 증거에 바탕을 뒀다는 것이었다. 일부 증거들이 틀렸음이 입증됐다는 것은 사실이다. 그러나 더 최근의 많은 인류학 연구들이 엥겔스의 주장을 대부분 사실로서 뒷받침한 것 또한 사실이다.[2] 그의 기본 명제는 여전히 유효하다.

엥겔스가 1백 년 전에 이룬 성과는 남성 지배가 언제나 규범이었다는 ─ 또는 많은 사회에서 전형적이었다는 ─ 신화를 타파한 것이었다. 그는 남성의 지배와 여성의 종속이 불변의 진리가 아니라 **사회적 구성물**이라고 주장했다. 그는 초기 사회들 ─ 그가 "원시 공산주의"라고 부른 ─ 을 근거로 그러한 주장을 펼쳤는데, 그 사회들에서는 여성이라는 것이 필연적 오점이나 열세가 전혀 아니었다. 그 사회들에서 두 성 사이의 초기 분업이 존재했다는 것은 사실이다. 그러나 그러한 분업은 사회에서 한 가지 종류의 노동이 다른 것보다 더 높은 가치를 갖는 것에 기초를 두지 않았다. 따라서 거기에는 여성 억압의 물적 토대가 존재하지 않았다. 실제로 다양한 여러 사회들에서 여성의 지위가 매우 높았다는 증거가 있다.

엥겔스, 그리고 마르크스의 주장은 비교적 간명했다. 여성 억압이 없는 사회들이 존재했고, 여성 억압의 발전은 계급사회의 등장·존속과 연관이 있다. 따라서 계급사회를 끝장낼 때만 여성 억압을 과거의 것으로 만들 수 있다.

이러한 주장은 여성이 당연히 있어야 할 곳은 가정에서 아이들을 돌보고 남편을 섬기는 것이라는 부르주아 사회의 지배적 사상 체계에 구멍을 냈다. 그러나 최근 들어 페미니스트 이론가들이 그 주장에 도전했는데, 왜냐하면 바로 그 주장이 여성 억압을 개별 남성들의 행동이 아니라 계급사회와 결부시켰기 때문이다.

가부장제 이론의 중심에는 — 그것이 아무리 계급사회 분석인 양 치장한다 해도 — 이미 정해진 생물학적 성별 차이가 여성 억압을 결정한다는 생각이 존재한다. 따라서 가부장제 이론을 지지하는 사람들은 여성 억압 이면에 계급사회가 있다는 사실을 부정한다. 그리고 이러한 부정은 집단적 계급 행동보다는 개인적 변화가 억압의 해결책이라는 결론으로 이어진다.

가부장제 이론가들은 그 주장을 더욱 발전시킨다. 그들은 계급사회가 여성 억압을 야기하는 데서 기껏해야 부차적이라고 말할 뿐 아니라, 계급이 사회 내부의 핵심적 분열은 아니라고 말한다. 그들이 말하기를, 모든 여성에게는 (모든 남성이 공통으로 가부장적 특권을 갖고 있는 것과 꼭 마찬가지로) 공통점이 있다. 그들이 모든 여성은 계급에 상관없이 여성 문제에 공감할 수 있다고 주장하는 것은 이러한 생각에서 비롯한다.

그러나 현실에서는 서로 다른 계급의 여성들 사이에 엄청난 차이점이 존재한다. 지배계급 여성은 노동하는 남성과 여성한테서 뽑아낸 잉여가치에서 직접적 이득을 얻는다. 많은 중간계급 여성들은 기술직과 관리직 같은 새로운 중간계급의 일부다. 나머지 중간계급은 의사나 변호사 같은 전문직으로서, 그들은 지위나 소득 측면에서 대다수 노동계급 사람들과는 아주 거리가 멀다. 중간계급이나 상층계급 여성들에게는 자신들이 누리는 물질적 이득을 통해 억압을 완화할 수 있는 온갖 방법이 존재한다. 이 때문에 그들의 억압이 사라지는 것은 아니다. 그러나 보모를 구할 수 있고, 다양한 서비스를 가정에서 수행하는 것이 아니라 시장에서 구입할 수 있고, 자가용이나 다른 물건들을 가질 수 있는 것 등 이 모든 것들이 상황을 더 낫게 만든다.

모든 여성이 경제적·사회적 권력을 갖고 있는 것은 아니라는 점이 더욱 중요하다. 많은 중간계급·상층계급 여성들이 그러한 권력을 획득할 수 있다. 그들은 자신들의 계급 안에서는 억압받을지도 모르지만, 동시에 다른 사람들을 억압하는 (또는 때때로 착취하는) 사람일 수도 있다.

이러한 주장의 필연적 결론은 노동계급 남성은 여성을 억압하는 사람이 아니라는 것이다. 노동계급에 대한 착취 때문에 노동자들 개인은 무기력해지고 소외감을 느낀다. 그리고 바로 이 착취 때문에, 계급 분열이 사회 내부에서 가장 중요하고 근본적인 분열이 되는 것이다.

따라서 여성 억압은 계급사회의 붙박이 장롱이다. 이와 함께 착취당하는 계급인 노동계급, 남성과 여성은 계급사회를 전복하는 데 커다란 이해관계를 갖고 있고, 또 그렇게 할 수 있는 능력도 지니고 있다. 여성해방의 열쇠는 사회혁명의 과정에 있다. 오직 사회혁명만이 계급사회를 끝장낼 수 있다.

여성해방과 혁명은 단지 공상이 아니다. 근대의 모든 혁명운동은 여성의 활동을 분출시키고 새로운 여성해방 사상을 꽃피우게 했다. 여성들은 전통적 역할을 거부하고 자신들의 운명을 바꾸는 데 지도적 구실을 했다.[3]

그 이유는 단순하다. 사회변혁 투쟁을 통해 우리의 사상은 개인적 차원이 아니라 더 광범한 차원으로 변한다. 함께 투쟁하는 노동자들과 억압받는 집단들은 이전에 자유·해방·사회주의 같은 사상들을 한 번도 생각해 본 적 없는 사람들이 그러한 사상을 받아들이게 만든다.

1917년 러시아 혁명은 그러한 변화의 절정을 보여 주는 것으로서, 당시 노동자 혁명은 유럽에서 가장 후진적인 나라들 가운데 하나가 다른 곳에서는 꿈도 꾸지 못할 변화에 착수하게끔 만들었다. 볼셰비키 당이 세운 제노텔(여성부)은 가난·문맹·미신이 엄청나게 만연한 상황에서도 선구자적인 성공을 거둘 수 있었다. 제노텔은 아주 낮은 수준에서 출발해야 했다. 왜냐하면 짜르 통치 아래에서 여성들은 계속해서 개인 소유물이나 아버지와 남편의 재산으로 취급받았기 때문이었다.[4] 그러나 사회화된 보육·세탁·식당 등이 개별 가족(따라서 곧 개별 어머니들)이 떠맡던 일들을 사회 전체가 책임지도록 돕는 수단이 됐다. 여성의 권리에 대한 법적 구속이 사라졌다. 낙태·피임·이혼이 가능해졌고 종교와 결혼이 분리됐다. 임신 중이거나 수유 중인 어머니들은 여러 가지 특별 지원을 받게 됐다. 쉴라 로보썸이 지적했듯이,

오늘날에는 이러한 것들이 별것 아닌 아주 기초적인 개혁처럼 보이지만, 러시아 상황에서는 놀라운 성취였다.[5]

트로츠키도 1930년대 어느 미국 기자와 한 인터뷰에서 비슷한 견해를 표명했다. 혁명 뒤 러시아에서 여성의 지위는 그 어떤 선진 자본주의 나라들보다 훨씬 더 높았다. "신청만 하면 이혼을 할 수 있다는 것이 사실입니까?" 하는 질문을 받고 그는 이렇게 대답했다. "물론 사실입니다. 이렇게 질문하는 게 더 적절했을 것 같네요. '아직도 어느 한쪽의 신청으로 이혼할 수 없는 나라들이 있다는 게 사실인가요?'"[6]

삶의 다른 모든 측면과 마찬가지로, 혁명은 여성의 지위, 그리고 여성에 대한 남성의 태도를 극적으로 바꿔 놓았다. 물론 몇 년 안 되는 짧은 기간 동안 수세대에 걸쳐 내려온 유산을 극복할 수는 없었다. 일부 개혁들은 고통스러울 정도로 느리게 진행됐다. 내전·고립·기아에 시달린 혁명의 빈곤 때문에 그러한 개혁들은 이상(理想)에 도달하지 못했다.

결국, 그러한 개혁들은 비교적 단명했다. 1920년대 말에 스탈린이 서방을 따라잡고 그것을 능가하기 위해 노력하는 와중에, 혁명적 성과는 무너졌다. 여성해방의 필요성은 또다시 축척 몰이에 종속됐다. 1930년대에 여성들은 여전히 노동인구의 일부였지만 개별화된 보육의 부담을 또다시 짊어져야 했다. 모성은 국가주의의 이름으로 찬양받았고, 몇 명 이상의 아이들을 낳은 사람들은 훈장을 받았다. 오직 점점 더 많은 특권을 누리게 된 관료들만이 해방된 생활 방식에 가까운 삶을 누렸다.[7]

그러나 러시아 혁명 처음 몇 년 동안의 경험은 혁명적 변화만이 여성해방을 쟁취하는 유일한 수단임을 보여 주는 증거다. 역사상 다른 어떤 사건도 그에 근접하지 못했다.

이러한 결론을 두고 일부 페미니스트들은 혁명적 사회주의자들이 여성해방을 위한 모든 투쟁을 "혁명 뒤"로 미뤄 두기를 원한다고 비난한다.

그러나 혁명가들은 두 가지를 대립시키지 않는다. 로자 룩셈부르크가 썼듯이, 혁명가들은 혁명이라는 목표를 가지고 있기 때문에 개혁을 위해 가장 열심히 투쟁하는 투사들이다. 체제 개혁에 자신들을 제한하려는 사람들이야말로 여성의 삶을 개선하는 것을 포함한 여러 개혁들을 거듭 평가절하 한다.

최근 몇 년 동안의 경험은 이 점을 증명해 보였다. 사회주의자들이 낙태와 동일임금 같은 쟁점들을 둘러싼 투쟁을 지도했다. 혁명가들은 이러한 운동의 선두에 서 있다. 왜냐하면 그들은 성공적인 투쟁은 개별 여성들을 돕는 동시에 노동계급의 전반적 투쟁력을 강화한다는 점을 이해하기 때문이다. 따라서 성공적인 투쟁은 노동계급과 억압받는 사람들의 자신감을 모두 끌어올리고, 그리하여 사회의 혁명적 전복으로 나아가는 데 도움이 된다.

사회의 혁명적 전복이 여성해방을 이루는 데 필수적이기는 하지만, 그러한 전복이 자동적으로 발생하지는 않을 것이다. 그것을 위해서는 조직이 필요하다. 이러한 조직은 노동당 안에서 생겨나지 않을 것이고, 자율적인 여성운동이 할 수도 없을 것이다. 해방을 위한 투쟁은 사회를 변화시킬 수 있는 유일한 힘인 노동계급, 특히 여성과 남성 둘 다로 구성된 혁명정당을 통해 조직된 노동계급에 기초를 둬야 한다.

우리는 노동계급 투쟁이 벌어질 때 여성들이 전면에 나서서 투쟁하는 모습을 이미 살펴봤다. 1840년대 차티스트 운동부터 시작해서 1880년대 신노동조합 운동, 1910~1914년 대혼란기, 1960년대 말과 1970년대 초의 투쟁에 이르기까지 여성들은 흔히 투쟁에서 결정적 구실을 했다. 심지어 대처 정권에서도 간호사들과 광부 아내들은 눈에 띄는 최고의 계급 투사들이었다.

다시 투쟁이 떠오를 때, 우리는 9백만 여성 노동자들이 다시 한 번 조직되고 투쟁을 벌이고, 그 과정에서 그들 자신과 자신들이 살고 있는 세계를 바꾸기 시작할 것이라고 자신할 수 있다. 그때 우리는 여성 노동자들 사이에서 해방을 위한 진정한 잠재력을 보게 될 것이다. 이것은 계급사회의 한계를 영원히 끝장냄으로써 전 인류를 해방할 수 있는 혁명적 변화를 위한 잠재력이기도 하다.

후주

머리말

1. *Social Trends* (London, 1994), p 44.
2. *Social Trends* (London, 1994), p 62.
3. *The Economist* (London, 1994), 5 March, p 96.
4. Patricia Hewitt, *About Time* (London, 1993), p 19.
5. *The Economist*, 5 March 1994, p 97.
6. Hewitt, *About Time*, p 19.
7. Hewitt, *About Time*, p 15.
8. Hewitt, *About Time*, p 14.
9. *The Economist*, 5 March 1994, p 97.
10. *The Economist*, 5 March 1994, p 97에 인용된 Jane Waldffogel (LSE), "Women working for less".
11. *Social Trends (London,* 1994), p 38.
12. *Social Trends*, 같은 책, p 37.
13. *Social Trends*, 같은 책, p 36.
14. Jan Neilsen, "Family Values : the Big Lie", in *Socialist Review* (London), no 171, January 1994.
15. Sharon Smith, "The Two Year Plan", in *Socialist Review* (London), no 172, February 1994.
16. *Social Trends* (London, 1994), p 77.
17. *Socialist Worker* (US Chicago), no 203, March 1994.
18. Hewitt, *About Time*, p 57.

19 Hewitt, *About Time*, p 58.
20 Hewitt, *About Time*, p 58.
21 *Social Trends* (London, 1994), p 146.
22 Susan Faludi, *Backlash* (London, 1992).
23 Katie Roiphe, *The Morning After* (London, 1994). 이 책에 대한 서평은 Sharon Smith, "The Right Turn to Rape", in *Socialist Review* (London, 1993), December 참조.
24 *Social Trends* (London, 1994), p 147.
25 "Still a Long Road to Equality", in *Labour Research* (London, 1994), March.

01 자본주의와 가족

1 Ferdinand Mount, *The Subversive Family* (London, 1982), ch 2.
2 Edward Shorter, *The Making of the Modern Family* (London, 1975) ; Lawrence Stone, *The Family, Sex and Marriage in England 1500~1800* (London, 1977) ; Philippe Aries, *Centuries of Childhood : A Social History of Family Life* (London, 1965) 참조.
3 Margaret Hewitt, *Wives and Mothers in Victorian Industry* (London, 1958), p 3.
4 이 시기에 대한 상세한 묘사는 Ivy Pinchbeck, *Women Workers and the Industrial Revolution 1750~1850* (London, 1981), Section 1 참조.
5 Pinchbeck, p 69.
6 Pinchbeck, p 51.
7 Pinchbeck, p 184.
8 Pinchbeck, p 185.
9 Neil Smelser, *Social Change in the Industrial Revolution* (London and Chicago, 1959), p 202 참조.
10 Smelser, p 200.
11 Marian Ramelson, *The Petticoat Rebellion* (London, 1967), p 24.
12 Friedrich Engels, *The Condition of the Working Class in England*

(Moscow 1973), p 182.[국역 : ≪영국 노동자 계급의 상태≫, 세계] 그리고 Catherine Hall의 에세이 "The home turned upside down", in Whitelegg (ed), *The Changing Experience of Women* (Oxford, 1982), pp 17~29도 참조.

13 Hewitt, pp 63~64에 인용된 엘렌 발리(Ellen Barlee)의 랭커서 기행문.
14 Michele Barrett and Mary McIntosh, "The Family Wage", in Whitelegg, p 74.
15 Karl Marx and Friedrich Engels, *The Communist Manifesto*[국역 : ≪공산주의 선언≫, 박종철출판사], in *Selected Works* (Moscow, 1968), pp 49~50.
16 Friedrich Engels, *The Origin of the Family, Private Property and the State* (Peking, 1978), p 75.[국역 : ≪가족, 사유재산, 국가의 기원≫, 아침]
17 Karl Marx and Friedrich Engels, *The German Ideology* (Moscow, 1964), p 44.[국역 : ≪독일 이데올로기 I≫, 두레]
18 Engels, *Condition*, p 184.
19 Engels, *Origin*, p 94.
20 Michael Anderson, *Family Structure in 19th Century Lancashire* (Cambridge, 1971), p 115 ; R Burr Litchfield, "The Family and the Mill", in Anthony Wohl(ed), *The Victorian Family* (London, 1978), p 182 ; and Hewitt, ch 8 참조.
21 Hewitt, pp 21~22.
22 Karl Marx, *Capital*, vol 1 (Harmondsworth, 1976), p 521.[국역 : ≪자본론≫, 비봉]
23 Marx, *Capital*, vol 1, p 393.
24 Hewitt, p 25.
25 닐 스멜서(Neil Smelser)는 13세 이하 아동의 노동시간을 8시간으로 단축한 1833년 법 때문에 아버지 — 그만큼 노동시간이 단축되지 않았다 — 와 아이의 관계가 끊겼다고 주장한다. 이렇게 해서 아이들은 더는 전통적인 가족 분업을 하지 않게 됐다(Smelser, p 241).
26 Pinchbeck, p 244.
27 Pinchbeck, p 244에 인용된 Royal Commission Report 1842.
28 Jane Humphries, "Protective Legislation, the Capitalist State and Working-

Class Men : The Case of the 1842 Mines Regulation Act", in *Feminist Review* (London), no 7, Spring 1981, p 7 참조. 그리고 Pinchbeck, p 247도 참조.
29 Humphries, in *Feminist Review*, no 7, pp 8~9.
30 Humphries, in *Feminist Review*, no 7, p 8.
31 Pinchbeck, p 264.
32 Humphries, in *Feminist Review*, no 7, p 15.
33 Jane Humphries, "The Working-Class Family, Women's Liberation and Class Struggle : The Case of Nineteenth Century British History", in *Review of Radical Political Economics* (New York), vol 9, no 3, 1977, p 36.
34 Humphries, in *Feminist Review*, no 7, p 23.
35 Humphries, in *Feminist Review*, no 7, p 23.
36 Diana Gittins, *The Fair Sex* (London, 1982), p 39 참조.
37 Engels, *Condition*, p 323.
38 Pinchbeck, p 102.
39 Engels, *Condition*, p 324.
40 Johanna Brenner, "Women's Self-Organization : a Marxist Justification", in *Against the Current* (New York), Fall 1980 참조. 그는 실질적으로 산업자본주의 때문에 노동계급의 재생산이 위험에 처했다고 주장한다. 그리고 Jane Humphries, "Class Struggle and the Persistence of the Working Class Family", in *Cambridge Journal of Economics*, vol 1 (September 1977), reprinted in Alice Amsden (ed), *The Economics of Women and Work* (Harmondsworth, 1980)도 참조.
41 Marx, *Capital*, vol 1, p 518.
42 Barbara Taylor, *Eve and the New Jerusalem* (London, 1983), p 203에서 재인용.
43 Barbara Drake, *Women in Trade Unions* (Virago : London, 1984), p 6.
44 Hewitt, p 18.
45 Taylor, p 114.
46 Pinchbeck, p 101.
47 Humphries, in *Feminist Review*, no 7, pp 11~13 참조.
48 Anderson, p 114.

49 Humphries, in *Review of Radical Political Economics*, vol 9, no 3, p 36.
50 Pinchbeck, p 2.
51 Diana Gittins, *The Family in Question* (London, 1985), p 29.
52 이것에 대한 것이나 다른 예들을 보려면 Jane Lewis, *Women in England 1870~1950* (Brighton, 1984), pp 47~48 참조.
53 Burr Litchfield, in Wohl, p 185.
54 Burr Litchfield, in Wohl, p 182.
55 Hewitt, p 13.
56 Hewitt, p 19.
57 William Goodsell, *A History of the Family as a Social and Educational Institution* (USA, 1915), p 424.
58 Louise Tilly and Joan Scott, *Women, Work and Family* (Holt Rinehart and Winston : New York and London, 1978), pp 134~135.
59 Nancy Grey Osterud, "Gender Divisions and the Organization of Work in the Leicester Hosiery Industry", in Angela John (ed), *Unequal Opportunities : Women's Employment in England 1800~1918* (Oxford, 1986), p 59.
60 Clementina Black (ed), *Married Women's Work* (London, 1983).
61 Dorothy Thompson, "Women and Nineteenth Century Radical Politics", in Juliet Mitchell and Ann Oakley (eds), *The Rights and Wrongs of Women* (Harmondsworth, 1976), p 137.
62 Thompson in Mitchell and Oakley, pp 123~126.
63 Thompson in Mitchell and Oakley, p 137.
64 Gittins, *Fair Sex*, p 38.
65 Richard Sennett, *Families Against the City : Middle Class Homes in Industrial Chicago 1872~1890* (Cambridge, Mass., 1970), p 50.
66 Sennett, p 53.
67 Tony Cliff, *Class Struggle and Women's Liberation* (Bookmarks : London, 1985), p 205도 참조.[국역 : ≪여성, 이중의 굴레≫, 유월]
68 Wanda Minge, "The Industrial Revolution and the European Family : 'Childhood' as a Market for Family Labor", in Eleanor Leacock, Helen

Safa and others, *Women's Work* (Massachusetts, 1986), p 20.
69 Humphries, in Amsden, pp 154 and 151.
70 그러나 이 통계 수치들도 모순적이기는 하다. Viola Klein, *Britain's Married Women Workers* (London, 1965), pp 27~28에 실려 있는 1901년과 1911년 인구조사 통계 수치들을 참조하시오. 그러나 일반적으로 기혼 여성 노동자들은 전체적으로 약 10퍼센트를 차지했다. 최근 논문에 따르면, 미국에서는 그 수치가 더 낮았다. "미국에서 중요한 법 제정이 있기 전인 1887년에, 공장에서 일하는 전체 여성 노동자의 4퍼센트만이 기혼이었다." (Johanna Brenner and Maria Ramas, "Rethinking Women's Oppression", in *New Left Review* [London], no 144, March/April 1984).
71 Ann Oakley, *Housewife* (Harmondsworth, 1976), p 44.
72 Christopher Lasch, *Haven in a Heartless World* (New York, 1977), p 8.

02 오늘날의 가족

1 Lillian Rubin, *Worlds of Pain* (New York, 1976), p 41.
2 *Social Trends 1988*.
3 *General Household Survey 1983*.
4 *Social Trends 1988*.
5 Jonathan Bradshaw and Jane Morgan, "Budgeting on Benefit", in *New Society* (London), 6 March 1987 참조.
6 Kirsty Milne, "Why Women are Still Paid Less", in *New Society*, 3 April 1987에서 재인용.
7 Bradshaw and Morgan, in *New Society*, 6 March 1987.
8 최근에 신용카드 붐이 일어, 1986년 말까지 비자카드는 1천2백10만 개, 액세스카드는 9백80만 개가 발행됐다. 1975년 말에는 그 수가 각각 3백만 개 정도였다. 1987년 3월에 연체된 소비자 신용 부채 총액은 3백10억 파운드에 달했다(*Social Trends 1988*).
9 *Social Trends 1988*.
10 Jean Renvoize, *Web of Violence* (London, 1978), pp 113~124.
11 Renvoize, p 50.

12 Renvoize, p 40.
13 Renvoize, p 32.
14 Renvoize, p 171.
15 Lindsey German, "Child abuse", in *Socialist Worker Review* (London), no 112, September 1988에서 재인용.
16 Rubin, p 30.
17 Rubin, ch 9.
18 *Social Trends 1988*. 미국에서도 이와 비슷한 경향이 있다. 미국통계국에 따르면, 1985년 달러 기준으로 연간 2만 달러 이하 소득자는 1973년에 30.7퍼센트에서 1985년에는 34퍼센트로 증가했다. 반면, 5만 달러 이상 소득자는 16.5퍼센트에서 18.3퍼센트로 증가했다(*Democratic Left*, vol xv, no 4, September~October 1987).
19 A J Brayshaw, *Public Policy and Family Life* (London, 1980), p 23.
20 Renvoize, p 171.
21 Renvoize, p 23에 인용된 레빙거(Levinger)의 연구.
22 Rubin, p 36.
23 Rubin, p 93.
24 Rubin, p 97.
25 어지간히 괜찮은 음식은 점차 중간계급들만 누릴 수 있는 특권이 됐으며, 노동계급은 상대적으로 값이 싸다는 이유로 흔히 질이 떨어지는 식사를 해야만 했다. 예를 들어, 잘라놓은 흰 빵의 가격은 때때로 자르지 않은 갈색 빵의 거의 절반밖에 안 됐다.
26 Pinchbeck, p 133.
27 Engels, *Origin*, 초판 서문.
28 Kath Ennis, "Women's Consciousness", in *International Socialism* (London), no 1:68, April 1974.
29 여성 부불노동의 실제 경제적 가치는, 아내의 모든 기능을 상품으로 구입할 경우 개방된 시장에서 '아내'의 가격이 얼마일지를 여러 보험회사들이 평가한 것을 통해 알 수 있다. 그 일주일치 가격은 남성 주당 평균 임금의 거의 두 배이다.
30 *New Earnings Survey 1986* (Department of Employment : London).

31 *New Earnings Survey 1986*. 그러나 이는 보이는 것처럼 단순하지 않다. 고용된 전체 남성의 49퍼센트와 여성의 59.7퍼센트는 평균 36~40시간 일한다. 그러나 40~48시간 일하는 남성이 23.6퍼센트이고 48시간 이상 일하는 남성이 15.6퍼센트는 반면, 여성은 각각 8.3퍼센트와 1.8퍼센트에 불과했다. 다른 조사에서는 전일제 노동을 하는 아내를 둔 남성은 시간제 일을 하는 아내를 둔 남성보다 적게 일한다고 지적한다(Martin and Roberts, ch 4).
32 *Social Trends 1988*.
33 Harry Braverman, *Labor and Monopoly Capital* (New Tork and London, 1974), p 276.
34 *Social Trends 1988*.
35 Braverman, p 276.
36 Braverman, p 278.
37 Karl Marx, "Wage Labour and Capital", in *Selected Works* (vol 1) (Moscow and London, 1968), p 74.
38 Humphries, in Amsden, p 140.
39 Gittins, *Family in Question*, pp 82~83.
40 Gittins, *Family in Question*, p 101.
41 *Social Trends 1987*.
42 *Social Trends 1987*.
43 Jonathan Brayshaw and Jane Morgan, "Budgeting on Benefit : the Consumption of Families on Social Security" (Family Policy Studies Centre, 1987).
44 Mount, p 172.
45 Brayshaw, p 16.
46 Chris Harman, *Explaining the Crisis* (Bookmarks : London, 1984), p 105 참조.
47 Harman, p 106.

03 가족 이론

1 Engels, *Origin*, 초판 서문.

2   Marx and Engels, *German Ideology*, p 35.
3   Marx and Engels, *Communist Manifesto*, pp 30~31.
4   Kate Millett, *Sexual Politics* (London, 1971), p 36.[국역 : ≪성의 정치학≫, 현대사상사]
5   Shulamith Firestone, *The Dialectic of Sex* (London, 1971), p 11.[국역 : ≪성의 변증법≫, 풀빛]
6   Juliet Mitchell, *Psychoanalysis and Feminism* (London, 1975), p 412.
7   Christine Delphy, "The main enemy", in *Close to Home* (London, 1984), p 69.
8   Delphy, p 71.
9   Delphy, p 76.
10 Sheila Rowbotham, *Woman's Consciousness, Man's World* (Harmondsworth, 1973), p 62.
11 Rowbotham, pp 64~65.
12 Engels, *Origin*, p 4.
13 Engels, *Origin*, p 4.
14 Engels, *Origin*, p 5.
15 Annette Kuhn, "Structures of Patriarchy and Capital in the Family", in Annette Kuhn and Ann-Marie Wolpe (eds), *Feminism and Materialism* (London, 1978), p 65.
16 Karl Marx, preface to *A Contribution to the Critique of Political Economy* (London, 1971)[국역 : ≪정치경제학 비판을 위하여≫에 실린 "정치경제학 비판 서설", 중원문화사]
17 Annette Kuhn, in Kuhn and Wolpe, p 53.
18 Roisin McDonough and Rachel Harrison, "Patriarchy and Relations of Production", in Kuhn and Wolpe, p 28.
19 Joan Smith, "Women and the Family", part 1, in *International Socialism*, no 1:100, July 1977.
20 Irene Bruegel, "What Keeps the Family Going?" in *International Socialism*, no 2:1, summer 1978.
21 Chris Harman, "Base and Superstructure", in *International Socialism*, no

2:32, Summer 1986.
22 Marx and Engels, *German Ideology*, p 49.
23 예컨대 John Harrison, "The Political Economy of Housework", in *Bulletin of the Conference of Socialist Economists*, vol 4 (London, Spring 1974) ; Wally Seccombe, "The Housewife and Her Labour under Capitalism", in *New Left Review*, no 83, 1974 참조.
24 Mariarosa DallaCosta and Selma James, *The Power of Women and the Subversion of the Community* (Bristol, 1975).
25 "Women's Domestic Labour", in *On the Political Economy of Women* (London, 1977), p 10.
26 *On the Political Economy of Women*, p 9.
27 *On the Political Economy of Women*, p 13.
28 예컨대 Paul Smith, "Domestic Labour and Marx's Theory of Value", in Kuhn and Wolpe, p 214 참조.
29 McDonough and Harrison, in Kuhn and Wolpe, p 34.
30 Heidi Hartmann, "The Unhappy Marriage of Marxism and Feminism", in *Capital and Class* (London), no 8, Summer 1979, p 11.[국역 : ≪여성해방이론의 쟁점≫에 실린 "마르크스주의와 여성해방론의 불행한 결혼 : 보다 발전적인 결합을 위하여", 태암]
31 Hartmann, in *Capital and Class*, no 8, p 6.
32 "Developing a Theory of Capitalist Patriarchy", in Zillah Eisenstein (ed), *Capitalist Partriarchy and the Case for Socialist Feminism* (Monthly Review Press : New York, 1978), pp 5~40.[국역 : ≪여성해방이론의 쟁점≫에 실린 "자본주의적 가부장제이론과 사회주의 여성해방론의 계발", 태암]
33 그들은 다음과 같은 사실을 이해하지 못한다. 기혼 여성 노동자들은 "전일제와 시간제 양쪽 모두에서 가장 눈에 띄게 고용이 증가한 집단이었다. …… 1983년 3월에서 1987년 9월 사이에 남성 취업 노동인구는 39만 4천 명 증가했으나, 여성은 1백11만 6천 명이 늘었다." (*Financial Times* [London] 17, February 1988).
34 Brenner and Ramas, in *New Left Review*, no 144, p 40.
35 Brenner and Ramas, in *New Left Review*, no 144, p 45.

36 이러한 주장은 *International Socialism*에서 광범하게 논의됐다. Chris Harman, "Women's Liberation and Revolutionary Socialism", in no 2:23 (Spring 1984) ; John Molyneux, "Do Working- Class Men Benefit from Women's Oppression?" in no 2:25 (Autumn 1984) ; Sheila McGregor, "A Reply to John Molyneux on Women's Oppression", in no 2:30 ; John Molyneux and Lindsey German, "Debate on Marxism and Male Benefits", in no 2:32 (Summer 1986) 참조. 그리고 Lindsey German, "Theories of Patriarchy", in no 2:12 (Spring 1981) ; Lin James and Anna Paczuska, "Socialism Needs Feminism", in no 2:14 Autumn 1981)도 참조.
37 Campbell and Coote, p 247.
38 Michele Barrett and Mary McIntosh, *The Anti-Social Family* (London, 1982), pp 144~145.[국역 : ≪가족은 반사회적인가≫, 여성사]
39 Heidi Hartmann, "Summary and response : Continuing the Discussion", in Lydia Sargent (ed), *The Unhappy Marriage of Marxism and Feminism* (London, 1981), p 364.
40 Beatrix Campbell and Valerie Charlton, "Work to Rule", in *Red Rag*, no 14, November 1978.
41 예컨대 Bruegel, in *International Socialism*, no 2:1 ; Michele Barrett, *Women's Oppression Today* (London, 1980), pp 172~175 참조.

04 성별 분업

1 Martin and Roberts, ch 3. 미국의 통계도 유사한 형태를 보인다. 1985년에 전일제 여성 노동자의 70퍼센트는 적어도 4분의 3이 여성들로 이뤄진 직종에 집중돼 있었다(*The American Woman 1987~88* [New York 1987], p 118 참조).
2 *Equal Opportunities Commission Report 1986*.
3 *Equal Opportunities Commission Report 1986*.
4 *Equal Opportunities Commission Report 1986*.
5 *Equal Opportunities Commission Report 1986*.
6 *Employment Gazette*, January 1989.

7   *Employment Gazette*, January 1989.
8   Marx and Engels, *German Ideology*, pp 42~43.
9   Engels, *Condition*, pp 112~113 참조.
10 Burr Litchfield, in Wohl, p 182.
11 Burr Litchfield, in Wohl, p 185.
12 Smelser, p 202.
13 Anderson, pp 129~130.
14 Hewitt, p 18.
15 Hall, in Whitelegg, p 24.
16 J U Rule, *The Labouring Classes in Early Industrial England 1750~1850* (London, 1986), p 166.
17 John Foster, *Class Struggle in the Industrial Revolution* (London, 1974), p 229.
18 Foster, p 229.
19 Sally Alexander, "Women's Work in the Nineteenth Century", in Mitchell and Oakley, p 111.
20 Lewis, *Women in England*, p 156.
21 Lewis, *Women in England*, p 157.
22 Lewis, *Women in England*, p 157.
23 Gittins, *Fair Sex*, p 82.
24 Gittins, *Fair Sex*, p 64.
25 Gittins, *Fair Sex*, p 101.
26 Patricia Knight, "Women and Abortion in Victorian and Edwardian England", in *History Workshop*, no 4, Autumn 1977, p 58.
27 Gittins, *Fair Sex*, p 187.
28 Gittins, *Fair Sex*, p 88.
29 Louise Tilly, "Paths of Proletarianization : Organization of Production, Sexual Division of Labour, and Women's Collective Action", in Leacock, Safa and others, p 28.
30 Gittins, *Fair Sex*, p 155.
31 Gittins, *Fair Sex*, ch 5.

32 Ellen Ross, "Labour and Love : Rediscovering London's Working-Class Mothers, 1870~1918", in Jane Lewis (ed), *Labour and Love* (Oxford 1986), p 81.
33 Lewis, *Women in England*, p 23.
34 Norbert Soldon, *Women in British Trade Unions 1874~1976* (London, 1978), p 135.
35 Gabriel Kolko, "Working Wives : Their Effects on the Structure of the Working Class", in *Science and Society*, no 3, 1978, p 262.
36 Sheila Lewenhak, *Women and Work* (London, 1980), p 208.[국역 : ≪여성 노동의 역사≫, 이화여자대학교출판부]
37 Sheila Lewenhak, *Women and Trade Unions* (London, 1977), p 217.
38 Miriam Glucksmann, "In a Class of Their Own?", in *Feminist Review*, no 24 Autumn 1986, pp 7~55.
39 Sheila Lewenhak, *Women and Work*, p 229.
40 Glucksmann, in *Feminist Review*, no 24, p 27에 인용된 존 골란(John Gollan)의 1937년 조사.
41 예컨대, 미국의 여성 취업에 관한 루스 밀크먼(Ruth Milkman)의 흥미로운 연구를 보시오. "Women, Work and Economic Crisis : Some lessons of the Great Depression", in *Review of Radical Political Economics* (New York), vol 8, no 1, Spring 1976, pp 73~97.
42 Catherine Hakim, "Sexual Divisions within the Labour Force : Occupational Segregation", in *Department of Employment Gazette*, November 1978.
43 예컨대 Joan Smith, in *International Socialism*, no 1:100 ; Hartmann, in *Capital and Class*, no 8 ; Hakim, in *Department of Employment Gazette*, November 1978.
44 미국의 상황은 Braverman, *Labor and Monopoly Capital*, pp 297 and 367에서 알 수 있다. 브래이버먼은 화이트칼라와 블루칼라가 결혼하는 사례가 많은 점을 지적한다. 그가 제시한 수치를 보면, 1971년에 블루칼라 노동자는 남성이 9백만 명이고 여성은 4백만 명이었던 반면, 사무직 노동자는 남성이 3백30만 명이고, 여성은 1천10만 명에 달했다.

45 Julie Waterson, "Equal Jobs and Rights", in *Socialist Worker Review*, no 74, March 1985 참조.
46 미국이 겪은 이러한 과정에 대한 자세하고 유용한 연구는 Ruth Milkman, *Gender at Work* (Chicago, 1987) 참조.
47 Andrew Hacker in the *New York Review of Books*, 14 August 1986에 인용된 미국 노동부 산하 통계청 수치. Barbara Reskin and Heidi Hartmann(eds), *Women's Work, Men's Work : Sex Segregation on the Job* (Washington, 1986)도 참조.
48 *Labour Force Survey 1985* (Department of Employment : London).
49 "Turning Professional", in *The Economist*, 12 September 1987, p 34.
50 "Woman Make Slow Progress up the Corporate Ladder", in *The Economist*, 14 March 1987, p 67.
51 *The Economist*, 14 March 1987.

05 여성과 산업예비군

1   Soldon, p 151.
2   Royal Commission on Equal Pay 1944~46, from *Statistics Relating to the War Effort*, Cmnd 6564 (London, 1946).
3   1944~1946년의 동일임금위원회에 제출한 AEU 보고서의 부록 8.
4   Lewenhak, *Women and Trade Unions*, p 241.
5   *Women at Work,* Journal of the British Federation of Business and Professional Women, March 1943에 실린 스태포드 크립스 경(Sir Stafford Cripps)의 연설.
6   Soldon, p 156.
7   동일임금위원회에 제출한 AEU 보고서.
8   *Ministry of Labour Gazette* (London), June 1947.
9   Soldon, p 157.
10 Viola Klein, *Britain's Married Women Workers* (London, 1965), p 85.
11 *Labour Force Surveys 1983* and *1984.*
12 *Social Trends 1987.*

13 *Employment Gazette*, August 1986.
14 Lesley Rimmer and Jennie Popay, "The Family at Work", in *Employment Gazette*, June 1982. 그리고 *Equal Opportunities Commission Report 1986*도 참조.
15 *Equal Opportunities Commission Report 1985*.
16 *Employment Gazette*, March 1988에 인용된 *Labour Force Survey 1987*.
17 Rimmer and Popay, in *Employment Gazette*, June 1982.
18 Martin and Roberts, ch 5.
19 Martin and Roberts, ch 5.
20 Marx, *Capital*, vol 1, p 794.
21 Jill Rubery (ed), *Women and Recession* (London, 1988), p 120 참조.
22 Braverman, pp 382 and 384.
23 Rubery, p 101의 통계 재인용.
24 Rubery, p 101.
25 Lewenhak, *Women and Trade Unions*, p 200.
26 William Chafe, *The American Women : Her Changing Social, Economic and Political Role 1920~1970* (New York, 1972), p 108.
27 Kolko, in *Science and Society*, vol 42, no 3 Fall 1978, p 262.
28 Kolko, in *Science and Society*, vol 42, no 3, p 263.
29 Kolko, in *Science and Society*, vol 42, no 3, p 264.
30 Kolko, in *Science and Society*, vol 42, no 3, p 265.
31 Ruth Milkman, in *Review of Radical Political Economics*, vol 8, no 1, p 73.
32 *Labour Force Survey 1987*, in *Employment Gazette*, March 1988 참조.
33 Ann Rogers, "The Forgotten Majority : Women at Work", in *International Socialism*, no 2:32, Summer 1986 참조.
34 좀더 자세한 것은 "Nursery Times", in *Socialist Worker Review*, no 118, March 1989 참조.
35 Rubery, pp 125~126 참조.
36 Rubery, p 127.
37 Rubery, p 112.

06 여성과 노동조합

1. Lewenhak, *Women and Trade Unions*, p 31.
2. Lewenhak, *Women and Trade Unions*, p 31.
3. Drake, p 8.
4. Lewenhak, *Women and Trade Unions*, p 62.
5. Lewenhak, *Women and Trade Unions*, p 53.
6. Drake, p 6.
7. Taylor, pp 114~116.
8. Taylor, p 94.
9. Dorothy Thompson, in Mitchell and Oakley, p 137 참조.
10. Soldon, p 6.
11. Soldon, p 6.
12. Soldon, p 6.
13. Lewenhak, *Women and Trade Unions*, p 69.
14. Soldon, p 14와 Drake, p 11 참조.
15. Soldon, p 14.
16. Lewenhak, *Women and Trade Unions*, p 71.
17. Sarah Boston, *Women Workers and the Trade Unions* (London, 1980), p 31.
18. Soldon, p 24.
19. Boston, p 33.
20. Ramelson, p 103.
21. Lewenhak, *Women and Trade Unions*, p 74.
22. Yvonne Kapp, *Eleanor Marx*, vol 2 (New York, 1976), pp 267~270 참조.
23. Kapp, vol 2, pp 337~363과 392 참조.
24. Drake, p 27.
25. Soldon, p 30.
26. Drake, table 1, p 237. 1886년의 통계는 대강 계산된 것이다.
27. Kapp, p 396.
28. Kapp, p 397.

29 Kapp, p 394.
30 Drake, p 37.
31 Lewenhak, *Women and Trade Unions*, p 89.
32 Drake, p 38.
33 Drake, pp 23~24.
34 Lewenhak, *Women and Trade Unions*, p 91.
35 Soldon, p 19.
36 Lewenhak, *Women and Trade Unions*, p 74.
37 Lewenhak, *Women and Trade Unions*, p 93.
38 Boston, pp 61~62.
39 Lewenhak, *Women and Trade Unions*, p 115.
40 Lewenhak, *Women and Trade Unions*, p 116.
41 Lewenhak, *Women and Trade Unions*, pp 118~119.
42 Boston, pp 68~69 ; Soldon, p 57.
43 Boston, pp 65~68 ; Lewenhak, *Women and Trade Unions*, p 121 참조.
44 Soldon, p 59.
45 Soldon, p 58.
46 Boston, p 69.
47 Lewenhak, p 133.
48 Soldon, pp 70~71.
49 Boston, p 70.
50 Boston, p 70.
51 Drake, table 1, p 237.
52 Boston, p 97 ; Soldon, p 79.
53 Soldon, p 56.
54 Soldon, p 80.
55 Drake, p 69.
56 Boston, p 105.
57 James Hinton, *The First Shop Stewards' Movement* (London, 1973), p 72.
58 Hinton, p 72, note.
59 Boston, p 112.

60 Boston, p 112.
61 Hinton, p 251.
62 Drake, table 1, p 237.
63 Drake, p 181.
64 Soldon, p 100.
65 Lewenhak, *Women and Trade Unions*, pp 172~173.
66 Soldon, p 107.
67 Lewenhak, *Women and Trade Unions*, p 187.
68 Boston, p 156.
69 Boston, p 162.
70 Lewenhak, *Women and Trade Unions*, p 225.
71 Soldon, p 148.
72 Lewenhak, *Women and Trade Unions*, p 247.
73 Lewenhak, *Women and Trade Unions*, p 241.
74 Lewenhak, *Women and Trade Unions*, p 286.
75 *Employment Gazette*, December 1986.
76 *Women's Voice* (London), no 19, July 1975에 실린 동일임금에 관한 캐스 에니스(Kath Ennis)의 글.
77 *Women's Voice*, no 19, July 1975.
78 *Women's Voice*, no 14, January 1975.
79 *Women's Voice*, no 4 (new series), April 1977.
80 Campbell and Coote, p 140.
81 Mandy Snell, "The Equal Pay and Sex Discrimination Acts: Their Impact in the Workplace", in *Feminist Review*, no 1, 1979, pp 39~43.
82 Jeanne Gregory, "Equal Pay and Sex Discrimination: Why Women are Giving up the Fight", in *Feminist Review*, no 10, 1982, pp 75~89.
83 Gregory, in *Feminist Review*, no 10, 1982, pp 75~89.
84 G J Meepham, *Problems of Equal Pay* (Institute of Personnel Managers, 1969).
85 Campbell and Charlton, in *Red Rag*, no 14, November 1978.
86 Soldon, p 164

87 Martin and Roberts, ch 5.
88 *General Household Survey 1983*.
89 Veronica Beechey and Elizabeth Whitelegg (eds), *Women in Britain Today* (Milton Keynes, 1986), p 129.
90 Campbell and Coote, p 145.
91 Campbell and Charlton, in *Red Rag*, no 14, and Beatrix Campbell, "United We Fall", in *Red Rag*, August 1980.
92 Campbell and Coote, p 166.
93 Anne Phillips, *Hidden Hands* (London, 1983), p 100.
94 Campbell, *Wigan Pier Revisited*, p 135.

07 여성, 노동당, 선거권

1 Jean Griffin and David Thomas, *Caring and Sharing : The Centenary History of the Cooperative Women's Guild* (Manchester, 1983), pp 19~20.
2 Griffin and Thomas, p 85.
3 그 배경을 알려면 Jill Liddington, *The Life and Times of a Respectable Rebel* (London, 1984) 참조.
4 David Howell, *British Workers and the Independent Labour Party 1888~1906* (Manchester, 1983), pp 334~335 참조.
5 Constance Rover, *Women's Suffrage and Party Politics in Britain* (London, 1967), p 14.
6 Liddington, *Respectable Rebel*, ch 9와 Jill Liddington and Jill Norris, *One Hand Tied Behind Us* (London, 1978) 참조.
7 Andrew Rosen, *Rise Up, Women* (London, 1974), p 30 참조.
8 Sylvia Pankhurst, *The Suffragette Movement* (London, 1977), p 191.
9 Rosen, p 57.
10 Pankhurst, p 220.
11 Rosen, p 71.
12 Rosen, p 70.

13 Rosen, pp 84~85.
14 Rosen, p 77.
15 Sandra Stanley Holton, *Feminism and Democracy : Women's Suffrage and Reform Politics in Britain 1900~1918* (Cambridge 1986), p 58.
16 Stanley Holton, p 53.
17 Pankhurst, p 242.
18 Pankhurst, p 245.
19 Liddington, *Respectable Rebel*, pp 174~175.
20 Pankhurst, p 246.
21 Liddington, *Respectable Rebel*, p 178.
22 Rover, p 147.
23 수많은 저자들이 이러한 주장을 했다. Rover, p 146과 Liddington, *Respectable Rebel*, pp 178~180 참조.
24 예를 들어 Drake, p 104와 Doris Nield Chew, *Ada Nield Chew : The Life and Writings of a Working Woman* (London, 1982) 참조.
25 Rover, p 94.
26 Rosen, p 74.
27 Pankhurst, pp 244~245.
28 Liddington, *Respectable Rebel*, p 178.
29 Richard Evans, *The Feminists* (London, 1977), p 176.[국역 : ≪페미니스트 : 비교사적 시각에서 본 여성운동 1840~1920≫, 창작과비평사]
30 Liddington, *Respectable Rebel*, ch 13 참조.
31 Rosen, pp 89~90.
32 George Dangerfield, *The Strange Death of Liberal England* (London, 1983), pp 158~162 참조.
33 Rosen, p 211.
34 Rosen, pp 173~174.
35 Rosen, p 182.
36 Rosen, p 183.
37 Rosen, p 217.
38 Richard Evans, p 197.

39 Ramelson, p 157.
40 Rosen, p 223.
41 Rosen, p 242.
42 Richard Evans, p 197.
43 좀더 자세한 비판은 V I Lenin, *Left-wing Communism - an Infantile Disorder* [국역 : ≪공산주의에서의 좌익 소아병≫, 돌베개], in *Selected Workers* (Moscow, 1977), pp 556~565 참조.
44 G D H Cole, *A History of the Labour Party from 1914* (New York, 1969), p 141.
45 Lewenhak, *Women and Trade Unions*, pp 184~185.
46 Lewenhak, *Women and Trade Unions*, p 201.
47 예컨대 Sheila Rowbotham, *A New World for Women* (London, 1977)과 Liddington, *Respectable Rebel*, ch 18 참조.

08 1960년대 후반의 여성운동

1 Betty Friedan, *The Feminine Mystique* (London, 1971), p 15부터.[국역 : ≪여성의 신비≫, 이매진]
2 *Social Trends 1970*.
3 *Social Trends 1986*.
4 Sara Evans, *Personal Politics* (New York, 1979), p 116.
5 Sara Evans, p 82.
6 Sara Evans, p 87에서 재인용.
7 Sara Evans, pp 98~100.
8 Sara Evans, p 104에서 재인용.
9 Sara Evans, p 190에서 재인용.
10 Sara Evans, p 192.
11 Sara Evans, p 197.
12 Celestine Ware, *Women Power* (New York, 1970), p 21.
13 Sara Evans, p 214.
14 "Principles of New York Radical Women", in Robin Morgan (ed), *Sisterhood*

Is Powerful (New York, 1971), p 520.
15 Ware, p 40.
16 Ware, p 21에서 재인용.
17 Ware, p 39.
18 Ware, p 59.
19 Firestone, ch 1.
20 Valerie Solanas, "The SCUM Manifesto", in Morgan, p 514.
21 Barbara Sinclair Deckard, *The Women's Movement* (New York, 1979), p 375.
22 Ware, p 50부터.
23 Deckard, p 385.
24 Ware, p 50.
25 Sheila Rowbotham, "The Beginnings of Women's Liberation in Britain", in *The Body Politic* (Stage 1 : London, 1972), p 97.
26 *Shrew* (London), vol 3, no 1, February 1971에 실린 보고서.
27 Rowbotham, in *The Body Politic*, p 97.
28 *Socialist Woman* (London), no 1, 1972.
29 Juliet Mitchell and Anne de Winter, "The [London] N7 Women's Liberation Workshop", in *Shrew*, vol 3, no 9, December 1971.
30 *Shrew*, vol 4, no 3, June 1972.
31 *Shrew*, vol 3, no 9, December 1971.
32 예컨대 *Socialist Women*, Autumn 1974 참조.
33 Sue O'Sullivan, "Passionate Beginnings : Ideological Politics 1969~72", in *Feminist Review*, no 11, 1982 p 72.
34 *Red Rag*, no 1, 1973.
35 *Red Rag*, no 4, 1974.
36 Sally Alexander and Sue O'Sullivan, "Sisterhood under Stress", in *Red Rag*, no 8, Feburary 1975.
37 엘레나 댈러스(Elana Dallas)와 앨러스테어 해체트(Alastair Hatchett)가 한 쉴라 로보썸(Sheila Rowbotham) 인터뷰, *Socialist Review* (London), no 3, June 1978.

38 Sheila Rowbotham, in *The Body Politic*, p 93.
39 *Shrew*, vol 4, no 1, 1972.
40 *Shrew*, vol 4, no 1, 1972.
41 *Shrew*, vol 4, no 1, 1972.
42 *Shrew*, vol 3, no 2, March 1971.
43 1972년 ≪스루≫에 명단이 오른 41개 단체들 중에 28개는 신입회원들을 받았지만 13개는 받지 않았다(*Shrew*, vol 4, no 5, October 1972).
44 "Organizing Ourselves", in *The Body Politic*, p 103. ≪스루≫에 실린 단체들의 수는 훨씬 적은 경우가 많았기 때문에 이것은 후한 추정치이다.
45 *Shrew*, vol 3, no 3, April 1971.
46 *Shrew*, vol 3, no 9, December 1971.
47 *Shrew*, Autumn 1976.
48 *Socialist Woman*, Autumn 1974.
49 *Red Rag*, no 5, 1974에 나오는 파업 기록을 참조.
50 예를 들면 리버풀의 윙그로브앤로저스 사(社) 파업과 글래스고와 코번트리에서 벌어진 동일임금 파업들(보통 TASS/AUEW).
51 *Abortion Statistics 1985*.
52 *Women's Voice*, no 19, July 1975.
53 *Women's Voice*, no 19, July 1975.
54 *Women's Voice*, no 21, September 1975.
55 *Women's Voice*, no 23, November 1975.
56 *Women's Voice*, no 23, November 1975.

09 여성운동의 쇠퇴

1 *Spare Rib*, no 77, December 1978에 실린 로빈 모건(Robin Morgan) 인터뷰.
2 *The Economist*, 14 March 1987.
3 *Spare Rib*, no 75, Octobor 1978에 실린 로빈 모건(Robin Morgan) 인터뷰.
4 Domitila Barrios de Chungara (with Moema Viezzer), *Let Me Speak* (New York and London, 1978), p 198.
5 *Spare Rib*, no 68, March 1978.

6   *Spare Lib*, no 77에 실린 로빈 모건(Robin Morgan) 인터뷰.
7   *Women's Voice*, no 2 (new series), February 1977 참조.
8   *No Turning Back* (London, 1981), p 196에 다시 실린 "Battered Women Need Refuges" (Women's Aid Federation, 1975).
9   *Women at War* (Bristol, 1978) 참조.
10 *No Turning Back*, p 223에 다시 실린 "The Soho Sixteen and Reclaim the Night", 1978 leaflet.
11 Susan Brownmiller, *Against Our Will* (Harmondsworth, 1976), p 15.[국역 : ≪성폭력의 역사≫, 일월서각]
12 예컨대 Dale Spender, *Women of Ideas* (London, 1982) 참조.
13 Sheila Rowbotham, "The Trouble with 'Patriarchy'", in *New Statesman* (London), 28 December 1979.
14 Sally Alexander and Babara Talyor, "In a Defence of 'Patriarchy'", in *New Statesman*, 1 February 1980.
15 Campbell and Coote, p 32.
16 Campbell and Coote, p 33.
17 "Women's liberation 1977", in *Spare Rib*, no 58, May 1977.
18 *Spare Rib*, no 70, May 1978.
19 *Spare Rib*, no 70.
20 *Spare Rib*, no 71, June 1978에 실린 독자편지.
21 *Spare Rib*, no 71에 실린 독자편지.
22 *Spare Rib*, no 73, August 1978에 실린 독자편지.
23 *Spare Rib*, no 79, February 1979.
24 *Red Rag*, August 1980.
25 *Red Rag*, August 1980.
26 *Socialist Woman*, Spring 1978.
27 *Women's Voice*, no 17, May 1978.
28 Sheila Rowbotham, Lynne Segal and Hilary Wainwright, *Beyond the Fragments* (London, 1979).
29 Jill Tweedie, "What Every Fragment Knows", in *The Guardian*, 29 January 1980.

30　Tweedie, in *The Guardian*, 29 January 1980.
31　Lynne Segal, *Is the Future Female?* (London, 1987), pp 209~210.
32　"Talking with Tony Benn", interview in *Spare Rib*, no 100, November 1980.
33　Joni Lovenduski and Jill Hills, *The Politics of the Second Electorate* (London, 1981), p 21에서 재인용.
34　Lovenduski and Hills, pp 18~19.
35　Lovenduski and Hills, p 18.
36　*Spare Rib*, no 75, October 1978.
37　"Feminism and the Political Crisis of Eighties", in *Feminist Review*, no 12, 1982, p 6.
38　*Spare Rib*, no 89, December 1979.
39　*Spare Rib*, no 89, December 1979.
40　"Working as a Group : Nottingham Women Oppose the Nuclear Threat", in Lynne Johns (ed), *Keeping the Peace* (London, 1983), p 28.
41　Ynestra King, "All is Connectedness : Scenes from the Women's Pentagon Action, USA", in Jones, p 56.
42　Mary Daly, *Gyn/Ecology* (London, 1979), pp 392~394.
43　Catherine Reid, "Reweaving the Web of Life", in Pam MaAllister (ed), *'Reweaving the Web of Life' : Feminism and Non-violence* (Philadelphia, 1982), pp 298~290.
44　*Spare Rib*, no 98, September 1980.
45　*Spare Rib*, no 95, June 1980.
46　Sylvia Ann Hewlett, *A Lesser Life* (New York, 1986), p 146.
47　Hewlett, p 146.
48　Jane Mansbridge, *Why We Lost the ERA* (Chicago, 1986), p 1.
49　*Socialist Worker Review*, no 76, May 1985 참조.
50　1988년 10월 4일 화요일에 있었던 노동당 당대회 리플릿 "캠페인 소식지".
51　Patrik Seyd, "Bennism without Benn", in *New Socialist* (London), no 27, May 1985에서 재인용.
52　1985년 노동당 당대회의 WAC 회보.
53　1985년 노동당 당대회의 WAC 회보.

54 *New Socialist*, no 20, October 1984에 실린 1984년 TUC 대의원대회에서 있었던 '연대(Solidarity)' 모임에 관한 앤 페티퍼(Ann Pettifor)의 설명 참조.
55 Joni Lovenduski, *Women and European Politics* (Brighton, 1986), p 141.
56 Lovenduski, *Women and European Politics*, p 141.
57 Campbell and Charlton, in *Red Rag*, no 14.
58 Campbell and Charlton, in *Red Rag*, no 14.
59 Campbell, "United We Fall", in *Red Rag*, August 1980.
60 Campbell and Coote, chs 2 and 5.
61 Angela Weir and Elizabeth Wilson, "The British Women's Movement", in *New Left Review*, no 148, November/December 1984.
62 Anne Phillips, *Divided Loyalties* (London, 1987).
63 Humphries, in Amsden, note 40 참조.
64 Segal, pp ix~x.
65 Sheila Rowbotham, *The Past is before Us* (London, 1989).

10 좌파와 여성운동

1 John Molyneux, "Do Working-class Men Benefit from Women's Oppression?", in *International Socialism*, no 2:25, Autumn 1984.
2 Deckard, p 323 참조.
3 Sara Evans, pp 116~118.
4 *Socialist Worker*, 16 November 1968.
5 *Socialist Worker*, 21 December 1968.
6 *Socialist Worker*, 12 Feburary 1970.
7 *Socialist Worker*, 5 March 1970.
8 Kath Ennis, in *International Socialism*, no 1:68 참조.
9 더 자세한 설명은 Chris Harman, *The Fire Last Time* (Bookmarks : London, 1988), pp 345~355 참조.[국역 : ≪세계를 뒤흔든 1968≫, 책갈피]
10 Marnie Holborow, "Women in Italy", in *Socialist Review*, no 13, July/August 1979.

11 *Spare Rib*, no 61, August 1977에 실린 실리어 디콘(Celia Deacon)의 보고서.
12 예컨대 Beatrix Campbell, "Sweets from a Stranger", in *Red Rag*, no 13, 1978에 나오는 여성 자율성의 옹호 참조.
13 *Women's Voice*, no 30, June 1976에 실린 맨디 허포드(Mandy Hurford)와 다이안 와츠(Diane Watts)의 런던 북부 ≪여성의 소리≫ 모임에 대한 보고서.
14 *Women's Voice*, no 10, October 1977 참조.
15 *Women's Voice*, no 15, March 1978 참조.
16 *Women's Voice*, no 17, May 1978에 실린 ≪여성의 소리≫가 총회에 보낸 공개서한 참조.
17 이것은 나와 길 브라운(Gill Brown)과 같은 사람들이 취한 태도였다. 아마도 크리스 하먼과 알렉스 캘리니코스 같은 지도부 대다수도 이런 견해였을 것이다. 이것이 불분명했던 이유는 당시 내부 요인들 때문에 공개적으로 (또는 개인적으로도) 토론하는 것이 미뤄졌기 때문이다. 그리고 상황을 더 어렵게 만든 요인들도 있었는데, 당시 조직은 <사회주의 노동자>의 역할이나, 당시가 경기침체였는지 아닌지와 같은 수많은 문제들을 놓고 분열했기 때문이다.
18 예를 들면, 조운 스미스(Joan Smith), 쉴라 맥그리거(Sheila MaGregor), 린다 퀸(Linda Quinn)의 견해가 이에 속한다.
19 예컨대 *Women's Voice*, no 47, December 1980 참조.
20 *Women's Voice*, no 52, May 1981 참조.
21 "Feminism and the Political Crisis of the Eighties", in *Feminist Review*, no 12, 1982, p 5.

11 여성해방을 위한 계급투쟁

1 Engels, *Orgin*, p 65.
2 예컨대 Eleanor Burke Leacock, *Myths of Male Dominance* (New York and London, 1981) ; Rayna Reiter (ed), *Towards an Anthropology of Women* (New York, 1975) 참조.
3 Cliff, chs 1, 2 and 3 참조.
4 짜르 치하의 러시아에서 벌어진 여성 억압의 정도를 좀더 생생하게 묘사한 글을 보려면 Shelia Rowbotham, *Women, Resistance and Revolution*

(Harmondsworth, 1974), pp 138~139 참조.
5   Rowbotham, *Women, Resistance and Revolution*, p 141.
6   Leon Trotsky, *Women and Family* (London, 1974), p 54.
7   Leon Trotsky, *The Revolution Betrayed* (London, 1972), pp 144~159.[국역 : ≪배반당한 혁명≫, 갈무리]

찾아보기

ㄱ

가내 서비스 56, 137, 140, 141, 143, 147, 149, 159, 199, 200, 240
가부장제 101, 102, 104~111 : ―와 남성의 이익 118, 119, 123, 124, 126, 127, ―와 여성 노동 150, 153
가사 : ―와 가사 노동 논쟁 114, 117 127, '―에 임금을' 117, 277
가사 노동 49, 87, 112, 122, 124, 160, 199, 203, 260 : ―논쟁 114~118, 127, 285
가족 : ―의 철폐 112, 부르주아― 46, 자본주의 사회에서 ―의 중요성 112~114, ―의 방어기제 93, ―의 이중적 구실 92~94, ―의 확대 39, ―의 이데올로기적 중요성 93, ―과 시장 90, ―에 대한 마르크스와 엥겔스의 견해 45~48, 중간계급― 82~84, 핵― 39, 가부장제― 38, 44, 47, ―내의 빈곤 80, 81, ―내의 생산 40, ―의 노동력 재생산 역할 86~88, ―이 해체되는 경향 78,
가족, 노동계급의 : 19세기 ―의 붕괴 45, 46, 노동시간 감소와― 52, 53, 미국― 77
가족임금 50, 59~67, 119
결혼 46~48, 79, 201, 332 : ―과 러시아 혁명 337
계급 : ―과 젠더 263, ―과 억압 315
계급사회 : ―와 가족 46, ―와 억압 331, 334
고든, 린다(Gordon, Linda) 272
고등교육 28, 77, 95, 162, 242, 243, 303, 332
고양이와 쥐의 법 233
공민권 운동(미국) 244~246
공산당(미국) 248
공산당(영국) 126, 200, 237, 244, 306, 315, 317, 324, 327 : ―과 전국낙태권캠페인(NAC) 267, 269, 270, ―과 ≪붉은 깃발≫ 262, 285, ―과 탄광 폐쇄에 반대하는 여성들(WAPC) 302
≪공산주의 선언≫ 46
공장법(1833년과 1844년) 51, 52
광산위원회와 법(1842년) 53
구빈법(1834년) 50, 57, 59, 94, 136
구빈원 57~59, 72, 89
국가 : ―의 가족에 대한 개입 70, 71, 94~99
국제 여성의 날 27, 257, 265, 305, 306
국제마르크스주의자그룹(IMG) 259, 267, 269, 270, 319, 327

국제사회주의자(IS) 256, 260, 324 : ―와 전국낙태권캠페인(NAC) 268~270, ―의 여성 문제에 대한 활동 320, ―와 ≪여성의 소리≫ 324~331, 그리고 *사회주의노동자당(SWP)*을 보시오.
그레고리, 잔느(Gregory, Jeanne) 206
그리넘 커먼 평화 여성 296, 299
금속노조 : ASE 179, 195~197, AEU 161, 201, AUEW/TASS 205, 268
긍정적 차별 25, 210, 291, 293, 332
기틴스, 다이애너(Gittins, Diana) 143~145

ㄴ

낙태 94, 96, 318 : 1967년 낙태법 267, ―제한 법안 267, 269, 276, 294, ―와 러시아 혁명 337
남녀평등헌법수정안(미국) 274, 304, 305
남성 권력 93, 122
남성 이득과 가부장제 이론 118~128
남성박멸협회(SCUM) 252
노동 희석 194, 195
노동당 126, 198, 199, 220, 239, 240 : ―과 낙태 269, 270, ―과 자율성 이론 327, ―과 동일임금 202~204, ―과 페미니즘 307~311, ―정부 202~204, 212, 240, 289~291, 318, ―과 선거권 225~231, 여성행동위원회(WAC) 307~309, 311
노동력 60, 61, 92, 115, 122 : 그리고 *노동력 재생산*을 보시오.
노동력 재생산 : ―의 비용 71, 72, ―과 가족 62, 86~89, 111~113, 121 333, ―과 남성 임금 62, 63, ―과 보호 입법 54
노동시장 59, 60, 67, 87
노동조합 69, 138, 175~180, 184~189, 192~194, 256 : ―에서 여성의 배제 119, 120, ―에서 남녀의 경쟁 176~178, 여성의 ―가입 209, 210
노사간 자율 교섭 211~213, 312
뉴욕급진여성 250, 252, 285
뉴욕급진페미니스트(NYRF) 252

ㄷ

대처, 마가렛(Thatcher, Margaret) 79, 289, 299, 339
대혼란기 192, 193, 214, 235, 339
데일리, 메어리(Daly, Mary) 278, 298
델피, 크리스틴(Delphy, Christine) 105, 106
독립노동당(ILP) 189, 220~224, 226, 234, 237
동일임금 : 동일임금법 167, 204, 206, ―운동 201~206, ―위원회 202, 203, ―파업 205, 208, 255, 276
디콘, 실리어(Deacon, Celia) 324
딜크, 레이디(Dilke, Lady) 180, 187

ㄹ

라마스, 마리아(Ramas, Maria) 120
라멜슨, 마리안(Ramelson, Marian) 182
랑부아즈, 장(Renvoize, Jean) 81, 82
랜즈버리, 조지(Lansbury, George) 191, 234
러시아 혁명(1917년) 237 : 여성과― 337, 338
런던광역시의회(GLC) 291~293, 295, 307 : ―여성위원회 291, 292
런던동부여성참정권연맹 194, 233, 236
레닌, V I(Lenin, V I) 237, 288
레드스타킹(Redstockings) 250, 252, 285

레즈비언 좌파(Lesbian Left) 284, 295
레즈비언과 게이 293
로보썸, 쉴라(Rowbotham, Sheila) 106, 107, 263, 264, 314, 315, 319 : ―과 ≪파편을 넘어서≫ 287, 옥스퍼드대회에 대해 255, 가부장제 이론 보류 279, 러시아 혁명에 대해 337, ―과 사회주의 페미니즘 285
루빈, 릴리안(Rubin, Lillian) 77, 82, 83
룩셈부르크, 로자(Luxemburg, Rosa) 228, 339
르웨넥, 쉴라(Lewenhak, Sheila) 148, 181, 190
르웰린 데이비스, 마가렛(Llewelyn Davies, Margaret) 220
리딩턴, 질(Liddington, Jill) 227, 228

ㅁ

마르크스, 엘리너(Marx, Eleanor) 185~187
마르크스, 칼(Marx, Karl) : 소외에 대해 92, 토대와 상부구조에 대해 110, 억압과 계급 사회에 대해 335, 가부장제에 대해 102
마르크스와 엥겔스 : 가족에 대해 45~48, 102, 103, 114, 여성 노동자에 대해 38, 노동의 성별 분업에 대해 134
마르크스주의 : ―와 가사 노동 논쟁 114~118, ―와 가부장제 281, 여성 조직화에 대한 ―전통 329
마운트, 페르디난드(Mount, Ferdinand) 39, 97
만, 톰(Mann, Tom) 185~187, 235
≪맑시즘 투데이≫ 309, 310, 313
매카시즘 243, 248, 316
매킨토쉬, 메어리(MacIntosh, Mary) 125

맥도너, 로이신(McDonough, Roisin) 110
맥도널드, 램지(Macdonald, Ramsay) 191, 230
맥도널드, 마가렛(Macdonald, Margaret) 230
맥아더, 메어리(Macarthur, Mary) 189~191, 193, 194, 196, 198, 199
맥크린들, 진(McCrindle, Jean) 302
멕시코대회(1975년) 273, 274
모건, 로빈(Morgan, Robin) 271, 274, 275
미첼, 줄리엣(Mitchell, Juliet) 105
민주학생연합(SDS) 246, 247, 250
밀렛, 케이트(Millett, Kate) 104
밀크먼, 루스(Milkman, Ruth) 171

ㅂ

'밤을 되찾자' 운동 277, 278, 328
방직업 : ―에서 여성 직종과 남성 직종 39, ―과 19세기의 기혼 여성 65, 66, ―에서 성별 분업 134~138
배럿, 미셸(Barrett, Michele) 125
베전트, 애니(Besant, Annie) 184
벤, 토니(Benn, Tony) 289, 290, 296
보스턴, 사라(Boston, Sarah) 197
보육시설 19, 33, 95, 159, 160, 257, 311 : 19세기― 66, 직장― 16, 173
보호 입법 50~57 : ―과 탄광 53~57, ―에 대한 엠마 피터슨의 반대 182, ―의 이데올로기적 영향 57
본드필드, 마가렛(Bondfield, Margaret) 169, 199, 225, 240
분업 : ―의 깨짐 45, 채탄업에서― 54, 57, ―과 출생 142~146, 가정에서― 124, 전자본주의 가족에서― 41, 방직업에서― 43

≪붉은 깃발≫(Red Rag) 211, 262, 266, 286, 287, 312
브라운, 리타 메(Brown, Rita Mae) 253
브라운밀러, 수잔(Brownmiller, Susan) 278
브래이버먼, 해리(Braverman, Harry) 91, 167
브레너, 요한나(Brenner, Johanna) 120
블랙, 클레멘티나(Black, Clementina) 67, 187, 188
빌링턴 그레이그, 터리서(Billington Greig, Teresa) 224, 225, 232

ㅅ

사회민주주의연맹(SDF) 226, 227
<사회주의 노동자>(Socialist Worker) 318, 319
≪사회주의 여성≫(Socialist Woman) 258, 259, 266, 286
사회주의노동자당(SWP) : ―과 길릭 시위 305, ―와 ≪여성의 소리≫ 287, 325~330, 그리고 국제사회주의자들(IS)을 보시오.
산업예비군 30, 165~167, 171, 172
산업혁명 43, 84, 138 : ―과 가족의 변화 38
새러차일드, 캐시(Sarachild, Kathie) 285
생산양식 102, 103 : ―과 가족 37~39, 두 가지 생산양식 이론 105, 106, 108, 119
성차별금지 법안 203
성폭행에 반대하는 여성들(WAR) 277
≪스루≫(Shrew) 258, 259, 263, 265, 266
스미스, 조운(Smith, Joan) 111, 113, 325
스탈린(Stalin) 261, 317, 338
스탈린주의 113, 126, 262, 315, 317
스태퍼드셔 요업 62, 66, 136
≪스페어 립≫(Spare Rib) 260, 265, 282, 283, 285, 290, 294, 295, 299, 300, 307, 321, 328
스펜더, 데일(Spender, Dale) 278
시걸, 린(Segal, Lynne) 28, 287, 313~315
신노동조합 184, 186, 187, 214, 339
신정치전국대회(NCNP) 247

ㅇ

아동 : ―과 19세기의 노동 50, 51, 53, 56, 62, 136, 137, 139, ―의 여성 노동 대체 67
아동 학대 81, 82
아동기 71
아이젠스테인, 질라(Eisenstein, Zillah) 119
알렉산더, 샐리(Alexander, Sally) 140, 279
양육 : ―과 노동력 재생산 86, 87, ―과 가사 노동 117, ―에 적합한 여성 노동 140, 전시의― 159, ―과 러시아 혁명 337
에번스, 사라(Evans, Sara) 244, 245, 247, 250, 317
엥겔스, 프리드리히(Engels, Friedrich) : 맨체스터 노동계급에 대해 44, 46, 생산과 재생산에 대해 108, 109, 구빈원에 대해 57, 58, 그리고 마르크스와 엥겔스를 보시오.
여성 노동자 : ―와 가족의 변화 91, ―와 노동쟁의 318, 경제 활동 비율 17, 18, ―와 출산 142~146, ―노동인구의 성장 146~149, 전후 호황기 161~163, ―와 혁명가들 338, 339, 제2차세계대전에서― 158, 159
여성 임금 64, 167, 196, 204, 207, 212
여성노동동맹(Women's Labour League) 230, 231, 239

여성노동조합동맹(WTUL) 180, 187~190, 192~194, 199, 211
여성보호검약동맹(WPPL) 180~184
여성사회정치동맹(WSPU) 222~224, 230~236, 238 : ―과 성인참정권 225~228
여성억압 : ―과 계급사회 32, 37, 315, ―과 남성의 이익 118~128, ―과 자본주의 32, 33, 37, 101, 103, 가부장제 시각에서 설명한― 278~281, 284~286, ―과 가족 333
≪여성의 소리≫(Women's Voice) 260, 266, 286, 321, 325, 326, 328, 330 : SWP와 ―의 위기 328, 329, ―모임과 조직, 325, 326, 328, 329, ―의 내부 위기 287, ―와 전국낙태캠페인(NAC) 269
여성지원단(Women's Aid) 276, 277
여성참정권 : ―과 성인참정권동맹 226, 성인참정권과 ―의 논쟁 225~229
여성참정권론자 222, 224, 227, 231, 232, 235, 236, 238, 239
여성참정권협회전국연합(NUWSS) 222, 231
여성학 28, 101, 254, 303
여성해방 대회 : 1978년 버밍엄 281, 282, 326, 맨체스터 258, 옥스퍼드 319, 스케그니스 257, 1974년 '여성과 사회주의' 대회 262
여성해방연구회(Women's Liberation Workshop) : 런던 259, 319, 미국 247
여성해방운동 : 브라이튼여성해방 284, 캠든여성행동그룹 256, ―의 요구 사항 257, ―의 실패 333, 영국의― 255~266, ―과 좌파 정치 248, ―에서 급진 페미니즘 부상 276, ―의 분리주의 262, 미국의 ―운동 243~248
여성협력협회(Women's Cooperative Guild) 220

10시간 노동법(1847년) 51, 183
영국 노총(TUC) 180, 182, 183, 185, 186, 189, 190, 199, 200, 209, 212, 321 : 코리 법안 반대 시위 294, ―과 동일임금 188, 201~204, 1942년 여성자문회의 160, 203
영아 사망률 49, 146
≪와이어스≫(WIRES) 266
와이즈, 발레리(Wise, Valerie) 293
원시 공산주의 334
웨어, 셀레스틴(Ware, Celestine) 249, 252
웨인라이트, 힐러리(Wainwright, Hilary) 287
위어, 안젤라(Weir, Angela) 313~315
윌슨, 엘리자베스(Wilson, Elizabeth) 313~315
의식 향상 249, 250, 252, 264, 306
이혼 97, 318 : ―의 증가 79, 332, 육체노동자 계급의― 82, ―과 러시아 혁명 337
임금노동 : ―의 폐지 92, 가사 노동과― 115, 임금 노동자로서의 가족 구성원들 49, 여성과― 332
잉여노동 61, 116

ㅈ

자본가계급 : ―과 남성 노동자의 공모 54, 64, 73, 가족이 ―에게 주는 이득 87
자본주의 152 : 가족 유지와 약화 76
자본주의 생산양식 : ―과 여성 억압 37
자유당 182, 183 : ―정부 95, 191, ―과 고양이와 쥐의 법 233, ―과 선거권 224
전국낙태권캠페인(NAC) 209, 260, 267~270, 285, 294
전국노동조합대연합(GNCTU) 176, 178
전국여성기구(NOW) 248, 249, 254, 273,

318 : ―와 레즈비어니즘 253, 남녀평등 헌법수정안에 대해 305, 출산휴가에 대해 304
전국여성노동자연맹(NFWW) 190~193, 196~199
전국여성조정위원회(WNCC) 257, 258
전국여성평등권공동행동위원회(NJACWER) 255, 318
전후 호황 161~163 : ―과 여성 고용 208
제1차세계대전 152, 193, 201, 202, 227, 235, 237
제2차세계대전 20, 33, 98, 149, 157, 244, 316
제임스, 셀마(James, Selma) 117
제프리스, 쉴라(Jeffreys, Sheila) 282
조쉬, 헤더(Joshi, Heather) 80

ㅊ

차티스트 운동 50, 56, 68, 178, 339
채탄업 69, 137 : ―과 성별 분업 57
충가라, 도미틸라(Chungara, Domitila) 273

ㅋ

카마이클, 스토클리(Carmichael, Stokely) 246, 261
캐슬, 바버러(Castle, Barbara) 203, 204, 269
캠벨, 비어트릭스(Campbell, Beatrix) 124, 126 : ―과 페미니스트 소득정책 207, 211, 212, 213, ―과 사회주의 페미니즘 281, 312, ―과 사회주의 페미니즘의 위기 287, 313
케니, 애니(Kenney, Annie) 223
코트, 앤(Koedt, Anne) 252

콜코, 가브리엘(Kolko, Gabriel) 170
쿠트, 안나(Coote, Anna) 124, 281, 312
쿠퍼, 셀리나(Cooper, Selina) 227, 228, 231
쿤, 아네트(Kuhn, Annette) 109
클라이드노동자위원회 197

ㅌ

탄광 폐쇄에 반대하는 여성들(WAPC) 301, 302
태아보호협회(SPUC) 269
테일러, 바버러(Taylor, Babara) 178, 280
토대와 상부구조 109, 110, 113, 114
톰슨, 도로시(Thompson, Dorothy) 67, 68
트로츠키, 레온(Trotsky, Leon) 317 : 여성에 대해 338
트로츠키주의 316

ㅍ

파이어스톤, 슐라미스(Firestone, Shulamith) 104, 248, 252
≪파편을 넘어서≫(Beyond the Fragments) 287, 288, 306, 313
패터슨, 엠마(Paterson, Emma) 180, 181, 182, 184, 188, 189
팽크허스트, 실비아(Pankhurst, Sylvia) 226, 231, 233~235, 238 : ―와 공산당 237, ―와 런던동부여성참정권연맹 194, 236
팽크허스트, 에멀린(Pankhurst, Emmeline) 222, 224, 232, 235, 236, 238
팽크허스트, 크리스타벨(Pankhurst, Christabel) 222~225, 227, 230, 232, 233, 235, 236, 238
페미니스트 : ―와 노동조합 관료 210, 211, ―와 공산당 126, ―와 엥겔스 334, ―역

사가들 140
페미니스트 소득 정책 207, 212, 213, 313
페미니즘 101, 303 : 독립노동당(ILP)에서 226, 노동당과 ― 306~311, 급진적― 105, 271, 275~279, 혁명적 페미니즘 282, 사회주의― 275~ 289, 312~315, 324,
페인스타인, 다이앤(Feinstein, Dianne) 304
페티퍼, 앤(Pettifor, Ann) 308, 309
페틱 로렌스, 에멀린과 프레드릭(Pethick Lawrence, Emmeline and Frederick) 232, 233
포셋, 밀리센트(Fawcett, Millicent) 183
폭력 : 가정에서 80, 81, 84, 86, 남성― 276, 277, 283, 298, ―에 대한 이론들 278, 314
프리던, 베티(Friedan, Betty) 242, 244, 248, 273
프리먼, 조(Freeman, Jo) 247, 248
피임 144, 146, 240, 257, 276, 305 : ―과 러시아 혁명 337
핀치벡, 아이비(Pinchbeck, Ivy) 55, 62

필립스, 앤(Phillips, Anne) 313

ㅎ
하디, 케어(Hardie, Keir) 226~228, 231, 237
하트만, 하이디(Hartmann, Heidi) 119, 121, 126
학생비폭력조정위원회(SNCC) 245, 246, 272
한부모 가족 20, 29, 79, 80, 88, 294
해리슨, 레이첼(Harrison, Rachel) 110
험프리스, 제인(Humphries, Jane) 55, 63, 72, 93, 127
헤윗, 마가렛(Hewitt, Margaret) 52
헤이든, 케이시(Hayden, Casey) 246
헤이든, 톰(Hayden, Tom) 246, 261
혁명적 페미니스트 282
혹사반대동맹(Anti-Sweating League) 191
홉스, 메이(Hobbs, May) 256
휴스턴 평등권 대회(1977년) 274, 305
흑표범당 249, 253

단체·기구 약어

AEU 통합금속노동조합 (Amalgamated Engineering Union)
ALAR 낙태법개정협회 (Abortion Law Reform Association)
ASE 통합금속노동자협회 (Amalgamated Society of Engineer)
AUEW 통합금속노동자조합 (Amalgamated Union of Engineering Workers)
GLC 런던광역시의회 (Greater London Council)
GNCTU 전국노동조합대연합 (Grand National Consolidated Trade Union)
ILP 독립노동당 (Independent Labour Party)
IMG 국제마르크스주의자그룹 (International Marxist Group)
IS 국제사회주의자들 (International Socialists)
NAC 전국낙태권캠페인 (National Abortion Campaign)
NCNP 신정치전국대회 (National Conference for the New Politics)
NFWW 전국여성노동자연맹 (National Federation of Women Workers)
NJACWER 전국여성평등권공동행동위원회 (National Joint Action Committee for Women's Equal Rights)
NOW 전국여성기구 (National Organisation of Women)
NUWSS 여성참정권협회전국연합 (The National Union of Women's Suffrage Societies)
NYRF 뉴욕급진페미니스트 (New York Radical Feminists)
OWAAD 아프리카·아시아계여성조직 (Organisation of Women of African and Asian Descent)
SCUM 남성박멸협회 (Society for Cutting Up Men)
SDF 사회민주주의연맹 (Social Democratic Federation)
SDS 민주학생연합 (Students for a Democratic Society)
SNCC 학생비폭력조정위원회 (Student Non-Violent Coordinating Committee)
TGWU 운수일반노동조합 (Transport and General Workers' Union)
TUC 영국 노총 (Trades Union Congress)
WAC 여성행동위원회 (Women's Action Committee)
WAPC 탄광 폐쇄에 반대하는 여성들 (Women Against Pit Closures)
WAR 성폭행에 반대하는 여성들 (Women Against Rape)
WLM 여성해방운동 (Women Liberation Movement)
WNCC 전국여성조정위원회 (Women's National Coordinating Committee)
WPPL 여성보호검약동맹 (Women's Protective and Provident League)
WSPU 여성사회정치동맹 (Women's Social and Political Union)
WTUL 여성노동조합동맹 (Women's Trade Union League)